Güthoff

Qualität komplexer Dienstleistungen

GABLER EDITION WISSENSCHAFT
Marketing und Innovationsmanagement
Herausgegeben von Professor Dr. Martin Benkenstein

Die Schriftenreihe „Marketing und Innovationsmanagement" soll drei für die Betriebswirtschaftslehre richtungsweisende Forschungsfelder integrieren: die marktorientierte Unternehmensführung mit Fragen der Kunden- und der Wettbewerbsorientierung, die marktorientierte Technologiepolitik mit allen Fragen des Innovationsmanagements und schließlich das internationale Marketing mit einer speziellen Fokussierung auf den Ostseeraum und Osteuropa. Die Schriftenreihe will dabei ein Forum für wissenschaftliche Beiträge zu diesen Themenbereichen des Marketing-Management bieten, aktuelle Forschungsergebnisse präsentieren und zur Diskussion stellen.

Judith Güthoff

Qualität komplexer Dienstleistungen

Konzeption und empirische Analyse der Wahrnehmungsdimensionen

Mit einem Geleitwort
von Prof. Dr. Martin Benkenstein

DeutscherUniversitätsVerlag

Die Deutsche Bibliothek – CIP-Einheitsaufnahme

Güthoff, Judith :
Qualität komplexer Dienstleistungen : Konzeption und
empirische Analyse der Wahrnehmungsdimensionen
/ Judith Güthoff. Mit einem Geleitw. von Martin Benkenstein.
- Wiesbaden : Dt. Univ.-Verl. ; Wiesbaden : Gabler, 1995
(Gabler Edition Wissenschaft : Marketing und Innovationsmanagement)
Zugl.: Rostock, Univ., Diss., 1995
ISBN 978-3-8244-6196-7   ISBN 978-3-322-97706-9 (eBook)
DOI 10.1007/978-3-322-97706-9

Der Deutsche Universitäts-Verlag und der Gabler Verlag sind Unternehmen der
Bertelsmann Fachinformation.

Gabler Verlag, Deutscher Universitäts-Verlag, Wiesbaden
© Betriebswirtschaftlicher Verlag Dr. Th. Gabler GmbH, Wiesbaden 1995
Lektorat: Claudia Splittgerber

Höchste inhaltliche und technische Qualität unserer Produkte ist unser Ziel. Bei der Produktion und Auslieferung unserer Bücher wollen wir die Umwelt schonen: Dieses Buch ist auf
säurefreiem und chlorfrei gebleichtem Papier gedruckt.

Die Wiedergabe von Gebrauchsnamen, Handelsnamen, Warenbezeichnungen usw. in
diesem Werk berechtigt auch ohne besondere Kennzeichnung nicht zu der Annahme, daß
solche Namen im Sinne der Warenzeichen- und Markenschutz-Gesetzgebung als frei zu
betrachten wären und daher von jedermann benutzt werden dürften.

Geleitwort

Die Frage, wie die Qualität von Dienstleistungen gemessen und – darauf aufbauend – gesteuert werden kann, hat die wissenschaftliche Diskussion um das Management im Dienstleistungssektor in den vergangenen Jahren nachhaltig geprägt. Diese Diskussion wurde nicht zuletzt dadurch ausgelöst, daß die Qualität – und dabei nicht allein die Dienstleistungsqualität – mittlerweile als zentraler strategischer Erfolgsfaktor gilt. So konnten beispielsweise Untersuchungen auf der Grundlage der PIMS – Datenbasis nachweisen, daß die relative Qualität (bezogen auf die Qualität der Hauptwettbewerber) den ROI und auch den ROS nachhaltig beeinflußt. Diese Zusammenhänge werden durch andere Erfolgsfaktorenstudien belegt. Sie sind letztlich darauf zurückzuführen, daß unternehmerische Zielsetzungen wie die speziell in stagnierenden Märkten in den Vordergrund gerückte Kundenbindung oder auch die Erzielung eines überlegenen Qualitätsimages nur dann erreicht werden können, wenn dem Anbieter die Qualitätserwartungen der Nachfrager hinreichend bekannt sind und die Leistungsprozesse im Hinblick auf diese Erwartungen gesteuert werden.

Vor diesem Hintergrund sind aktuell eine Vielzahl von Arbeiten entstanden, die sich mit Fragen des Qualitätsmanagements (TQM – TQC) auseinandersetzen.

Gleichzeitig zeigt sich jedoch immer häufiger, daß die Erzielung von Qualitätsvorteilen bei ausgereiften Sachgütern über das Kernprodukt kaum noch möglich ist. Diese Entwicklung hat dazu geführt, daß die Qualität begleitender, aber auch institutioneller Dienstleistungen als Wettbewerbsinstrument in den Vordergrund rückt.

Insgesamt ist es deshalb nicht erstaunlich, daß sich die wissenschaftliche Forschung zur Zeit intensiv mit der Frage auseinandersetzt, wie die Qualität von Dienstleistungen abgegrenzt und gemessen werden kann. Speziell in den 80iger Jahren sind Methoden und Modelle entwickelt worden, die geeignet sind, diese Forschungslücke zu füllen. Dabei wird von den jeweiligen Autoren immer wieder der Anspruch erhoben, daß die jeweiligen Modelle generelle Gültigkeit haben. Gleichzeitig zeigt sich jedoch in anderen Forschungsarbeiten zur Typologisierung des Dienstleistungssektors dessen Heterogenität. Deshalb sind Zweifel an der generellen Gültigkeit von Modellen und Methoden zur Erfassung der Dienstleistungsqualität zumindestens nicht unbegründet.

Vor diesem Hintergrund hat sich die Verfasserin der vorliegenden Schrift die Aufgabe gestellt, die Besonderheiten der Qualitätsmessung bei komplexen Dienstleistungen zu analysieren und – darauf aufbauend – die Dimensionen der Qualitätswahrnehmung bei derartigen Dienstleistungen abzugrenzen. Dabei liegt der Schwerpunkt ihrer Überlegungen in einer konzeptionellen, theoriegeleiteten Diskussion der Zusammenhänge zwischen den Besonderheiten komplexer Dienstleistungen und der Qualitätswahrnehmung. Darüber hinaus stellt sie sich die Aufgabe, ihre Überlegungen zur Abgrenzung von Qualitätsdimensionen bei komplexen Dienstleistungen empirisch zu prüfen. Schließlich trägt sie mit ihrer Arbeit auch zur Klärung des Komplexitätsphänomens im Dienstleistungssektor bei.

Die Verfasserin legt somit eine konsequente entscheidungsorientierte Arbeit vor, die ausgehend von einer detaillierten Analyse bestehender Modelle zur Operationalisierung der Qualität komplexer Dienstleistungen gezielte Lösungsvorschläge für die Qualitätsmessung und -steuerung im Dienstleistungssektor aufzeigt. Sie leistet damit einen beachtlichen Beitrag zur Strukturierung und Analyse eines bislang wenig beachteten Problembereichs im Dienstleistungsmanagement. Dabei beschreitet sie mit sehr eigenständigen Ideen erfolgreich Neuland im Grenzgebiet komplexer Dienstleistungen. Es ist zu wünschen, daß die vorliegende Schrift in Theorie und Praxis eine entsprechende Aufnahme findet.

Prof. Dr. M. Benkenstein

Vorwort

Bei Dienstleistungsunternehmen hat sich die Qualität als bedeutender Erfolgsfaktor im Rahmen der Wettbewerbsstrategie herausgestellt. Entsprechend kommt der Operationalisierung und Messung der Qualität von Dienstleistungen im Dienstleistungsmarketing besondere Beachtung zu. Die unterschiedlichen Ansätze hierzu bewegen sich dabei entweder auf einem rein konzeptionellen Niveau oder gehen – wie im Qualitätsmodell von ZEITHAML, BERRY und PARASURAMAN – davon aus, daß die Dimensionen, die von den Kunden zur Beurteilung der Qualität herangezogen werden, von der jeweiligen Dienstleistungsart unabhängig sind.

Dabei fällt auf, daß Unterschiede zwischen verschiedenen Dienstleistungsarten nicht in die Modelle eingehen. Vor allem Besonderheiten, die mit komplexen Dienstleistungen verbunden sind, finden keine Berücksichtigung. Komplexität wird zwar in vielen Fällen in Zusammenhang mit Dienstleistungen genannt, vornehmlich jedoch, um bestimmte Zusammenhänge zu bestärken oder um Vereinfachungen im Rahmen der weiteren Vorgehensweise zu rechtfertigen. Daher liegt ein Schwerpunkt der vorliegenden Schrift in der Erläuterung und Abgrenzung komplexer Dienstleistungen.

Auf dieser Basis wird im Gegensatz zum Ansatz von ZEITHAML, BERRY und PARASURAMAN ein Teilleistungsmodell abgeleitet, welches zur Beschreibung der Wahrnehmungsdimensionen bei komplexen Dienstleistungen herangezogen werden kann. Ausgangspunkt dieses Modells ist der Gedanke, daß sich das Gesamtqualitätsurteil bei komplexen, d.h. aus mehreren unterschiedlichen Teilleistungen bestehenden Dienstleistungen nicht aus mehr oder weniger übergeordneten, abstrakten und daher leistungsunabhängigen Dimensionen zusammensetzt. Vielmehr werden Einzelurteile gebildet, welche aus der Wahrnehmung und Beurteilung der jeweiligen Teilleistungen resultieren und die dann in ein Gesamturteil einfließen. Auf der Basis dieser Wahrnehmungszusammenhänge können anschließend Teilqualitätsmerkmale abgeleitet werden, die den Besonderheiten der einzelnen Teilleistung Rechnung tragen und wesentlich differenzierter formuliert werden können als globale, leistungsübergreifende Merkmale und die daher für die Steuerung der Qualität durch das Dienstleistungsmanagement besser geeignet sind. Zur empirischen Überprüfung dieses Ansatzes konnte auf eine Befragung von 160 Gästen eines Vier-Sterne-Hotels zurückgegriffen werden.

Die Erstellung der Arbeit war nur mit der Unterstützung verschiedener Personen möglich. Meinem akademischen Lehrer, Herrn Prof. Dr. Martin Benkenstein, danke ich für seine umfassende Hilfe während der Entstehung. Er regte die Themenstellung an, wobei er mein eigenes Interesse an Fragen und Problemen des Dienstleistungsmarketing direkt berücksichtigte. Darüber hinaus war er stets zu konstruktiven Auseinandersetzungen bereit und half somit, Zweifel am Gelingen der Arbeit auszuräumen. Herrn Prof. Drs. Theodor Nebl danke ich für die Übernahme des Zweitgutachtens.

Ferner danke ich meinen Kollegen am Institut für Marketing & Innovationsmanagement, insbesondere Frau Eva-Maria Schröder, für ihre Unterstützung und Entlastung. Darüber hinaus danke ich meinen Eltern, die mich stets sowohl hinsichtlich der grundsätzlichen Entscheidung zu promovieren als auch zu dem Schritt, nach Rostock zu gehen, motiviert haben.

Mein ganz besonderer Dank gilt jedoch Herrn Dr. Dirk Schallenberg.

Judith Güthoff

Inhaltsverzeichnis

Abbildungsverzeichnis

Abkürzungsverzeichnis

AGFI	Adjusted-Goodness-of-Fit Index
AMA	American Marketing Association
bspw.	beispielsweise
DB	Deutsche Bank
DBW	Die Betriebswirtschaft
Diss.	Dissertation
et al.	et alteri
F&E	Forschung und Entwicklung
GFI	Goodness-of-Fit Index
ifo	Institut für Wirtschaftsforschung
IJSIM	International Journal of Service Industry Management
insb.	insbesondere
LISREL	Linear Structure Relations System
No.	Number
o.Jg.	ohne Jahrgang
OMA	Operations Management Association
o.V.	ohne Verfasser
PIMS	Profit Impact of Marketing Strategies
RMR	Root-Mean-Square-Residual
ROI	Return on Investment
Tab.	Tabelle
TL	Teilleistung
TQ	Teilqualität
ULS	Unweighted Least Squares
WISU	Das Wirtschaftsstudium
ZfB	Zeitschrift für Betriebswirtschaft
ZfbF	Zeitschrift für betriebswirtschaftliche Forschung
ZFP	Zeitschrift für Forschung und Praxis

Symbolverzeichnis

F/B_e	Fähigkeiten und Bereitschaft des Nachfragers
F/B_i	Fähigkeiten und Bereitschaft des Anbieters
Q	Qualität
η	(Eta) latente endogene Variable
ξ	(Ksi) latente exogene Variable
y	Indikator-(Meß-) Variable für eine latente endogene Variable
x	Indikator-(Meß-) Variable für eine latente exogene Variable
ε	(Epsilon) Residualvariable für eine Indikatorvariable y
δ	(Delta) Residualvariable für eine Indikatorvariable x
ζ	(Zeta) Residualgröße für eine latente endogene Variable
R^2	Bestimmtheitsmaß
p	Irrtumswahrscheinlichkeit

A. Qualität und ihre strategische Bedeutung im Rahmen erhöhter Wettbewerbsintensität im Dienstleistungssektor

Betrachtet man die Entwicklung der Bruttowertschöpfung und der Arbeits-
stätten- bzw. Beschäftigungsstruktur in den einzelnen Wirtschaftssektoren
in der Bundesrepublik Deutschland, so scheinen diese die These FOURA-
STIÉS und anderer Vertreter der Drei-Sektoren-Theorie zu bestätigen. Danach soll als Folge des »individuellen und kollektiven Hungers nach Terti-
ärem«[1] in hochentwickelten Volkswirtschaften bis zum Ende dieses Jahrhunderts der Anteil der Erwerbstätigen im tertiären Sektor bei ca. 80 % liegen. Bereits 1987 betrug der Anteil der Unternehmen im Dienstleistungssektor 73,2 %, wobei die Zahl der Arbeitsstätteneröffnungen in den vergangenen Jahren steigend war.[2] Der Anteil der Erwerbstätigen im Dienstleistungssektor betrug im Jahr 1960 noch 32,9 % und ist bis 1992 auf 51,2 % gestiegen. Dies bedeutet ein Wachstum um 63,1 %, während sich die Gesamt-
zahl der Erwerbstätigen im gleichen Zeitraum nur um 4,8 % erhöht hat. Der
Anteil des Dienstleistungssektors an der Bruttowertschöpfung ist im gleichen Zeitraum von 39 % auf 53,3 % gestiegen.[3]

Auch wenn GRÜNEWALD[4] in diesem Zusammenhang von im Vergleich zu
anderen westlichen Industrienationen noch bestehenden ›Tertiärisierungs-

---

[1] FOURASTIÉ, J. (1969): Die große Hoffnung des 20. Jahrhunderts, 2. Aufl., Köln, S. 241 ff. Zur
Kritik an dieser These vgl. TENGLER, H.; HENNICKE, M. (1987): Dienstleistungsmärkte in
der Bundesrepublik Deutschland, Schriften zur Mittelstandsforschung, hrsg. von ALBACH,
H.; HAX, H., Nr. 19, Stuttgart, S. 7 ff.; GRÜNEWALD, R. (1992): Tertiärisierungsdefizite
im Industrieland Bundesrepublik Deutschland, Diss., Sozialökonomische Schriften, hrsg.
von RÜRUP, B., Bd. 5, Frankfurt, S. 45 f. sowie ALBACH, H. (1989a): Dienstleistungen in der
modernen Industriegesellschaft, in: Perspektiven und Orientierungen, Schriftenreihe des
Bundeskanzleramtes, Bd. 8, München, S. 28 ff.

[2] Vgl. auch zum folgenden STATISTISCHES BUNDESAMT (Hrsg.; 1993): Statistisches Jahrbuch 1993 für die Bundesrepublik Deutschland, Wiesbaden, S. 115, 136 f. und S. 586 f. (eigene Berechnungen). Die Angaben beziehen sich allein auf privatwirtschaftliche Unternehmen bzw. private Organisationen ohne Erwerbscharakter, d.h. daß staatliche Einrichtungen (Gebietskörperschaften und Sozialversicherung) aus der Betrachtung ausgeschlossen
sind. NORMANN erklärt diese Entwicklung zum Teil damit, daß bereits vorhandene, vor-
mals im häuslichen Bereich geleistete Aktivitäten aufgrund gesellschaftlicher Veränderungen in den offiziellen Arbeitsmarkt gerückt werden, vgl. NORMANN, R. (1987): Dienstleistungsunternehmen, Hamburg, S. 13.

[3] Angaben in Preisen von 1985 und bereinigt, d.h. nach Abzug der unterstellten Entgelte für
Bankdienstleistungen.

[4] Vgl. GRÜNEWALD, R. (1992): a.a.O., S. 29 sowie insbesondere S. 87 ff. Vgl. auch MEYER,
P.W.; MEYER, A. (1990): Dienstleistungen – Die große Hoffnung für Wirtschaft und Wirt-
schaftswissenschaften in den neunziger Jahren?, in: Jahrbuch der Absatz- und Verbrauchs-
forschung, 36. Jg., Nr. 2, S. 130 ff. sowie VOGLER-LUDWIG, K. (1987): Dynamik der
Dienstleistungsproduktion in der Bundesrepublik Deutschland, in: ifo-schnelldienst, 40.
Jg., Nr. 14/15, S. 32 und TENGLER, H.; HENNICKE, M. (1987): a.a.O., S. 2.

defiziten‹ in der Bundesrepublik Deutschland spricht, sehen sich viele Dienstleistungsbranchen bereits stagnierenden bzw. gesättigten Märkten gegenüber. Für die betroffenen Dienstleistungsunternehmen hat sich dadurch die Wettbewerbsintensität erheblich verschärft.[1]

Bevor jedoch auf die unterschiedlichen Gründe für diese Verschärfung eingegangen werden soll, erscheint es zweckmäßig, die Besonderheiten von Dienstleistungen gegenüber Sachgütern herauszuarbeiten. Dadurch soll zum einen das Verständnis der Entwicklungen im tertiären Sektor erleichtert werden, und zum anderen werden so die Voraussetzungen, die bei der Wahl einer Wettbewerbsstrategie zu beachten sind, verdeutlicht.

1. Kennzeichnung und Abgrenzung von Dienstleistungen

Da der Begriff **Dienstleistung** in der wirtschaftswissenschaftlichen Literatur keine einheitliche Verwendung findet, ist bei seiner Betrachtung zwischen der volkswirtschaftlichen und der betriebswirtschaftlichen Sichtweise zu unterscheiden.

Aus der Vielzahl volkswirtschaftlicher Definitions- und Systematisierungsansätze hat sich die sektorale Unterteilung nach CLARK[2] durchgesetzt, welche sich in der Diskussion um die Tertiärisierung der Wirtschaft widergespiegelt hat und vom Statistischen Bundesamt im Rahmen der ›Systematik der Wirtschaftszweige‹ übernommen wurde.[3] Dienstleistungen werden so als Restgruppe der Wirtschaftszweige definiert, die nicht in der Urproduktion (primärer Sektor) tätig sind und auch keine materiellen Güter erstellen (sekundärer Sektor). Folge einer derartigen Negativabgrenzung ist die Zusammenfassung äußerst heterogener Branchen, wie bspw. Banken, Handel, Gesundheits-, Bildungs- und Unterhaltungswesen, zum tertiären Sektor. Dabei werden Dienstleistungen rein institutionell betrachtet, d.h. in Unternehmen des primären und sekundären Sektors erstellte Dienstlei-

1 Vgl. hierzu SCHWENKER, B. (1989): Dienstleistungsunternehmen im Wettbewerb, Diss., Wiesbaden, S. 18 f. und S. 43 ff.; WOLFF, H.; HOFER, P. (1988): Dimensionen der Dienstleistungsgesellschaft, in: AFHELDT, H. (Hrsg.): Erfolge mit Dienstleistungen. Initiativen für neue Märkte, Stuttgart, S. 137 ff. sowie MEFFERT, H. (1993): Marktorientierte Führung von Dienstleistungsunternehmen – neuere Entwicklungen in Theorie und Praxis, Arbeitspapier Nr. 78 der Wissenschaftlichen Gesellschaft für Marketing und Unternehmensführung e.V., hrsg. von MEFFERT, H.; WAGNER, H.; BACKHAUS, K., Münster, S. 1.

2 Vgl. CLARK, C. (1960): The Conditions of Economic Progress, 3. Aufl., London, S. 253 ff.

3 Vgl. zur Diskussion der volkswirtschaftlichen Interpretationsformen des Dienstleistungsbegriffes MALERI, R. (1991): Grundlagen der Dienstleistungsproduktion, 2. Aufl., Berlin, S. 5 ff. Vgl. ferner STATISTISCHES BUNDESAMT (Hrsg.; 1980): Systematik der Wirtschaftszweige mit Erläuterungen, Stuttgart, Ausgabe 1979.

stungen werden nicht erfaßt. Insbesondere Klasse 7 der amtlichen Statistik (›Dienstleistungen von Unternehmen und freien Berufen‹) zeigt die mangelhafte funktionale Abgrenzungsschärfe dieser Systematik auf.[1]

In der betriebswirtschaftlichen Forschung bestehen höchst unterschiedliche Abgrenzungen des Dienstleistungsbegriffes.[2] HILKE[3] sieht eine Ursache hierfür darin, daß als Folge einer bislang unzureichenden Auseinandersetzung mit Dienstleistungen die Definitionen an unterschiedlichen Ebenen, nämlich den Phasen bzw. Dimensionen der Dienstleistungserstellung, ansetzen. Zudem erschwert die Heterogenität des tertiären Sektors, eine für alle Dienstleistungserscheinungen gültige Begriffsfassung zu finden.[4] So konzentrieren sich viele Autoren darauf, Dienstleistungen aufgrund ihrer Unterschiede zu Sachgütern zu charakterisieren.[5]

Aus diesem Grund soll die Definition der Dienstleistung den jüngeren Ansätzen in der Marketingliteratur folgend von deren konstitutiven Merkmalen, die den einzelnen Leistungsdimensionen zugeordnet werden können, ausgehen.[6] Dabei handelt es sich zum einen um die **Bereitstellung von Lei-**

---

[1] Vgl. TENGLER, H.; HENNICKE, M. (1987): a.a.O., S. 17 f. WOLFF, H.; HOFER, P. (1988): a.a.O., S. 123; BEREKOVEN, L. (1974): Der Dienstleistungsbetrieb. Wesen – Struktur – Bedeutung, Wiesbaden, S. 20 sowie MEYER, A. (1992): Dienstleistungsmarketing, Diss., Schwerpunkt Marketing, hrsg. von MEYER, P.W., Bd. 20, 5. Aufl., Augsburg, S. 6 ff.

[2] Vgl. in diesem Zusammenhang MALERI, R. (1991): a.a.O., S. 28 ff. und MEYER, A. (1992): a.a.O., S. 10 ff.

[3] Vgl. HILKE, W. (1989): Grundprobleme und Entwicklungstendenzen des Dienstleistungs-Marketing, in: HILKE, W. (Hrsg.): Dienstleistungs-Marketing, Wiesbaden, S. 10. In diesem Zusammenhang ist u.a. HENTSCHEL zuzustimmen, welcher in einer umfassenden Berücksichtigung der Besonderheiten aller Phasen die Voraussetzung einer geeigneten Dienstleistungsdefinition sieht, vgl. HENTSCHEL, B. (1992): Dienstleistungsqualität aus Kundensicht, Diss., Wiesbaden, S. 21.

[4] Vgl. LEHMANN, A. (1993a): Dienstleistungsmanagement. Strategien und Ansatzpunkte zur Schaffung von Servicequalität, Reihe Entwicklungstendenzen im Management, hrsg. vom INSTITUT FÜR BETRIEBSWIRTSCHAFT, HOCHSCHULE ST. GALLEN FÜR WIRTSCHAFTS-, RECHTS- UND SOZIALWISSENSCHAFTEN, Bd. 9, Stuttgart, S. 21.

[5] Vgl. hierzu MEFFERT, H. (1993): a.a.O., S. 7 ff.; ENGELHARDT, W.H.; KLEINALTENKAMP, M.; RECKENFELDERBÄUMER, M. (1992): Dienstleistungen als Absatzobjekt, Arbeitsbericht Nr. 52 des Instituts für Unternehmensführung und Unternehmensforschung, Bochum, S. 10 ff. sowie BROWN, J.R.; FERN, E.F. (1981): Goods vs. Services Marketing: A Divergent Perspective, in: DONNELLY, J.H.; GEORGE, W.R. (Hrsg.): Marketing of Services, AMA Proceedings, Chicago (IL), S. 205.

[6] Vgl. zu den folgenden Ausführungen MEYER, A. (1992): a.a.O., S. 17 ff.; MEYER, A. (1991): Dienstleistungs-Marketing, in: DBW, 51. Jg., Nr. 2, S. 198 ff.; CORSTEN, H. (1986): Zur Diskussion der Dienstleistungsbesonderheiten und ihre ökonomischen Auswirkungen, in: Jahrbuch der Absatz- und Verbrauchsforschung, 32. Jg., Nr. 1, S. 16 ff.; STAFFELBACH, B. (1988): Strategisches Marketing von Dienstleistungen, in: Marketing ZFP, 10. Jg., Nr. 4, S. 278; MEFFERT, H. (1993): a.a.O., S. 5 f. sowie HILKE, W. (1989): a.a.O., S. 10 ff.

stungspotentialen durch den Dienstleistungsanbieter (Potentialorientierung). Darunter sind sowohl Leistungsbereitschaft als auch Leistungsfähigkeiten in Form personeller, sachlicher oder immaterieller Ressourcen des Anbieters zu verstehen. Zum anderen ist im Zusammenhang mit der Prozeßdimension einer Dienstleistung die **Integration des externen Faktors** zu nennen. Der externe Faktor ist der Kunde selbst oder ein von ihm zur Verfügung gestelltes Subjekt oder Objekt, an dem die Dienstleistung erbracht wird, d.h. die Leistungspotentiale des Anbieters konkretisiert werden. Diese Besonderheit hat zum einen zur Folge, daß Produktion und Konsumtion simultan erfolgen. Zum anderen beeinflußt der Kunde als mehr oder weniger passiver Produktionsfaktor[1] den Verlauf und das Ergebnis des Dienstleistungserstellungsprozesses. Schließlich sind Dienstleistungen durch ihre **Immaterialität**[2] geprägt. Die Besonderheit dieser Dimension liegt speziell darin, daß sie zwar vor allem mit dem Ergebnis einer Dienstleistung in Verbindung gebracht wird, welches im allgemeinen für den Konsumenten im Gegensatz zum Kauf eines Sachguts nicht greifbar ist (Ergebnisorientierung).[3] Darüber hinaus hängt sie jedoch auch mit der Potential- und der Prozeßdimension direkt zusammen. So sind die vom Dienstleistungsunternehmen angebotenen Leistungspotentiale ebenfalls zum Teil immateriell, d.h. für den Kunden nicht greifbar.[4]

Die Immaterialität bewirkt, daß die Nachfrager kaum in der Lage sind, die Beschaffenheit und Qualität einer Dienstleistung in der Vorkaufsphase anhand objektiver Kriterien zu beurteilen, zumal sie aufgrund ihrer eigenen,

---

1 Die Doppelfunktion des Kunden als Konsument und Produzent hat zu der Begriffsbildung des »Prosumers« geführt. Vgl. hierzu MEYER, A. (1991): a.a.O., S. 199; LEHMANN, A. (1989): Marketing-Qualität im Dienstleistungsmanagement – eine neue Perspektive?, in: Thexis, 6. Jg., Nr. 6, S. 48.

2 Diese Dimension ist ursächlich für eine Vielzahl von Besonderheiten, die beim Marketing von Dienstleistungen explizit zu berücksichtigen sind. An dieser Stelle sei auf die Probleme bei der Wahrnehmung bzw. Messung der Qualität von Dienstleistungen hingewiesen, auf welche im folgenden noch ausführlich eingegangen werden soll. Vgl. MEYER, A. (1991): a.a.O., S. 199 ff. sowie MEYER, P.W.; TOSTMANN, T. (1978): Dienstleistungsmarketing, in: Jahrbuch der Absatz- und Verbrauchsforschung, 24. Jg., Nr. 4, S. 287 ff.

3 Vgl. ENGELHARDT, W.H.; KLEINALTENKAMP, M.; RECKENFELDERBÄUMER, M. (1992): a.a.O., S. 12; HILKE, W. (1984): Dienstleistungs-Marketing aus der Sicht der Wissenschaft, in: MEFFERT, H.; WAGNER, H. (Hrsg.): Dienstleistungsmarketing, Arbeitspapier Nr. 19 der Wissenschaftlichen Gesellschaft für Marketing und Unternehmensführung e.V., Münster, S. 18 f. MEYER nennt hingegen Immaterialität bspw. auch in Zusammenhang mit der Angebotsphase, vgl. MEYER, A. (1991): a.a.O., S. 199. Vgl. auch HENTSCHEL, B. (1992): a.a.O., S. 21 sowie die Darstellung bei BÜKER, B. (1991): Qualitätsbeurteilung investiver Dienstleistungen, Diss., Schriften zu Marketing und Management, hrsg. von MEFFERT, H., Bd. 17, Frankfurt, S. 30.

4 Als Beispiel für immaterielle Leistungspotentiale seien hier die Kompetenz und Qualifikation der Mitarbeiter genannt. Vgl. HILKE, W. (1989): a.a.O., S. 11.

mehr oder weniger aktiven Teilnahme am Erstellungsprozeß zumindest teilweise für das Leistungsergebnis selbst verantwortlich sind. Dienstleistungen besitzen somit in hohem Maße den Charakter eines Vertrauensguts.[1] Üblicherweise fehlende Garantieversprechen, welche ein bestimmtes Leistungsergebnis gewährleisten, tragen ebenfalls dazu bei, das wahrgenommene Risiko zu erhöhen, welches mit der Dienstleistung für den Konsumenten verbunden sein kann.[2]

Gleichzeitig macht es die Immaterialität unmöglich, Dienstleistungen auf Vorrat zu fertigen, so daß Produktion und Absatz synchron erfolgen müssen und somit der externe Faktor in den Erstellungsprozeß direkt eingebunden werden muß.[3]

Aufbauend auf diesen Überlegungen sollen im folgenden in Anlehnung an MEFFERT und MEYER[4] **Dienstleistungen als selbständige, d.h. marktfähige Leistungen verstanden werden, die unter Einsatz der Potentialfaktoren des Leistungsanbieters an dem in den Erstellungsprozeß eingebrachten externen Faktor gewollte, nutzenstiftende Wirkungen erzielen.**

An der Charakterisierung von Dienstleistungen allein durch die Beschreibung ihrer Unterschiede zu Sachgütern wird zunehmend Kritik geäußert, da sich bspw. die angeblich konstitutiven Merkmale von Dienstleistungen

---

[1] Auf die Unterscheidung von Such-, Erfahrungs- und Glaubenskomponenten bei Gütern und Dienstleistungen soll im Zusammenhang mit den unterschiedlichen Ansätzen zur Operationalisierung der Qualität von Dienstleistungen eingegangen werden.

[2] Vgl. hierzu GUSEMAN, D.S. (1981): Risk Perception and Risk Reduction in Consumer Services, in: DONNELLY, J.H.; GEORGE, W.R. (Hrsg.): Marketing of Services, AMA Proceedings, Chicago (IL), S. 200; GEORGE, W.R.; WEINBERGER, M.G.; KELLY, J.P. (1985): Consumer Risk Perception: Managerial Tools for the Service Encounter, in: CZEPIEL, J.A.; SOLOMON, M.R.; SURPRENANT, C.F. (Hrsg.): The Service Encounter, Lexington (MA), S. 85 f. und S. 88 ff. sowie HENTSCHEL, B. (1992): a.a.O., S. 62 ff.; KUPSCH, P.; HUFSCHMIED, P. (1979): Wahrgenommenes Risiko und Komplexität der Beurteilungssituation als Determinanten der Qualitätsbeurteilung, in: MEFFERT, H.; STEFFENHAGEN, H.; FRETER, H. (Hrsg.): Konsumentenverhalten und Information, Wiesbaden, S. 235 ff. Die Auswirkungen auf das Informationssuchverhalten bei Dienstleistungen werden bei MURRAY, K.B. (1991): A Test of Services Marketing Theory: Consumer Information Acquisition Activities, in: Journal of Marketing, 55. Jg., Nr. 1, S. 12 ff. beschrieben.

[3] Vgl. LANGEARD, E. ET AL. (1981): Services Marketing: New Insights from Consumers and Managers, Report No. 81-104 des Marketing Science Institute, Cambridge (MA), S. 1.

[4] Vgl. MEFFERT, H. (1986): Marketing, 7. Aufl., Wiesbaden, S. 43 sowie MEYER, A. (1991): a.a.O., S. 198. Häufig wird in der Literatur zwischen den Begriffen ›Dienstleistung‹ und ›Service‹ (im Sinne von Kundendienst als Zusatzleistungen von Sachgüterherstellern) differenziert. Mit Blick auf den Sprachgebrauch der verwendeten anglo-amerikanischen Literatur sollen die Begriffe an dieser Stelle jedoch synonym verwendet werden.

zum Teil auch auf Sachgüter übertragen lassen.[1] Dieses gilt insbesondere
für die Potentialdimension, da die Fähigkeit und Bereitschaft, eine Leistung
zu erbringen, die grundsätzliche Voraussetzung für jeden Anbieter darstellen. Auch die Annahme, das Potential eines Anbieters sei mit Blick auf die
Immaterialität des Ergebnisses das Kernelement im Rahmen der Vermarktung von Dienstleistungen, kann nicht ohne Einschränkung aufrecht erhalten werden. Da die Bedeutung einzelner Leistungen für die Nachfrager verstärkt auch aus dem Prozeß oder aus dem Ergebnis resultieren kann, sind
diese Dimensionen im Rahmen der Absatzpolitik entsprechend zu berücksichtigen.

An der Immaterialität der Dienstleistung können mit Blick auf die Materia-
lisierung durch Veredelung, welche eine Trennung zwischen Dienstleistung und Sachgut zunehmend erschwert, ebenfalls berechtigte Zweifel geäußert werden.[2]

Letztlich kann auch die Integration des externen Faktors als Merkmal zur
Abgrenzung von Dienstleistungen von Konsum- oder Investitionsgütern
in Frage gestellt werden. Betrachtet man nämlich auch Informationen, die
dem Anbieter zur Verfügung gestellt werden, als externe Faktoren, so ist jede Art von Auftragsfertigung, sei es nun eine ärztliche Gesundheitsunter-
suchung, die Anfertigung eines Maßanzuges oder die Sonderausstattung
eines Fahrzeuges, durch Dienstleistungskomponenten gekennzeichnet.

Zudem bleibt das Problem der Heterogenität des Dienstleistungssektors weiterhin bestehen, so daß die Ableitung geeigneter Marketing- oder Wettbewerbsstrategien für einzelne Dienstleistungen erschwert wird.

Die ebenfalls zur Abgrenzung und Kennzeichnung von Dienstleistungen
gebildeten Typologien sind aus diesem Grunde insbesondere geeignet, zum

---

[1] Vgl. auch zum folgenden ENGELHARDT, W.H. (1990): Dienstleistungsorientiertes Marketing – Antwort auf die Herausforderung durch neue Technologien, in: ADAM, D. ET AL.
(Hrsg.): Integration und Flexibilität, Wiesbaden, S. 278 ff.; ENGELHARDT, W.H.; KLEIN-
ALTENKAMP, M.; RECKENFELDERBÄUMER, M. (1992): a.a.O., S. 11 ff.; MEFFERT, H.
(1993): a.a.O., S. 6 f. sowie ENIS, B.M.; ROERING, K.J. (1981): Services Marketing: Different Products, Similar Strategy, in: DONNELLY, J.H.; GEORGE, W.R. (Hrsg.): Marketing of
Services, AMA Proceedings, Chicago (IL), S. 1 ff.

[2] Als Beispiel sei die Aufnahme und Speicherung eines Konzerts genannt, wodurch es zu
einem Objektverbund zwischen der Dienstleistung und dem materiellen Speichermedium
kommt. Eine Vervielfältigung dieses Speichermediums führt zum einen dazu, daß die so
veredelte Dienstleistung auf Vorrat produziert und über Zwischenanbieter gehandelt
werden kann. Zum anderen kann sie von den Nachfragern beliebig oft und zeitunabhängig
vom Dienstleistungsanbieter genutzt werden. Vgl. hierzu ausführlich MEYER, A. (1987):
Die Automatisierung und Veredelung von Dienstleistungen – Auswege aus der dienstleistungsinhärenten Produktivitätsschwäche, in: Jahrbuch der Absatz- und Verbrauchsforschung, 33. Jg., Nr. 1, S. 33 ff.

einen die Abgrenzungsprobleme zwischen Dienst- und Sachleistungen zu berücksichtigen.[1] Zum anderen helfen sie, die Heterogenität des Dienstleistungssektors zu verdeutlichen und die Vielfalt der Dienstleistungen zu systematisieren.[2] Dadurch ist es möglich, in Abhängigkeit von den ausgewählten Kriterien einzelne Dienstleistungen zu untersuchen und ihre jeweiligen Besonderheiten bei der Konzeption wettbewerbsgerichteter Strategien zu berücksichtigen.[3] Einen umfassenden Überblick über Ansätze, Dienstleistungen anhand unterschiedlicher Kriterien zu beschreiben und voneinander abzugrenzen, gibt LOVELOCK[4].

LOVELOCK legt seinen Klassifizierungsschemen Fragestellungen zugrunde, die allgemein für das Management von Dienstleistungen, d.h. unabhängig von ihrer jeweiligen Art, von Bedeutung sein können. Dabei handelt es sich um Fragen nach:

- der Art der Dienstleistung
- der Beziehung zwischen Anbieter und Nachfrager
- den Freiheitsräumen des Personals hinsichtlich der individuellen Ausrichtung auf den Konsumenten
- der Art der Nachfrage
- der Lieferart der Dienstleistung

In Abhängigkeit von den Problemen des Dienstleistungs-Managements sind weitere Aspekte denkbar. Dienstleistungen können auf der Basis dieser Fragen anhand ein-, zwei- oder mehrdimensionaler Abgrenzungen unterschieden werden. LOVELOCK befürwortet die Kombination von Dimensionen, da diese sinnvollere Erkenntnisse für das Marketing von Dienstleistungen bereitstellen.

---

[1] Vgl. BELL, M.L. (1981): A Matrix Approach to the Classification of Marketing Goods and Services, in: DONNELLY, J.H.; GEORGE, W.R. (Hrsg.): Marketing of Services, AMA Proceedings, Chicago (IL), S. 210 f. Der Ansatz von ENGELHARDT, KLEINALTENKAMP und RECKENFELDERBÄUMER, welcher von MEFFERT aufgegriffen und erweitert worden ist, sieht demgegenüber vor, auf eine Trennung von Dienst- und Sachleistungsmarketing ganz zu verzichten und Sach- und Dienstleistungen allenfalls als Extrempunkte eines Kontinuums zu betrachten, vgl. ENGELHARDT, W.H.; KLEINALTENKAMP, M.; RECKENFELDERBÄUMER, M. (1992): a.a.O., S. 23 ff.; MEFFERT, H. (1993): a.a.O., S. 8 ff.

[2] Vgl. BENKENSTEIN, M. (1993): Dienstleistungsqualität. Ansätze zur Messung und Implikationen für die Steuerung, in: ZfB, 63. Jg., Nr. 11, S. 1096 f.; MEFFERT, H. (1993): a.a.O., S. 7.

[3] Vgl. LOVELOCK, C. (1991): Services Marketing, 2. Aufl., Englewood Cliffs (NJ), S. 25 ff. sowie MEYER, A. (1992): a.a.O., S. 38 ff.

[4] Vgl. auch zum folgenden LOVELOCK, C. (1983): Classifying Services to Gain Strategic Marketing Insights, in: Journal of Marketing, 47. Jg., Nr. 3, S. 9 ff.; LOVELOCK, C. (1991): a.a.O., S. 34 ff.

Abbildung 1 gibt ein derartiges Klassifizierungsschema wieder. Ausgangspunkt ist die Frage, wie die Beziehung zwischen dem Anbieter und seinen Nachfragern gekennzeichnet werden kann. Diese läßt sich durch den Grad der Bindung zwischen Anbieter und Nachfrager beschreiben. Darüber hinaus hängt sie von der Art der Dienstleistungserstellung ab, welche durch die zeitliche Gestaltung der Leistungsbereitstellung gekennzeichnet ist. So können die Nachfrager ein dauerhaftes, mitgliedschaftsähnliches Verhältnis zum Anbieter haben, welches durch wiederholte Nachfrage und eher formale Strukturen gekennzeichnet ist und nicht zwingend freiwillig zustandegekommen sein muß. Demgegenüber gibt es Dienstleistungen, die auch angeboten werden, ohne daß zwischen dem Anbieter und seinen Kunden eine formale, vertraglich geregelte Beziehung besteht. Entsprechend kann die Nachfrage eher spontan und auch einmalig geäußert werden. Die Leistungsbereitstellung kann zum einen kontinuierlich erfolgen, so daß der Nachfrager eine Leistung weitgehend unabhängig von bestimmten Angebotszeiten und -fristen in Anspruch nehmen kann. Zum anderen ist auch eine diskrete, d.h. auf bestimmte Zeiten fixierte Bereitstellung des Leistungsangebots möglich. Kombiniert man nun die beiden Dimensionen mit ihren jeweils zwei Ausprägungen miteinander, so ergibt sich die abgebildete Vier-Felder-Matrix, in welche die unterschiedlichen Dienstleistungsarten eingeordnet werden können.

		Art der Beziehung	
		mitgliedschaftsähnliche Beziehung	keine formale Beziehung
Art der Dienstleistungserstellung	kontinuierliche Leistungserstellung	• Versicherung • Telephonanschluß • ADAC	• Polizeischutz • Radiosender • Öffentliche Verkehrsmittel
	gelegentliche Leistungserstellung	• Theaterabonnement • Finanzamt • Bahn Card	• Autovermietung • Telephonzelle • Restaurantbesuch

Abb. 1: Klassifizierung von Dienstleistungen
Quelle: in Anlehnung an LOVELOCK, C. (1983): a.a.O., S. 13.

Auffallend ist, daß das Merkmal der Komplexität einer Dienstleistung in keinem der unterschiedlichen Typologisierungsansätze Verwendung findet. Zwar lassen sich komplexe und einfach strukturierte Dienstleistungen z.B. in die Leistungstypologie von MEFFERT einordnen und auf der Basis eines unterschiedlichen Individualisierungsgrades[1] voneinander unterscheiden. Eine derartige Abgrenzung ist jedoch nicht Ziel dieses Typologi-

[1] Zur Individualität als Merkmal der Komplexität einer Dienstleistung vgl. Kapitel B.1.22.

sierungsansatzes, welcher vielmehr als Beitrag zur Lösung der Abgrenzungsproblematik von Sach- und Dienstleistungen zu werten ist.[1]

Als Ausnahme kann SHOSTACK[2] genannt werden, welche Komplexität in direktem Zusammenhang mit Dienstleistungen verwendet. Dabei betrachtet sie jedoch die Komplexität einer Dienstleistung als Instrument der Produkt-Politik und somit wie den Preis oder die Kommunikationsstrategie als Maßnahme zur Positionierung der Dienstleistung am Markt. Auswirkungen der Komplexität z.B. auf das Management oder die Qualitätssteuerung im Dienstleistungsunternehmen bleiben demgegenüber unberücksichtigt. Darüber hinaus wird der Begriff der Komplexität in nur unzureichender Weise und rein anbieterorientiert bestimmt, so daß eine Abgrenzung komplexer Dienstleistungen von einfach strukturierten auf der Basis differenzierter Merkmale nicht möglich ist.

Die Tatsache, daß Komplexität im Rahmen der Diskussion um Dienstleistungen bislang keine nennenswerte Beachtung gefunden hat, ist um so auffallender, wenn man den hohen Stellenwert betrachtet, welcher der Komplexität in weiten Teilen der Betriebswirtschaftslehre zukommt. Komplexität ist zentraler Bestandteil der Systemtheorie und erhält zunehmende Bedeutung z.B. in Zusammenhang mit Entscheidungen unter Unsicherheit oder Mehrfachzielsetzung im Rahmen der Entscheidungstheorie.[3]

Vor diesem Hintergrund erscheint eine eingehende Auseinandersetzung mit der Komplexität von Dienstleistungen sinnvoll zu sein. Daher werden in der vorliegenden Arbeit Dienstleistungen, die von den Konsumenten als komplex wahrgenommen werden, in den Mittelpunkt der Betrachtung gestellt.

Auf der Basis der hier dargestellten Besonderheiten von Dienstleistungen sollen im folgenden die allgemeinen Entwicklungen im Dienstleistungssektor erläutert werden, welche zu einer erheblichen Verschärfung des

---

1 Vgl. MEFFERT, H. (1993): a.a.O., S. 11 ff. Danach können (Sach- und Dienst)Leistungen neben dem Individualisierungsgrad aufgrund ihres Interaktions- und Immaterialitätsgrades voneinander abgegrenzt werden.

2 Vgl. SHOSTACK, G.L. (1987): Service Positioning Through Structural Change, in: Journal of Marketing, 51. Jg., Nr. 1, S. 35. Vgl. hierzu auch Kapitel B.1.1.

3 Vgl. z.B. MALIK, F. (1992): Strategie des Managements komplexer Systeme, Schriftenreihe Unternehmung und Unternehmungsführung, hrsg. vom INSTITUT FÜR BETRIEBSWIRTSCHAFT AN DER HOCHSCHULE ST. GALLEN, Bd. 12, 4. Aufl., Bern, S. 169 ff.; HEINEN, E. (1976): Grundlagen betriebswirtschaftlicher Entscheidungen, 3. Aufl., Wiesbaden, S. 188 ff.; BAMBERG, G.; COENENBERG, A.G. (1994): Betriebswirtschaftliche Entscheidungslehre, 8. Aufl., München, S. 12 ff.; KAHLE, E. (1990): Betriebliche Entscheidungen, 2. Aufl., München, S. 20 und S. 108 ff.

Wettbewerbs zwischen den Dienstleistungsunternehmen geführt haben und somit die Wahl einer geeigneten Wettbewerbsstrategie erforderlich machen.

2. Zunehmender Wettbewerb zwischen Dienstleistungsunternehmen als Folge der Tertiärisierung der Wirtschaft

Die Ursachen für die Wettbewerbsverschärfung im Dienstleistungssektor sind vielfältiger Natur. Zum einen ist die Deregulierung in Gestalt des Rückzuges des Staates aus einzelnen Branchen (z.b. Telekommunikation) bzw. der Öffnung bislang nationaler Märkte für international tätige Unternehmen, z.b. im Rahmen der Europäischen Union, zu nennen. Die Deregulierung eröffnet den Dienstleistungsanbietern insbesondere die Möglichkeit, den Markt, den sie bearbeiten, geographisch auszuweiten, indem sie überregional oder international tätig werden. So ist es durch die Einrichtung des Europäischen Binnenmarktes für viele Anbieter investiver Dienstleistungen[1], wie z.b. Versicherungen, Unternehmensberatungen, Banken, Speditionen, aber auch Anwaltskanzleien, möglich, auf dem gesamten europäischen Markt ihre Leistungen anzubieten. Gleichzeitig erhöht sich dadurch die Zahl der um die bestehenden Kunden konkurrierenden Anbieter, so daß es für einige Unternehmen sogar zwingend notwendig sein kann, international zu agieren, um ihren ebenfalls international tätigen Kunden weiterhin als Ansprechpartner zur Verfügung stehen zu können bzw. um sich einer Internationalisierung der Nachfrage und Bedürfnisse anzupassen.[2]

Wettbewerbsdruck entsteht zum anderen aber auch auf solchen Märkten, auf denen sich privatwirtschaftliche Dienstleistungsunternehmen Anbietern ohne Erwerbscharakter bzw. staatlichen Dienstleistungen gegenüberse-

---

1 In Anlehnung an den Sachgüterbereich unterscheidet man zwischen investiven und konsumtiven Dienstleistungen. Unter investiven Dienstleistungen sind solche zu verstehen, die nur Unternehmen bzw. Organisationen angeboten werden, wie z.b. Unternehmensberatungen. Daneben bestehen konsumtive Dienstleistungen, wie z.b. das Friseurgewerbe, sowie Dienstleistungen für Unternehmen und Haushalte, wie z.B. Straßenreinigung. Vgl. zu dieser Unterteilung des Dienstleistungssektors BÜKER, B. (1991): a.a.O., S. 5 f.; ALBACH, H. (1989a): a.a.O., S. 62 und TENGLER, H.; HENNICKE, M. (1987): a.a.O., S. 56 f.

2 Vgl. SCHWENKER, B. (1989): a.a.O., S. 45 f.; HESKETT, J. (1988): Management von Dienstleistungsunternehmen, Wiesbaden, S. 156; WOLFF, H.; HOFER, P. (1988): a.a.O., S. 127 f. sowie BENÖLKEN, H.; GREIPEL, P. (1994): Dienstleistungsmanagement. Service als strategische Erfolgsposition, 2. Aufl., Wiesbaden, S. 41 ff. Zu den allgemeinen Auswirkungen des EG-Binnenmarktes und zu Hemmnissen im Bereich der Liberalisierung des Dienstleistungsbereiches vgl. GIERSCH, H. (1990): Mehr Wettbewerb im freieren EG-Binnenmarkt, in: MEFFERT, H.; KIRCHGEORG, M. (Hrsg.): Marktorientierte Unternehmensführung im europäischen Binnenmarkt, Stuttgart, S. 4 ff.

hen, wie etwa im Gesundheits-, Informations-, Bildungs- oder Sicherheits-
bereich.[1] Zwar werden private Anbieter durch die zunehmende Differenzierung der Nachfrage begünstigt, eine unter Umständen hohe Preiselastizi-
tät der Nachfrage führt jedoch zu einem erhöhten Kostendruck, insbesondere in den Bereichen, in denen staatliche Leistungen subventioniert werden bzw. der Staat zu nicht kostendeckenden Preisen anbietet, wie z.B. im
Bildungs- oder Gesundheitswesen.[2]

Daneben besteht insbesondere bei konsumtiven Dienstleistungen auf seiten
der Verbraucher die Tendenz, aus finanziellen Gründen, aufgrund zunehmender Technisierung der Haushalte oder als Folge erhöhter Freizeit die
Leistungserstellung selbst zu übernehmen, so daß neben gewerbliche und
staatliche Konkurrenz noch die Substitutionskonkurrenz der privaten Verbraucher tritt.[3] Außerdem können private Haushalte durch Nutzung mo-
derner Kommunikations- und Informationstechnologien selber als Dienstleistungsanbieter auftreten und somit zu einer weiteren Wettbewerbsverschärfung beitragen.[4]

Betrachtet man Dienstleistungen nicht nur institutionell, sondern auch
funktional,[5] so läßt sich leicht feststellen, daß der Anteil der Dienstleistungen an der volkswirtschaftlichen Produktion bedeutend höher liegt, als er
in den üblichen Statistiken ausgewiesen wird. Daran wird deutlich, daß
Dienstleistungsunternehmen nicht nur in Konkurrenz untereinander, son-

---

1 Vgl. BEREKOVEN, L. (1986): Der Dienstleistungsmarkt – Sachliche Besonderheiten und
empirische Befunde, in: PESTEL, E. (Hrsg.): Perspektiven der Dienstleistungswirtschaft,
Göttingen, S. 31 sowie WOLFF, H.; HOFER, P. (1988): a.a.O., S. 137 ff.

2 Vgl. ALBACH, H. (1989a): a.a.O., S. 27; WOLFF, H.; HOFER, P. (1988): a.a.O., S. 141 ff.;
TENGLER, H.; HENNICKE, M. (1987): a.a.O., S. 8 sowie VOGLER-LUDWIG, K. (1987):
a.a.O., S. 36.

3 Vgl. ALBACH, H. (1989a): a.a.O., S. 28; WOLFF, H.; HOFER, P. (1988): a.a.O., S. 143;
TENGLER, H.; HENNICKE, M. (1987): a.a.O., S. 8 f. sowie GRÜNEWALD, R. (1992): a.a.O.,
S. 49.

4 Vgl. ALBACH, H. (1989a): a.a.O., S. 115 ff. Zur Problematik im häuslichen Bereich erstellter Dienstleistungen vgl. GARHAMMER, M. (1988): Die unbezahlte häusliche Dienstleistungsproduktion – ein Beitrag zur Diskussion über Dienstleistungsbesonderheiten, in:
Jahrbuch der Absatz- und Verbrauchsforschung, 34. Jg., Nr. 1, S. 61 ff.

5 Unter funktionellen Dienstleistungen sind dabei solche zu verstehen, die von Unternehmen
als Nebenleistung bzw. Tätigkeit zur Vermarktung ihrer Haupt-, d.h. Sachleistung erbracht werden. Bei Dienstleistungen in institutioneller Abgrenzung handelt es sich dagegen um Unternehmen, die den Wirtschaftsklassen 4-9 zuzuordnen sind, welche also Dienstleistungen als Hauptleistung erbringen. Vgl. hierzu GRÜNEWALD, R. (1992): a.a.O., S. 39 f.
und bezogen auf das Dienstleistungsmarketing HILKE, W. (1989): a.a.O., S. 9. Zur Einteilung der Unternehmen in Wirtschaftsklassen vgl. S. 6.

dern auch zu produzierenden Unternehmen stehen.[1] Im Rahmen einer
›Make-or-buy-Entscheidung‹ hängt es von dem erforderlichen Qualifika-
tionsniveau der Mitarbeiter und den Kosten ab, ob eine Dienstleistung im
Produktionsbetrieb intern erstellt oder externalisiert wird.[2]

In diesem Zusammenhang geht es jedoch nicht nur um die Frage, ob die
Dienstleistungen im Unternehmen selbst erstellt oder fremdbezogen werden sollen. Hinzu tritt die Überlegung, innerhalb von Industrieunterneh-
men vorhandene Potentiale und Infrastrukturen nicht nur für eine Erweiterung des bestehenden Produktionsprogrammes zur Abrundung des Sorti-
ments zu nutzen, sondern auch zu einer dienstleistungsdominanten Diver-
sifizierung der Unternehmenstätigkeit einzusetzen. Zu dieser aus dem sekundären Wirtschaftssektor stammenden Intensivierung der Konkurrenz
treten sogenannte Dienstleistungskonzerne, d.h. Dienstleistungsunternehmen, welche Leistungen anbieten, die nicht zu ihrem angestammten Sorti-
ment zählen. Als Beispiel sei zum einen die Auslagerung verschiedener
ehemaliger Abteilungen der Deutschen Bank genannt. Unter dem Namen
DB-Research GmbH werden ihre Leistungen zusammengefaßt und nicht
mehr nur der Muttergesellschaft, sondern auch anderen Unternehmen zur
Verfügung gestellt. Zum anderen ist auf die Konkurrenz für Kreditinstitute
durch den Handel oder durch Finanzdienstleistungen der Automobilindu-
strie hinzuweisen.[3]

Der technologische Fortschritt, der sich insbesondere im Bereich der Infor-
mations- und Kommunikationssysteme vollzogen und welcher zur Erzielung von Produktivitätssteigerungen beigetragen hat, bewirkt ebenfalls eine
erhebliche Veränderung der Wettbewerbsintensität. Beispiel hierfür ist die
zunehmende Verbreitung von Geldausgabeautomaten, welche zum einen
zu einer Verminderung des Personalkostendrucks führt und zum anderen
die Ausweitung des Angebots sowohl in zeitlicher als auch räumlicher Hinsicht ermöglicht. Als weiteres Beispiel kann die Datenfernübertragung mit-
tels Electronic Mailing genannt werden, welche zu erheblichen Kosten- und

---

1 Vgl. TENGLER, H.; HENNICKE, M. (1987): a.a.O., S. 17 f. und S. 25 ff.; GRÜNEWALD, R.
   (1992): a.a.O., S. 50 f.; AFHELDT, H. (1988): Wohlstand mit Dienstleistungen, in:
   AFHELDT, H. (Hrsg.): Erfolge mit Dienstleistungen. Initiativen für neue Märkte, Stuttgart,
   S. 12 f. sowie LEHMANN, A. (1989): a.a.O., S. 46.

2 Vgl. VOGLER-LUDWIG, K. (1987): a.a.O., S. 37 ff. und S. 41 sowie ALBACH, H. (1989b):
   Dienstleistungsunternehmen in Deutschland, in: ZfB, 59. Jg., Nr. 4, S. 403 f.

3 Vgl. SCHWENKER, B. (1989): a.a.O., S. 43 ff.; TENGLER, H.; HENNICKE, M. (1987): a.a.O.,
   S. 38 f. und ENGELHARDT, W.H. (1990): a.a.O., S. 273. Zu den Beispielen vgl. DEUTSCHE
   BANK AG (1991): DB Research GmbH, Presse-Information vom 10.7.1991 sowie
   PRIEWASSER, E. (1990): Megatrends im Kreditgewerbe, in: Finanzierung, Leasing, Facto-
   ring, 37. Jg., Nr. 2, S. 48.

Zeitersparnissen führt und den Konkurrenzdruck auch von internationaler Seite erhöht.[1]

Als letztes ist der Einfluß der allgemeinen wirtschaftlichen Situation auf den Wettbewerb innerhalb des Dienstleistungssektors zu nennen. So sank in der Bundesrepublik Deutschland das Bruttoinlandsprodukt von 1992 auf 1993 um ca. 1,2 %.[2] Ursache hierfür ist zum einen der Rückgang der Inlands- und Auslandsnachfrage und zum anderen eine generell schlechte Einschätzung der Wirtschaftslage durch die Bevölkerung, welche sich unter anderem in einer erhöhten Sparquote bzw. selektivem Konsumverhalten äußert. Zwar sind Dienstleistungsunternehmen von der allgemeinen Rezession wenig betroffen,[3] jedoch ist in diesem Zusammenhang zwischen den investiven und den konsumtiven Dienstleistungen zu unterscheiden. Danach sind es insbesondere die konsumtiven Dienstleistungen, die durch die Rückgänge der realen Haushaltseinkommen betroffen sind. Bei den investiven Dienstleistungen passen sich die Wachstumsraten zwar immer mehr den gesamtwirtschaftlichen Wachstumsraten an, zur Zeit sind sie aber noch überdurchschnittlich.[4] Dabei darf allerdings die Abhängigkeit der investiven Dienstleistungen von der generellen Entwicklung des sekundären Sektors nicht vernachlässigt werden.[5]

Die Vielfalt der aufgeführten Anzeichen einer Verschärfung des Wettbewerbs im Dienstleistungssektor macht deutlich, daß es für Dienstleistungsunternehmen – unabhängig davon, ob sie investive oder konsumtive Dienstleistungen erstellen – notwendig ist, geeignete Wettbewerbsstrategien zu verfolgen, um sich langfristig am Markt behaupten zu können.

Daher sollen im folgenden Abschnitt die strategischen Grunddimensionen einer abnehmerorientierten Wettbewerbsstrategie vorgestellt werden. Der

---

[1] Vgl. HESKETT, J. (1988): a.a.O., S. 180; WOLFF, H.; HOFER, P. (1988): a.a.O., S. 127 sowie TENGLER, H.; HENNICKE, M. (1987): a.a.O., S. 48 ff. Die von letzteren aufgezeigte hohe Unternehmensfluktuation im tertiären Sektor deutet zusätzlich auf eine hohe Wettbewerbsintensität hin.

[2] Vgl. INSTITUT DER DEUTSCHEN WIRTSCHAFT (Hrsg.; 1994): Zahlen zur wirtschaftlichen Entwicklung der Bundesrepublik Deutschland, Ausgabe 1994, Köln, S. 31 (Angaben in Preisen von 1991).

[3] Vgl. MEFFERT, H.; MÜLLER, N. (1993): Marktorientierte Unternehmensführung in der Rezession, Arbeitspapier Nr. 81 der Wissenschaftlichen Gesellschaft für Marketing und Unternehmensführung e.V., hrsg. von MEFFERT, H.; WAGNER, H.; BACKHAUS, K., Münster, S. 2 f., 8 und 12.

[4] Vgl. TENGLER, H.; HENNICKE, M. (1987): a.a.O., S. 59 sowie WOLFF, H.; HOFER, P. (1988): a.a.O., S. 128 und S. 150 ff.

[5] Vgl. ALBACH, H. (1989b): a.a.O., S. 406.

Schwerpunkt wird dabei auf der Darstellung der Qualitätsorientierung liegen.[1]

3. Stellenwert der Qualität im Wettbewerb von Dienstleistungsanbietern

Die Diskussion um die generischen Wettbewerbsstrategien nach PORTER[2], welche sich in die Strategien der Kosten- und Qualitätsführerschaft sowie die Nischenstrategie untergliedern lassen, hat eine Vielzahl empirischer Untersuchungen angeregt, die sich mit den Möglichkeiten der Profilierung im Wettbewerb auseinandersetzen. Als Ergebnis der einzelnen Studien lassen sich unterschiedliche strategische Grunddimensionen identifizieren, welche die Realisierung langfristig wirksamer Wettbewerbsvorteile ermöglichen sollen.[3] Beispielhaft sollen an dieser Stelle einzelne der strategischen Differenzierungsdimensionen aufgeführt werden, welche in verschiedenen Untersuchungen abgeleitet worden sind:[4]

- Innovationsorientierung[5]
- Kostenorientierung[6]

---

1 Anlaß hierfür ist die Betonung der Bedeutung von Qualität allgemein und insbesondere für Dienstleistungsunternehmen und die damit zusammenhängende intensive Auseinandersetzung mit den Besonderheiten der Dienstleistungsqualität und ihrer Messung in der Literatur. Vgl. bspw. STAUSS, B. (1991a): Service-Qualität als strategischer Erfolgsfaktor, in: STAUSS, B. (Hrsg.): Erfolg durch Service-Qualität, München, S. 8 ff.

2 Vgl. PORTER, M.E. (1987): Wettbewerbsstrategie, 4. Aufl., Frankfurt, S. 62 ff.; PORTER, M.E. (1985): Competitive Advantage, New York (NY), S. 62 ff. und S. 119 ff. sowie MEFFERT, H. (1988): Strategische Unternehmensführung und Marketing, Wiesbaden, S. 41 ff.

3 Vgl. GALBRAITH, C.; SCHENDEL, D. (1983): An Empirical Analysis of Strategy Types, in: Strategic Management Journal, 4. Jg., Nr. 2, S. 153 ff.; MORRISON, A.J. (1990): Strategies in Global Industries, New York (NY), S. 65 ff; DOUGLAS, S.P.; RHEE, D.K. (1989): Examining Generic Competitive Strategy Types in U.S. and European Markets, in: Journal of International Business Studies, 20. Jg., Nr. 3, S. 437 ff. sowie ROTH, K.; MORRISON, A.J. (1990): An Empirical Analysis of the Integration-Responsiveness Framework in Global Industries, in: Journal of International Business Studies, 21. Jg., Nr. 4, S. 541 ff.

4 Vgl. zum folgenden BOLZ, J. (1992): Wettbewerbsorientierte Standardisierung der internationalen Marktbearbeitung, Diss., Darmstadt, S. 31 ff.; BENKENSTEIN, M. (1992): Die Reduktion der Fertigungstiefe als betriebswirtschaftliches Entscheidungsproblem, unveröffentlichte Habilitationsschrift, Münster, S. 71 ff. sowie MEFFERT, H. (1994): Marketing-Management, Wiesbaden, S. 126 ff. sowie die jeweils dort angegebene Literatur. Mit Blick auf die Betrachtung der Qualitätswahrnehmung komplexer Dienstleistungen soll im folgenden nur die Dimension der Qualitätsorientierung ausführlich erläutert werden.

5 Merkmale dieser Dimension sind ein hoher Anteil von Neuprodukten im Produktprogramm, eine hohe Relation von F&E-Budget und Umsatz sowie das Bestreben, Pionier am Markt zu sein.

6 Die Kostenorientierung zeichnet sich durch niedrige Kosten aus, die mit Hilfe von Größendegressions- und Erfahrungskurveneffekten sowie der Nutzung von Prozeßinnovationen erzielt werden können. Werden diese Kostenvorteile an die Abnehmer weitergegeben, so ist

- Markierungsorientierung[1]
- Marktabdeckung[2]
- Programmbreite[3]
- Effizienz
- Kundendienst
- Kommunikationsorientierung
- Qualitätsorientierung

In nahezu allen Untersuchungen, welche sich mit der inhaltlichen Gestaltung von Wettbewerbsstrategien auseinandersetzen, konnte die **Qualitätsorientierung** als wesentlicher Erfolgsfaktor und somit zentrale Strategiedimension identifiziert werden.[4] Sie ist mit dem Ziel verbunden, den Konsumenten eine aus ihrer Sicht im Vergleich zur Konkurrenz überlegene Produkt- oder Dienstleistungsqualität anzubieten. Im Vordergrund steht daher das subjektive Qualitätsempfinden der Verbraucher. Die wahrgenommene Qualität wird zum einen durch das Ergebnis des Vergleichs von Erwartungen und tatsächlich erhaltener Leistung und zum anderen durch situative Faktoren und darüber hinaus durch den Vergleich mit Konkurrenzprodukten oder -dienstleistungen bestimmt. Insofern spricht man auch von relativer Qualität.

Die wesentliche Bedeutung der qualitätsorientierten Gestaltung der Wettbewerbsstrategie hängt zum einen mit einem seit Beginn der achtziger Jahre zu beobachtenden Wandel im Konsumentenverhalten zusammen. Dieser äußert sich unter anderem in einem starken Anstieg des Qualitätsbewußtseins bzw. -anspruchsniveaus der Verbraucher. Im Sachgüterbereich kommt es dabei zu einer teilweisen Verlagerung der Ansprüche, d.h. die Qualität der Kernleistung wird vom Verbraucher als selbstverständlich betrachtet, während sich das Qualitätsbewußtsein auf die Dienstleistungs- bzw. Servicequalität richtet.[5] Damit einher geht die Bereitschaft, für hohe

---

die Kostenorientierung mit der Strategie der Kosten- bzw. Preisführerschaft nach PORTER identisch.

[1] Kernelemente dieser Differenzierungsdimension, die insbesondere dann wirksam ist, wenn objektive Kriterien nicht zur Beurteilung von Produkten herangezogen werden können, sind das Produktimage, der Werbedruck sowie die Stellung im Absatzkanal.

[2] Die Dimension der Marktabdeckung bezieht sich auf das Ausmaß der Segmentbearbeitung, also auf die Frage, ob der Gesamtmarkt oder eine Nische bearbeitet werden soll.

[3] Kennzeichnend für diese Dimension ist eine hohe Flexibilität gegenüber Kundenbedürfnissen, durch welche die Kundenzufriedenheit und -bindung erhöht werden kann.

[4] Vgl. hierzu z.B. GALBRAITH, C.; SCHENDEL, D. (1983): a.a.O., S. 162; DOUGLAS, S.P.; RHEE, D.K. (1989): a.a.O., S. 439 sowie MORRISON, A.J. (1990): a.a.O., S. 69.

[5] Vgl. LEHMANN, A. (1993b): Qualitätsstrategien für Dienstleistungen – Bausteine zum Management von Dienstleistungsqualität, in: SECHEZZI, H.D.; HANSEN, J.R. (Hrsg.):

Qualität entsprechend hohe Preise zu zahlen.[1] Diese Entwicklung spricht somit für den Stellenwert dieser strategischen Grundorientierung.

Speziell bei Dienstleistungsunternehmen erwächst die Bedeutung der Qualitätsorientierung zum anderen aus dem Vertrauensgutcharakter, welcher mit Dienstleistungen verbunden ist. Da die Qualität von Dienstleistungen von den Konsumenten nicht anhand objektiver Kriterien beurteilt werden und ein Vergleich unterschiedlicher Dienstleistungen im Rahmen der Entscheidungsphase somit kaum erfolgen kann, ist die Schaffung eines positiven Qualitätsimages von entsprechend großer Wichtigkeit. Dieses gilt insbesondere für personenorientierte Dienstleistungen, wie z.B. Gesundheitsuntersuchungen, Rechtsberatungen oder Friseurleistungen, welche zumeist auf individuelle Bedürfnisse abgestimmt sind und sich durch einen hohen Interaktionsgrad zwischen Anbieter und Nachfrager auszeichnen. Dieser äußert sich z.b. in der Personalintensität oder in den Anforderungen an die Integrationsfähigkeit des externen Faktors und macht daher häufig ein höheres Qualifikationsniveau der Mitarbeiter erforderlich.[2]

Auch die starken Marktanteilsverluste amerikanischer Unternehmen und die gleichzeitig zunehmende Marktstärke japanischer Anbieter, welche auf die überlegene Qualität letzterer zurückgeführt werden, sind zum Anlaß genommen worden, auch im Dienstleistungssektor der Qualitätsorientierung verstärkt Beachtung zu schenken.[3] Die besondere Bedeutung der Qualität für den Unternehmenserfolg ist vor allem durch die Ergebnisse der PIMS-

---

Qualitätsstrategien – Anforderungen an das Management der Zukunft, München, S. 111. Die Messung und Steuerung der Dienstleistungsqualität ist somit nicht nur für Dienstleistungsanbieter von wachsender Bedeutung.

[1] Vgl. TURLEY, L.W. (1990): Strategies for Reducing Perceptions of Quality Risk in Services, in: The Journal of Services Marketing, 4. Jg., Nr. 3, S. 5; KROTZ, J.; GRATZER, W. (1989): Qualitätsmanagement, in: Thexis, 6. Jg., Nr. 6, S. 18; OESS, A. (1989): Total Quality Management: die Praxis des Qualitätsmanagements, Wiesbaden, S. 15 ff.; O.V. (1990): Dialoge 3: Berichtsband, in: GRUNER + JAHR AG & CO (Hrsg.): Die Stern Bibliothek, Hamburg, S. 170 f.; HESKETT, J. (1988): a.a.O., S. 12 sowie MEFFERT, H. (1988): a.a.O., S. 310.

[2] ANG und LEONG führen hierzu auf, daß bei individuellen Dienstleistungen anders als bei standardisierten für die Unternehmen die Notwendigkeit besteht, ausreichende Informationen über ihre Kunden zu besitzen, kompliziertere Problemlösungen zu erstellen sowie den Kommunikationsprozeß mit dem Kunden intensiver zu gestalten, vgl. ANG, S.H.; LEONG, S.M. (1989): Search, Interaction, and Evaluation in Customized Versus Standardized Services: a Proposional Inventory, in: BITNER, M.J.; CROSBY, L.A. (Hrsg.): Designing a Winning Service Strategy, AMA Proceedings, Chicago (IL), S. 54 f. Vgl. auch LEHMANN, A. (1989): a.a.O., S. 50.

[3] Vgl. GUMMESSON, E.; GRÖNROOS, C. (1987): Quality of Services – Lesson from the Products Sector, in: SURPRENANT, C.F. (Hrsg.): Add Value to Your Service: the Key to Success, AMA Proceedings, Chicago (IL), S. 35.

Studie des STRATEGIC PLANNING INSTITUTE[1] immer wieder unterstrichen worden. Danach kann ein direkter positiver Zusammenhang zwischen wahrgenommener Qualität und Gewinn festgestellt werden. Die als überdurchschnittlich wahrgenommene Qualität führt nämlich zum einen zu erhöhten Marktanteilen, welche wiederum in Kostensenkungen resultieren, und zum anderen zu höheren relativen Preisen.[2] Kostensenkungen sind jedoch auch durch das Einsparen sogenannter Fehlerkosten, die durch die Produktion von Nicht-Qualität entstehen, denkbar.[3]

Höhere Preise und niedrigere Kosten wirken sich direkt auf den ROI aus, so daß Qualität auch als »stärkste strategische Wettbewerbswaffe«[4] bezeichnet wird, welche sich insbesondere in Krisensituationen als überlegen erweist. Letzteres hängt in erster Linie damit zusammen, daß von den Kunden

---

[1] Zur Beschreibung des Aufbaus der PIMS-Studie vgl. BUZZELL, R.D.; GALE, B.T. (1987): The PIMS Principles, New York (NY), insb. S. 30 ff. sowie MEFFERT, H. (1994): a.a.O., S. 57-77. Die Übertragbarkeit der Ergebnisse auf Dienstleistungsunternehmen muß jedoch vor dem Hintergrund der Auswahl der beteiligten Branchen – der Anteil der Dienstleistungsunternehmen beträgt nur ca. 10 % – und unter Berücksichtigung der Dienstleistungsbesonderheiten vorgenommen werden. Vgl. BÜKER, B. (1991): a.a.O., S. 4 sowie STAFFELBACH, B. (1988): a.a.O., S. 280.

[2] Höhere Preise lassen sich bei Dienstleistungen vor allen Dingen dann durchsetzen, wenn sich einzelne Determinanten kaum ermitteln bzw. beurteilen und sich somit verschiedene Dienstleistungen nur schwer miteinander vergleichen lassen oder die erwarteten Qualitätsunterschiede hoch sind. Als Folge daraus werden zur Reduktion der Entscheidungsunsicherheit häufig sog. extrinsische Schlüsselfaktoren, wie z.B. der Preis, als Qualitätsindikatoren herangezogen. Vgl. ZEITHAML, V.A. (1988): Consumer Perceptions of Price, Quality and Value: A Means-End Model and Synthesis of Evidence, in: Journal of Marketing, 52. Jg., Nr. 3, S. 6 ff.; TURLEY, L.W. (1990): a.a.O., S. 11 sowie SMITH, L.W.; VAN DOREN, D.C. (1987): The Use of Quality Surrogates in Positioning a Service, in: SURPRENANT, C.F. (Hrsg.): Add Value to Your Service: the Key to Success, AMA Proceedings, Chicago (IL), S. 158 f. Zum Zusammenhang zwischen Preis und wahrgenommener Qualität vgl. die ausführliche Untersuchung von MONROE, K.B.; KRISHNAN, R. (1985): The Effect of Price on Subjective Product Evaluations, in: JACOBY, J.; OLSON, J.C. (Hrsg.): Perceived Quality. How Consumers View Stores and Merchandise, Lexington (MA), S. 209 ff. sowie insb. auf Dienstleistungen bezogen MÜLLER, W.; KLEIN, S. (1993): Grundzüge einer verhaltensorientierten Preistheorie im integrativen Dienstleistungsmarketing, Teil 2: Preisgelenkte Qualitätsbeurteilungsprozesse und Preiswürdigkeitsurteile, in: Jahrbuch des Absatz- und Verbrauchsforschung, 39. Jg., Nr. 4, S. 361 ff.

[3] Vgl. EICHELBERGER, D. (1991): Zum Einfluss der Qualität auf Kosten und Rentabilität, in: Die Unternehmung, 45. Jg., Nr. 1, S. 37 ff.; ZINK, K.J. (1992): Total Quality Management, in: ZINK, K.J. (Hrsg.): Qualität als Managementaufgabe, 2. Aufl., Landsberg a.L., S. 12 f. sowie WYCKHOFF, D. (1988): New Tools for Achieving Service Quality, in: LOVELOCK, C. (Hrsg.): Managing Services, Englewood Cliffs (NJ), S. 232 ff.

[4] MEYER, J. (1988): Qualität als strategische Wettbewerbswaffe, in: SIMON, H. (Hrsg.): Wettbewerbsvorteile und Wettbewerbsfähigkeit, Stuttgart, S. 73. Vgl. ferner JACOBSON, R.; AAKER, D.A. (1987): The Strategic Role of Product Quality, in: Journal of Marketing, 51. Jg., Nr. 4, S. 39 f.; BERRY, L.L.; BENNETT, D.R.; BROWN, C.W. (1989): Service Quality – A Profit Strategy for Financial Institutions, Homewood (IL), S. 15 sowie STEENKAMP, J.B.E.M. (1989): Product Quality, Assen, S. 17 ff.

wahrgenommene Qualitätsvorteile von Konkurrenzunternehmen nicht ohne weiteres imitierbar sind.[1] Zudem sind Qualitätsvorteile häufig mit erhöhter Kundenloyalität und höheren Wiederkaufsraten verbunden. Dieses ist im Hinblick auf das Ziel, im Zeitablauf einen möglichst hohen Ertragswert pro Kunden zu erwirtschaften, von Bedeutung. Qualitätsorientierung ist somit auch notwendig, um die Abwanderungsquote aufgrund von Unzufriedenheit und damit verbunden die Kosten der Gewinnung von Neukunden zu senken.[2]

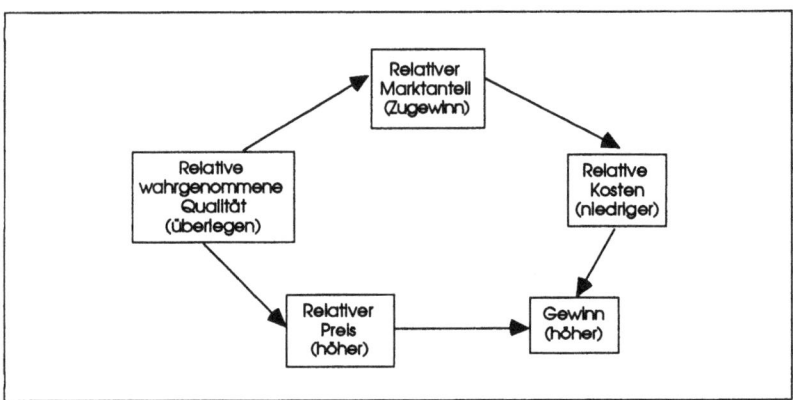

Abb. 2: Zusammenhänge zwischen wahrgenommener Produktqualität und Erfolg
Quelle: MEFFERT, H. (1988): a.a.O., S. 14.

Hervorzuheben ist in diesem Zusammenhang, daß es sich bei der Qualitätsorientierung wie auch den anderen Grundorientierungen um Dimensionen einer abnehmerorientierten Wettbewerbsstrategie handelt. Somit definiert sich überlegene Qualität nicht durch technische, objektive und somit anbieterorientierte Merkmale. Vielmehr steht die Qualität aus Sicht der Verbraucher im Vordergrund, welche sich nicht zwingend an bestimmten

---

[1] Die Dauerhaftigkeit von Differenzierungsvorteilen wird jedoch für den Dienstleistungsbereich auch angezweifelt, da Schutzmöglichkeiten, z.B. in Form von Patenten, nur begrenzt vorhanden sind. Vgl. MEFFERT, H. (1988): a.a.O., S. 42. Vgl. auch BHARADWAJ, S.G.; VARADARAJAN, P.R.; FAHY, J. (1993): Sustainable Competitive Advantage in Service Industries: A Conceptual Model and Research Propositions, in: Journal of Marketing, 57. Jg., Nr. 4, S. 86 f.

[2] Vgl. LITTLE, A.D. (1992): Management von Spitzenqualität, Wiesbaden, S. 44; MEYER, J. (1988): a.a.O., S. 74 und 82; STAUSS, B. (1991a): a.a.O., S. 10; JACOBSON, R.; AAKER, D.A. (1987): a.a.O., S. 40; REICHHELD, F.F.; SASSER, W.E. (1990): Zero Defections: Quality Comes to Services, in: Harvard Business Review, 68. Jg., Nr. 5, S. 105 f.; HENTSCHEL, B. (1992): a.a.O., S. 46 ff.; BERRY, L.L.; BENNETT, D.R.; BROWN, C.W. (1989): a.a.O., S. 7 ff.; KEISER, T.C. (1988): Strategies for Enhancing Service Quality, in: The Journal of Services Marketing, 2. Jg., Nr. 3, S. 65 f. sowie O.V. (1994): Dienstleistungsqualität als Wettbewerbsvorteil, in: Service Management Praxis, 1. Jg., Nr. 1, S. 1 f.

objektiven Gütekriterien, sondern subjektiv und individuell bspw. an Merkmalen des Bedienungskomforts oder des mit der Leistung verbundenen Sozialstatus orientiert.[1] Diese Betrachtungsweise hängt mit der Erkenntnis zusammen, daß sich langfristig nur die Wettbewerber am Markt behaupten können, die in engem Kontakt mit den Kunden stehen und sich an deren Bedürfnissen orientieren.[2]

Im folgenden soll daher unter dem Begriff Dienstleistungsqualität dem Entwurf zur DIN 9004 entsprechend die **»Gesamtheit von Eigenschaften und Merkmalen einer Dienstleistung, die sich auf deren Eignung zur Erfüllung festgelegter und vorausgesetzter Erfordernisse beziehen«**[3], verstanden werden. Mit dieser Definition vertritt das Deutsche Institut für Normung das kundenorientierte Begriffsverständnis als Ansatz zur Bestimmung von Qualität, welches ebenfalls durch die Aussagen, Dienstleistungsqualität sei »whatever the customer perceives it to be«[4] oder »conformance to the customer's specifications«[5], aufgegriffen wird.[6]

---

1 Vgl. OESS, A. (1989): a.a.O., S. 15 und S. 51 f.; BUZZELL, R.D.; GALE, B.T. (1987): a.a.O., S. 104 f. sowie TURLEY, L.W. (1990): a.a.O., S. 6. Dabei darf jedoch nicht außer acht gelassen werden, daß eine hohe technisch-objektive Qualität die Grundlage einer hohen subjektiv-wahrgenommenen Qualität darstellt. Vgl. BOLZ, J. (1992): a.a.O., S. 134.

2 Vgl. SCHARRER, E. (1991): Qualität – ein betriebswirtschaftlicher Faktor?, in: ZfB, 61. Jg., Nr. 7, S. 697; STAUSS, B. (1991a): a.a.O., S. 11 ff.; STAUDT, E.; HINTERWÄLLER, H. (1982): Von der Qualitätssicherung zur Qualitätspolitik – Konzeption einer integralen unternehmerischen Qualitätspolitik, in: ZfB, 52. Jg., Nr. 11/12, S. 1015 ff. sowie BERTRAND, K. (1989): In Service, Perception Counts, in: Business Marketing, o.Jg., April, S. 44 und 50.

3 DEUTSCHES INSTITUT FÜR NORMUNG (1987): DIN ISO 9004, Qualitätsmanagement und Elemente eines Qualitätssicherungssystems, Leitfaden, Berlin. Im Hinblick auf ein marktgerechtes Qualitätsverständnis ist davon auszugehen, daß die von den Kunden vorausgesetzten Erfordernisse im Mittelpunkt der Betrachtung stehen und die Qualitätsmessung und -steuerung somit nachfrageorientiert auf der Basis subjektiver und objektiver Dienstleistungsmerkmale erfolgt. Vgl. BENKENSTEIN, M. (1993): a.a.O., S. 1101 und KROMSCHRÖDER, B. ET AL. (1992): Qualität und Qualitätsmanagement in der Versicherungswirtschaft, in: ZfB, 62. Jg., Nr. 1, S. 46. Vgl. auch KÜRZL, A. (1989): Qualität und Qualitäts-Management, Berlin, S. 10 ff.

4 BUZZELL, R.D.; GALE, B.T. (1987): a.a.O., S. 111.

5 BERRY, L.L.; BENNETT, D.R.; BROWN, C.W. (1989): a.a.O., S. 26. Vgl. zu einer ähnlichen Auffassung DAY, E.; CASTLEBERRY, S.B. (1986): Defining and Evaluating Quality: The Consumer's View, in: LUTZ, R.J. (Hrsg.): Advances in Consumer Research, 13. Jg., Provo (UT), S. 95. CROSBY definiert Qualität mit dem Ausdruck »Erfüllung der Anforderungen«. Dabei bezieht er sich ebenfalls nicht allein auf Anforderungen im technischen Sinne, sondern bezieht indirekt auch subjektive Qualitätsmerkmale in die Betrachtung mit ein, vgl. CROSBY, P.B. (1986): Qualität bringt Gewinn, Hamburg, S. 14 f. Vgl. auch HALLER, S. (1993): Methoden zur Beurteilung von Dienstleistungsqualität, in: ZfbF, 45. Jg., Nr. 1, S. 20.

6 Zu einer ausführlichen Auseinandersetzung mit dem allgemeinen Qualitätsbegriff und seinen unterschiedlichen Fassungen sei auf GARVIN, D.A. (1984): What does »Product Quality« Really Mean?, in: Sloan Management Review, 25. Jg., Nr. 3, S. 25 ff.; GARVIN, D.A. (1988b): Managing Quality. The Strategic and Competitive Edge, New York (NY), S. 40 ff.

Entsprechend läßt sich die Qualitätsmessung bei Dienstleistungen nicht anhand objektiv überprüfbarer Parameter durchführen. Vielmehr muß sie
sich an den für die Verbraucher relevanten Beurteilungskriterien orientieren, um diese im Rahmen der Qualitätssteuerung berücksichtigen zu
können.[1]

Den Problemen der Verbraucher, die Qualität von Dienstleistungen zu beurteilen, stehen dabei jedoch die Probleme der Anbieter gegenüber, die von
den Kunden wahrgenommene Qualität zu messen, zumal aufgrund der
Dienstleistungsbesonderheiten Meßansätze aus dem Sachgüterbereich nicht
direkt übertragbar sind. Vor diesem Hintergrund kommt der Operationalisierung der Dienstleistungsqualität als Voraussetzung für ihre Messung
eine entsprechend hohe Bedeutung zu.

---

sowie STEENKAMP, J.B.E.M. (1989): a.a.O., S. 58 ff.; MASING, W. (Hrsg.; 1988): Handbuch
der Qualitätssicherung, 2. Aufl., München und DICHTL, E. (1991): Dimensionen der Produktqualität, in: Marketing ZFP, 13. Jg., Nr. 3, S. 150 f. verwiesen. Die Vielfalt der Defini-
tionsansätze und die jeweils mit ihnen verbundenen Nachteile machen deutlich, daß für
den Erfolg eines Unternehmens eine integrierte Betrachtung der Qualität erforderlich ist,
d.h. daß in Abhängigkeit von der einzelnen Unternehmung sowohl objektive als auch subjektive Kriterien Berücksichtigung finden müssen. Vgl. GARVIN, D.A. (1988b): a.a.O., S. 47;
BENKENSTEIN, M. (1993): a.a.O., S. 1101 sowie OESS, A. (1989): a.a.O., S. 30 f. Für Dienstleistungen besteht jedoch das Problem, daß objektive, technische Qualitätsanforderungen
nur schwer zu bestimmen und somit statistische Meßverfahren kaum einsetzbar sind, da der
Einfluß des Dienstleistungsnachfragers auf die Erstellung und somit auch auf die Qualität
der Leistung auf diese Weise nicht isoliert und erfaßt werden kann. Vgl. LEWIS, R.C.;
BOOMS, B.H. (1983): The Marketing Aspects of Service Quality, in: BERRY, L.L.;
SHOSTACK, G.L.; UPAH, G.D. (Hrsg.): Emerging Perspectives on Services Marketing, AMA
Proceedings, Chicago (IL), S. 99; ENRICK, N.L. (1986): Quality in the Service Industries, in:
WALSH, L.; WURSTER, R.; KIMBER, R.J. (Hrsg.): Quality Management Handbook, New
York (NY), S. 872. Um dem Problem einer eindeutigen Begriffsabgrenzung zu entgehen, kon-
zentrieren sich einige Autoren auf die Darstellung der Eigenschaften und Dimensionen der
Dienstleistungsqualität, die zum Teil Gegenstand verschiedener Operationalisierungsan-
sätze sind. Vgl. ROSANDER, A.C. (1985): Applications of Quality Control in the Service
Industries, New York (NY), S. 225 f.; STIFF, R.; GLEASON, S.E. (1981): The Effects of Mar-
keting Activities on the Quality of Professional Services, in: DONNELLY, J.H.; GEORGE,
W.R. (Hrsg.): Marketing of Services, AMA Proceedings, Chicago (IL), S. 79; MERSHA, T.;
ADLAKHA, V. (1992): Attributes of Service Quality: The Consumers' Perspective, in:
IJSIM, 3. Jg., Nr. 3, S. 35 ff. sowie HORNE, D.A.; MCDONALD, J.P.; WILLIAMS, D.L. (1986):
Consumer Perceptions of Service Dimensions: Implications for Marketing Strategy, in:
VENKATESAN, M.; SCHMALENSEE, D.M.; MARSHALL, C. (Hrsg.): Creativity in Services
Marketing: What's New, What Works, What's Developing, Chicago (IL), S. 35 ff.

1 Vgl. GRÖNROOS, C. (1982): Strategic Management and Marketing in the Service Sector,
   Research Report No. 8 of the Swedish School of Economics and Business Administration,
   Helsingfors, S. 57 sowie HENTSCHEL, B. (1992): a.a.O., S. 39 f.

4. Zielsetzung und Gang der Untersuchung

Ausgehend von der Darstellung der Besonderheiten von Dienstleistungen und der Entwicklungen im tertiären Sektor, welche die erfolgreiche Umsetzung einer geeigneten Wettbewerbskonzeption erforderlich machen, liegt die generelle **Zielsetzung** der vorliegenden Untersuchung darin, Dimensionen der Qualität komplexer Dienstleistungen zu ermitteln. Um ein bestimmtes angestrebtes Qualitätsniveau erreichen zu können, ist es erforderlich, die Teileigenschaften der wahrgenommenen Qualität zu erfassen. Ausgehend von der Bedeutung der einzelnen Teileigenschaften können diese als Komponenten in eine Wettbewerbsstrategie im Sinne strategischer Wettbewerbsvorteile eingehen. Die Identifikation von Qualitätsdimensionen stellt darüber hinaus die Grundvoraussetzung für die Messung der Dienstleistungsqualität dar. Erst die Ermittlung von Abweichungen zwischen gewünschter und tatsächlich erstellter Leistung eröffnet dem Dienstleistungsanbieter die Möglichkeit, die Qualität seiner Leistungen im Sinne der von ihm verfolgten Wettbewerbskonzeption zu steuern, um so das für eine Profilierung im Wettbewerb erforderliche Qualitätsniveau zu erreichen. Im Mittelpunkt steht daher die Frage, wie komplexe Dienstleistungen durch die Dienstleistungsnachfrager wahrgenommen werden.

Der **erste Schwerpunkt** der Arbeit wird entsprechend auf die Identifizierung komplexer Dienstleistungen gelegt. Ausgehend von unterschiedlichen Ansätzen zur Erläuterung des Komplexitätsbegriffes, z.B. aus der Systemtheorie, werden Dimensionen abgeleitet, die zur Charakterisierung und Abgrenzung komplexer Dienstleistungen geeignet erscheinen. Dabei soll sowohl auf leistungsinhärente Merkmale als auch auf Persönlichkeitsmerkmale der Verbraucher, die die Komplexitätswahrnehmung beeinflussen, zurückgegriffen werden.

Der **zweite Schwerpunkt** liegt in der Untersuchung bestehender Ansätze zur Operationalisierung der Qualität von Dienstleistungen. Zunächst werden einige konzeptionelle Ansätze kurz dargestellt und im Anschluß dahingehend analysiert, inwieweit sie für die Abbildung komplexer Dienstleistungen geeignet sind. Die Beurteilung soll dabei anhand der zuvor diskutierten Dimensionen der Komplexität von Dienstleistungen erfolgen. Besonderes Gewicht soll jedoch auf das empirisch fundierte Modell von ZEITHAML, BERRY und PARASURAMAN[1] gelegt werden, welches ebenfalls vorge-

---

1 Vgl. PARASURAMAN, A.; ZEITHAML, V.A.; BERRY, L.L. (1984): A Conceptual Model of Service Quality and Its Implications for Future Research, Working Paper No. 84-106 des Marketing Science Institute, Cambridge (MA) und PARASURAMAN, A.; ZEITHAML, V.A.; BERRY, L.L. (1986): SERVQUAL: A Multiple Item Scale for Measuring Customer Perceptions of Service Quality, Working Paper No. 86-108 des Marketing Science Institute, Cam-

stellt und auf die Möglichkeit seiner Anwendung auf komplexe Dienstleistungen überprüft wird. Die Gewichtung dieses Ansatzes resultiert insbesondere aus dem selbst erhobenen Anspruch auf Allgemeingültigkeit und
aus der empirischen Fundierung, die den anderen Ansätzen fehlt.

Dem Ansatz von ZEITHAML, BERRY und PARASURAMAN soll als Gegenthese
die Annahme gegenübergestellt werden, daß komplexe Dienstleistungen
von den Verbrauchern als Summe von Teilleistungen wahrgenommen
und beurteilt werden. Entsprechend liegt der **dritte Schwerpunkt** in der Entwicklung eines Teilleistungsmodells, welches einzelnen Merkmalen komplexer Dienstleistungen in besonderer Weise Rechnung trägt und somit zur
Operationalisierung der Qualität derartiger Dienstleistungen besonders geeignet erscheint.

Der **vierte Schwerpunkt** der vorliegenden Arbeit liegt auf der Überprüfung,
inwieweit das Qualitätsmodell von ZEITHAML, BERRY und PARASURAMAN
oder das Teilleistungsmodell besser geeignet ist, auf komplexe Dienstleistungen angewandt und somit zur Operationalisierung der Qualität komplexer Dienstleistungen herangezogen zu werden. Diese erfolgt im Rahmen
einer empirischen Untersuchung auf der Basis eines unter den Gästen eines
Vier-Sterne-Hotels erhobenen Datensatzes.

Mit dieser Ziel- und Schwerpunktsetzung ist der **Gang der Untersuchung**
bereits in weiten Teilen vorgezeichnet:

In **Teil B** wird zunächst der Begriff der Komplexität allgemein diskutiert.
Unter Berücksichtigung seiner Merkmale werden anschließend Dimensionen abgeleitet, die zur Beschreibung komplexer Dienstleistungen herangezogen werden können. Zur Verdeutlichung sollen zum Abschluß des
ersten Teilabschnittes auf der Grundlage dieser Komplexitätsdimensionen
komplexe von einfach strukturierten Dienstleistungen abgegrenzt werden.

Die Komplexitätsdimensionen dienen jedoch nicht nur der Identifizierung
bestimmter Dienstleistungen. Vielmehr sollen sie auch herangezogen werden, um die konzeptionellen Ansätze zur Operationalisierung der Dienstleistungsqualität, welche zu Beginn des zweiten Teilabschnittes erläutert
werden, im Hinblick auf ihre Anwendbarkeit auf komplexe Dienstleistungen zu beurteilen.

Im dritten Teilabschnitt wird zunächst das Modell von ZEITHAML, BERRY
und PARASURAMAN vorgestellt und zum einen grundsätzlich sowie zum

---

bridge (MA) sowie ZEITHAML, V.A.; PARASURAMAN, A.; BERRY, L.L. (1992): Qualitätsservice, Frankfurt.

anderen analog zu den konzeptionellen Modellansätzen auf der Basis der Komplexitätsdimensionen beurteilt. Anschließend erfolgt die Darstellung und Beurteilung des Teilleistungsmodells, welches – speziell mit Blick auf ihre Besonderheiten – für komplexe Dienstleistungen entwickelt wird.

In **Teil C** werden die beiden empirisch fundierbaren Modellansätze darüber hinaus empirisch analysiert und miteinander verglichen. Die Auswertung erfolgt dabei unter Anwendung einer konfirmatorischen Faktorenanalyse, die mit Hilfe des statistischen Analyseverfahrens LISREL durchgeführt wird.

Eine Zusammenfassung der Ergebnisse ist Inhalt der **Schlußbetrachtungen**. Darüber hinaus sollen aufbauend auf den Ergebnissen dieser Analysen Implikationen für das Management komplexer Dienstleistungen sowie Anregungen für weitere wissenschaftliche Studien abgeleitet werden.

B. Dimensionen der Qualität komplexer Dienstleistungen

Auf der Basis der im ersten Teil vorzunehmenden Abgrenzung komplexer Dienstleistungen von einfach strukturierten sollen im zweiten Teil konzeptionelle Ansätze zur Operationalisierung der Qualität von Dienstleistungen daraufhin diskutiert werden, inwieweit sie auch auf komplexe Dienstleistungen übertragbar sind. Nach einer vergleichenden Beurteilung dieser Ansätze soll im dritten Teil zunächst das empirisch fundierte Modell von ZEITHAML, BERRY und PARASURAMAN vorgestellt und dem speziell für komplexe Dienstleistungen entwickelten Teilleistungsmodell gegenübergestellt werden. Im Anschluß werden beide Modellansätze ebenfalls auf der Basis der Dimensionen komplexer Dienstleistungen beurteilt.

1. Besonderheiten komplexer Dienstleistungen

Um die Besonderheiten komplexer Dienstleistungen anhand geeigneter Dimensionen beschreiben zu können, soll zunächst der Begriff der Komplexität allgemein erläutert werden. Dabei wird sowohl auf Erkenntnisse der Systemtheorie als auch der Käuferverhaltensforschung zurückgegriffen.

1.1 Der Begriff der Komplexität

Der Begriff **Komplexität** ist – nicht zuletzt aufgrund seiner weitverbreiteten Verwendung in unterschiedlichen wissenschaftlichen Disziplinen – nicht einheitlich definiert.[1] Aufbauend auf systemtheoretischen Erkenntnissen bilden die gemeinsame Grundlage der Erklärungsansätze Elemente, im Sinne von materiellen, personellen oder ideellen Teilen eines Systems, und Relationen, im Sinne von Verknüpfungen zwischen diesen Elementen. Komplexität im engeren Sinne wird danach allein durch die Zahl der bestehenden Elemente und Verknüpfungen bestimmt, wobei ein statisches Systemverständnis zugrundegelegt wird.

---

[1] Zur ausführlichen Auseinandersetzung mit dem Begriff der Komplexität vgl. LUHMANN, N. (1975): Soziologische Aufklärung 2, 4. Aufl., Opladen, S. 204 ff. Vgl. auch zum folgenden BRONNER, R. (1992): Komplexität, in: FRESE, E. (Hrsg.): Handwörterbuch der Organisation, Enzyklopädie der Betriebswirtschaftslehre, Bd. 2, 3. Aufl., Stuttgart, Sp. 1121 f.; MENZL, A. (1977): Die Gestaltung komplexer Unternehmensorganisationen, Bern, S. 41 f. sowie MALIK, F. (1992): a.a.O., S. 184 ff. Häufig wird der Begriff ›Komplexität‹ verwendet, um die Schwierigkeit oder Bedeutung eines Problems zu betonen und damit gleichzeitig Vereinfachungen im Rahmen der weiteren Vorgehensweise zu rechtfertigen, ohne diesen näher zu begründen und zu erläutern.

Nach der Auffassung von RÜEGG[1] wird Komplexität durch diese Dimensionen jedoch nicht hinreichend beschrieben. Wesentliches zusätzliches Kennzeichen sei vielmehr der Zeitfaktor, welcher zu fortlaufenden Veränderungen der Elemente eines Systems bzw. Problems führe und somit eine umfassende Analyse derselben unmöglich mache. Dem Begriff der Komplexität im weiteren Sinne werden entsprechend die Unterschiedlichkeit der Elemente und Beziehungen, ihre Veränderungen im Zeitablauf (Dynamik), die Möglichkeit ihrer Beeinflussung sowie die Transparenz der Beziehungen subsumiert. Die Vielzahl der möglichen Beziehungen innerhalb eines Systems sowie die Existenz zusätzlich nach außen bestehender Beziehungen lassen eine vollständige Erfassung bzw. Abbildung solcher Systeme als unmöglich erscheinen.

Speziell in käuferverhaltenstheoretischen Arbeiten wird der Versuch unternommen, den Begriff der Komplexität näher zu präzisieren.[2] Behavioristische Erklärungsansätze tragen der Komplexität insofern Rechnung, als sie die komplexen Vorgänge innerhalb des Organismus, welche die Verarbeitung äußerer Stimuli beinhalten und ein bestimmtes Verhalten hervorrufen, nicht näher betrachtet, sondern in einer nicht weiter untersuchten Black-Box zusammengefaßt haben. Im Gegensatz dazu versuchen neo-behavioristische und insbesondere kognitive Forschungsansätze, die Vorgänge innerhalb dieser Black-Box zu durchleuchten.[3]

Im Rahmen seiner Erläuterungen der theoretischen Grundlagen des Konsumentenverhaltens unterscheidet BEHRENS[4] drei Komplexitätsklassen. Zusammenhänge einfacher Komplexität sind durch wenige Elemente und einfache Beziehungen gekennzeichnet (z.B. gesteuerte chemische Prozesse).

---

[1] Vgl. RÜEGG, J. (1989): Unternehmensentwicklung im Spannungsfeld von Komplexität und Ethik, Veröffentlichungen der HOCHSCHULE ST. GALLEN FÜR WIRTSCHAFTS-, RECHTS- UND SOZIALWISSENSCHAFTEN, Schriftenreihe Betriebswirtschaft, Bd. 15, Stuttgart, S. 15 f. sowie PANNE, F. (1977): Das Risiko im Kaufentscheidungsprozeß des Konsumenten, Frankfurt, S. 168.

[2] Zur Unterteilung der Käuferverhaltensforschung in behavioristische, neo-behavioristische und kognitive Forschungsansätze vgl. BEHRENS, G. (1991): Konsumentenverhalten, 2. Aufl., Heidelberg, S. 17.

[3] Vgl. MEFFERT, H. (1992): Marketingforschung und Käuferverhalten, 2. Aufl., Wiesbaden, S. 25 f.

[4] Vgl. BEHRENS, G. (1991): a.a.O., S. 32 ff. Der Begriff der organisierten Komplexität ist ebenfalls von LUHMANN verwendet und auf Systeme (im Gegensatz zur übergeordneten Umweltkomplexität) reduziert worden. Auf der Basis der Überlegung, Komplexität durch eine Menge von Elementen zu beschreiben, die aufgrund ihrer hohen Zahl und der Beschränkung ihrer Verknüpfungskapazität nicht jederzeit miteinander verknüpft werden können, versteht er unter organisierter bzw. strukturierter Komplexität diejenige, die sich durch selektive Beziehungen zwischen den Elementen auszeichnet, vgl. LUHMANN, N. (1988): Soziale Systeme, 3. Aufl., Frankfurt, S. 46 ff.

Unorganisierte Komplexität liegt hingegen vor, wenn ein System aus einer unüberschaubaren Anzahl an Elementen mit nicht geregelten bzw. unbekannten Beziehungen besteht (z.B. Chemieunfälle). Bei den meisten in den Wirtschaftswissenschaften interessierenden Fällen handelt es sich in der Regel hingegen um Systeme mit organisierter Komplexität. Diese zeichnen sich dadurch aus, daß die Verknüpfungsmöglichkeiten zwischen den Elementen nicht überschaubar sind, diese jedoch Mechanismen der Selbstorganisation und somit eine von innen entwickelte Struktur aufweisen (z.B. Organisationen, Wetterlagen). Diese Systeme folgen somit zwar bestimmten Gesetzen, ihre Entwicklung ist jedoch aufgrund der Vielzahl an Elementen und Verknüpfungen nicht vorhersehbar. Eingebettet in Systeme höherer Komplexität sind sie in der Lage, eine evolutorische Entwicklung zu ebenfalls höherer Komplexität zu vollziehen.[1]

KUPSCH ET AL.[2] benutzen Komplexität innerhalb der Kaufsituation, um so unterschiedliche Informationsverhaltensweisen der Individuen bei der Bildung von Qualitätsurteilen zu erklären. Der Begriff wird dabei durch ›Unerfahrenheit beim Kauf‹ und die ›Anzahl der bei der Entscheidung herangezogenen Alternativen‹ beschrieben und ist nachträglich durch KUPSCH und HUFSCHMIED[3] differenzierter charakterisiert worden. Danach kann man zur Erklärung der Situationskomplexität zwischen primären Faktoren, die die Informationsladungen beschreiben, und sekundären Faktoren, die die Bedingungen des Informationsangebots widerspiegeln, differenzieren. Zu den primären Faktoren zählen neben der Anzahl und Vielfalt der Informationen deren Neuigkeitsgrad und die Anzahl der Alternativen, über die informiert wird. Die Struktur und Vergleichbarkeit der Informationen sowie zeitliche und situationale Faktoren werden hingegen zu den sekundären Faktoren gezählt.

Neben diesen Determinanten beeinflußt das wahrgenommene Risiko[4] die Komplexität der Qualitätsbeurteilungssituation und das daraus resultierende Informationsverhalten nachhaltig.[5] Diese von KUPSCH und HUF-

---

1 Vgl. auch RÜEGG, J. (1989): a.a.O., S. 17 f. KNYPHAUSEN spricht in diesem Zusammenhang von der »Neu-Relationierung der Relation von Element und Relation«, KNYPHAUSEN, D.Z. (1988): Unternehmungen als evolutionsfähige Systeme, München, S. 285.

2 Vgl. KUPSCH, P. ET AL. (1978): Die Struktur von Qualitätsurteilen und das Informationsverhalten von Konsumenten beim Kauf langlebiger Gebrauchsgüter, Opladen, S. 41 ff., S. 174 ff. und S. 200 ff.

3 Vgl. KUPSCH, P.; HUFSCHMIED, P. (1979): a.a.O., S. 233 f.

4 Zur ausführlichen Auseinandersetzung mit dem Begriff des ›wahrgenommenen Risikos‹ vgl. Kapitel B.1.23.

5 Vgl. KUPSCH, P.; HUFSCHMIED, P. (1979): a.a.O., S. 234 ff. und KUPSCH, P. ET AL. (1978): a.a.O., S. 88 ff.

SCHMIED einseitig dargestellte Beziehung kann jedoch auch umgekehrt wirken. So konnte empirisch nachgewiesen werden, daß hohe Situationskomplexität mit einem relativ geringen Informationsverarbeitungsniveau einhergeht. Ursache hierfür ist die kognitive Überlastung, die durch die Beschaffung und Verarbeitung der notwendigen Informationen entsteht, so daß der Aufwand zur Risikoreduktion als zu hoch eingeschätzt und entsprechend auf weniger Informationen bzw. Informationssubstitute zurückgegriffen wird. Eine Verringerung des wahrgenommenen Risikos ist somit nur bedingt möglich, da die Kaufentscheidung auf der Basis eines Qualitätsurteils erfolgt, welches aufgrund der herangezogenen, insgesamt unzureichenden Informationen als undifferenziert zu bezeichnen ist.

Zudem konnte festgestellt werden, daß das durchschnittliche Risiko negativ mit der Anzahl der herangezogenen, objektiven Informationsquellen korreliert ist.[1] Das Wissen um diese Zusammenhänge trägt daher eher zu einer Erhöhung des wahrgenommenen Ausgangsrisikos bei. Den Zusammenhang zwischen Komplexität und Risiko beschreibt LUHMANN folgendermaßen: »Komplexität im angegebenen Sinne heißt Selektionszwang, Selektionszwang heißt Kontingenz, und Kontingenz heißt Risiko.«[2] Grundlage hierfür ist die Überlegung, daß zwischen einzelnen Elementen eines Systems mehrere Beziehungen denkbar sind. Das Risiko liegt vor allen Dingen darin begründet, daß bei der Auswahl einer Relation zwischen den Elementen die Gefahr besteht, eine suboptimale Lösung zu wählen. Dieser Zusammenhang ist insofern grundsätzlicher Natur, als davon auszugehen ist, daß bspw. aufgrund zeitlicher Restriktionen ein Selektions- und somit auch Entscheidungzwang besteht.

MALIK sieht den Zusammenhang zwischen Komplexität und Ungewißheit bzw. Risiko darin begründet, daß Informationen über komplexe Zusammenhänge nur begrenzt vorhanden sind, so daß Entscheidungen bzw. Problemlösungen nicht auf der Basis rationaler, analytischer Methoden entwickelt werden können. Man kann diese Zusammenhänge auch so interpretieren, daß Komplexität aus der Tatsache resultiert, daß nicht genügend Informationen über einen Sachverhalt vorhanden sind bzw. gesammelt werden können.[3]

---

[1] Vgl. KUPSCH, P. ET AL. (1978): a.a.O., S. 147 und KUPSCH, P.; HUFSCHMIED, P. (1979): a.a.O., S. 234 ff. Zu berücksichtigen ist, daß sich die Untersuchung auf langlebige Gebrauchsgüter bezieht. LUHMANN bezeichnet Komplexität entsprechend auch als Maß für Unbestimmbarkeit bzw. Mangel an Informationen, vgl. LUHMANN, N. (1988): a.a.O., S. 50.

[2] LUHMANN, N. (1988): a.a.O., S. 47.

[3] Vgl. MALIK, F. (1992): a.a.O., S. 257.

SHOSTACK[1] betont die Bedeutung der Komplexität, indem sie diese Dimension neben der Standardisierbarkeit der Arbeitsgänge zur Beschreibung und als Grundlage einer strategischen Positionierung von Dienstleistungen heranzieht. Als Merkmale der Komplexität nennt sie Anzahl und Kompliziertheit der im Rahmen der Leistungserstellung durchzuführenden Aufgaben. Legt man die Definition der Komplexität im weiteren Sinne zugrunde, so kommt die Beschreibung der Komplexität anhand der Kompliziertheit der Aufgaben jedoch einem Zirkelschluß gleich, so daß es sinnvoll erscheint, nach weiteren, geeigneten Beschreibungsdimensionen zu suchen.

Auf der Basis der hier dargestellten Ansätze zur Erläuterung des Komplexitätsbegriffes lassen sich für die folgende Aufgabe, komplexe Dienstleistungen zu charakterisieren, Dimensionen identifizieren, welche sowohl system- als auch käuferverhaltenstheoretische Aspekte berücksichtigen.

1.2 Kennzeichnung komplexer Dienstleistungen anhand geeigneter Klassifizierungsmerkmale

1.21 Grundlegende Voraussetzungen

Eine Abgrenzung komplex strukturierter Dienstleistungen von einfach strukturierten wird in der betriebswirtschaftlichen Literatur nicht vorgenommen. Der Begriff der Komplexität wird in diesem Bereich vielmehr auf der einen Seite im Zusammenhang mit der Abgrenzung zu Sachgütern bzw. im Hinblick auf die Heterogenität innerhalb des gesamten Dienstleistungssektors genutzt.[2] Auf der anderen Seite wird er auch – angesichts der häufig auftretenden Verbindung von Dienstleistungen mit Sach- und Rechtsgütern – als ein weiteres Charakteristikum von Dienstleistungen insgesamt genannt.[3]

Zur Beschreibung komplexer Dienstleistungen müssen aus diesem Grund geeignete Klassifizierungsmerkmale herangezogen werden, welche die erarbeiteten Charakteristika der Komplexität berücksichtigen. Bei der Auswahl der Merkmale ist zu beachten, daß diese die Komplexität aus Sicht der Verbraucher widerspiegeln müssen. Eine kundenorientierte Betrachtung hat aus verschiedenen Gründen zu erfolgen:

---

1 Vgl. SHOSTACK, G.L. (1987): a.a.O., S. 35.

2 Vgl. z.B. BENKENSTEIN, M. (1993): a.a.O., S. 1096 ff.; MEFFERT, H. (1993): a.a.O., S. 3.

3 Vgl. ENGELHARDT, W.H. (1990): a.a.O., S. 274 ff.; ROSENBERGER, G. (1981): Die neutrale Verbraucherinformation über die Qualität von Dienstleistungen – einige methodische Probleme, in: Zeitschrift für Verbraucherpolitik, 5. Jg., Nr. 4, S. 328.

Auf die Bedeutung der subjektiven Qualitätswahrnehmung der Konsumenten für die Ausgestaltung qualitätsorientierter Wettbewerbsvorteile wurde bereits hingewiesen. Ferner wurde ein Zusammenhang zwischen der Komplexität einer Situation bzw. Leistung und der Qualitätswahrnehmung bzw. -beurteilung durch den Konsumenten unterstellt. Verknüpft man diese beiden Aspekte miteinander, so ist unmittelbar einsichtig, daß es im Hinblick auf das Ziel der Qualitätserfassung und -steuerung notwendig ist, die Komplexität einer Dienstleistung aus der Sicht der Kunden zu bestimmen.

Es ist demnach unerheblich, wie komplex eine Leistung tatsächlich ist. So würde bspw. eine Leistung, die sich stark heterogenen Kundenbedürfnissen anzupassen hat, vom Anbieter als komplex beurteilt werden, da er seine Potentiale in Abhängigkeit von der einzelnen Situation abzustimmen und einzusetzen hat. Der einzelne Kunde, welcher nur sein zu lösendes Problem vor Augen hat, nimmt diese Komplexität jedoch nicht wahr und bezieht sie entsprechend nicht in sein Qualitätsurteil ein.

Dieser Zusammenhang kann mit Hilfe des ›Blueprinting‹ verdeutlicht werden. Dieses von SHOSTACK zur Planung und Kontrolle von Dienstleistungen entwickelte Instrument beinhaltet die systematische Darstellung des Dienstleistungsproduktions- und -konsumtionsprozesses. Die ›line of visibility‹ kennzeichnet dabei den Bereich der Leistungserstellung, der für den Kunden sichtbar ist und dessen Bestandteile somit in seinen Qualitätsbeurteilungsprozeß eingehen.[1] In Abbildung 3 ist das Blueprinting einer Finanzdienstleistung wiedergegeben. Es verdeutlicht, daß eine Dienstleistung nur dann als komplex zu charakterisieren ist, wenn sie jenseits der ›line of visibility‹ auf seiten des Kunden entsprechend wahrgenommen wird. Für die Ermittlung der Qualitätsdimensionen komplexer Dienstleistungen bedeutet dies, daß sich diese ebenfalls an der Wahrnehmung der Verbraucher orientieren müssen.

Die kundenorientierte Betrachtung der Komplexität ist bei Dienstleistungen insofern von besonderer Bedeutung, als der Nachfrager als externer Faktor selbst in den Erstellungsprozeß involviert ist. Dieses ist vor dem Hintergrund zu sehen, daß auf der einen Seite die Wahrnehmung der Dienstleistung das eigene Verhalten des Nachfragers, d.h. seine Fähigkeit und Bereitschaft, sich in den Dienstleistungsprozeß zu integrieren, beeinflußt. Auf der anderen Seite kann die Notwendigkeit, am Erstellungsprozeß und somit

---

[1] Vgl. SHOSTACK, G.L. (1987): a.a.O., S. 35 ff. sowie GEORGE, W.R.; GIBSON, B.E. (1991): Blueprinting. A Tool for Managing Quality in Service, in: BROWN, S.W. ET AL. (Hrsg.): Service Quality. Multidisciplinary and Multinational Perspectives, Lexington (MA), S. 73. Vgl. auch Kapitel B.3.22.

am Ergebnis der Dienstleistung unmittelbar beteiligt zu sein, in Abhängigkeit von der Einschätzung der eigenen Integrationsfähigkeit ebenfalls Auswirkungen auf die Beurteilung der Komplexität einer Leistung haben.[1]

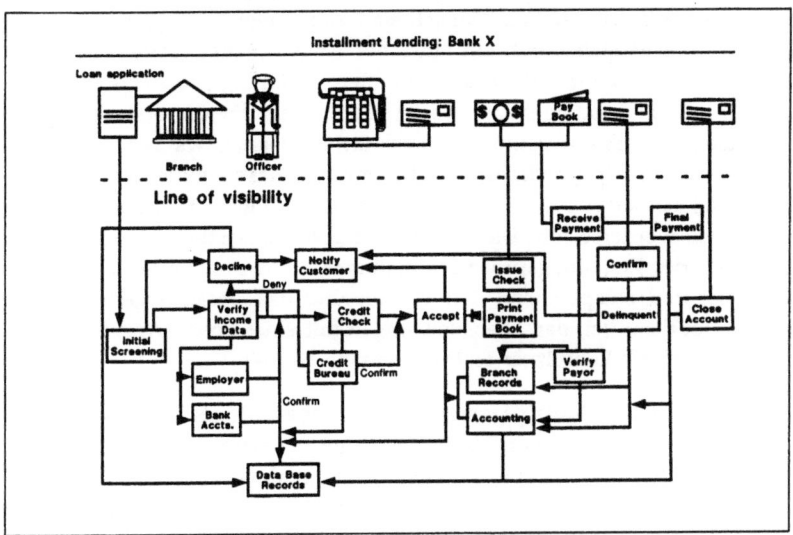

Abb. 3:   Blueprinting am Beispiel einer Kreditvergabe
           Quelle: SHOSTACK, G.L. (1987): a.a.O., S. 36.

Unter Berücksichtigung dieser Zusammenhänge sollen im folgenden für
die vorliegende Untersuchung Komplexitätsdimensionen ausgewählt und
zur Beschreibung komplexer Dienstleistungen herangezogen werden. Diese
lassen sich in Leistungs- und Persönlichkeitsmerkmale unterteilen.

1.22 Leistungsmerkmale als Komplexitätsdimensionen

Für die vorliegende Untersuchung sind folgende Klassifizierungsmerkmale
ausgewählt worden:

- Anzahl der Teilleistungen
- Multipersonalität
- Heterogenität der Leistungen
- Länge der Dienstleistungserstellung
- Individualität der Leistung

---

1 Zur generellen Notwendigkeit einer kundenorientierten Betrachtung im Marketing vgl.
   KROEBER-RIEL, W. (1992): Konsumentenverhalten, 5. Aufl., München, S. 267.

Das Merkmal der **Anzahl der Teilleistungen** knüpft direkt an die Definition aus der Systemtheorie an, wonach die Komplexität durch die Anzahl der Elemente eines Systems und ihrer Verknüpfungen bestimmt wird.[1] Bezogen auf Dienstleistungen ist diese Größe im Hinblick auf das einzelne Leistungsangebot zu verstehen. Danach sind zum einen Leistungen zu identifizieren, welche sich durch ein einfaches Angebot auszeichnen, und zum anderen solche, die innerhalb des gesamten Erstellungsprozesses eine Vielzahl von Einzelleistungen umfassen. Als Beispiel für die erste Kategorie wäre die Friseurdienstleistung (Haarschnitt) zu nennen, während der Krankenhausaufenthalt (medizinische Betreuung, Krankenzimmer, Verpflegung etc.) als Beispiel für eine Dienstleistung mit vielen Teilleistungen herangezogen werden kann. Die Tatsache, daß der Dienstleistungsnachfrager innerhalb des Erstellungsprozesses mehrfach mehr oder weniger aktiv beteiligt ist und entsprechend den Verlauf und das Gesamtergebnis beeinflußt, trägt dazu bei, daß Dienstleistungen mit einer hohen Anzahl an Einzelleistungen als komplexer wahrgenommen werden.

Das Kriterium der **Multipersonalität** kann ebenfalls als Indikator für die Anzahl der Elemente eines Systems herangezogen werden. Es ist gekennzeichnet durch die Anzahl der Personen, mit denen der Nachfrager im Rahmen der Dienstleistungserstellung in Kontakt kommt. Dabei kann es sich sowohl um unterschiedliches Personal des Anbieters als auch um andere Nachfrager handeln.[2]

Aufgrund der Leistungsschwankungen des Personals[3] beeinflußt dessen Zahl die von den Konsumenten wahrgenommene Komplexität einer Dienstleistung. Diese Schwankungen liegen zum einen in der einzelnen Person selbst begründet. Die Leistungsfähigkeit und -bereitschaft einer Person kann im Zeitablauf demnach als nicht konstant betrachtet werden, sondern ist z.B. aufgrund wechselnder Tagesverfassungen der dienstleistenden Person Änderungen unterworfen (intraindividuelle Schwankungen). Zum anderen resultieren sie aus den Unterschieden zwischen einzelnen Mitarbeitern innerhalb einer Unternehmung. Ursache hierfür können bspw. unterschiedliche Qualifikationsgrade oder Temperamente sein (interindividuelle Schwankungen).

---

[1] Die Vielzahl der Elemente wird häufig auch als ›sachliche Komplexität‹ bezeichnet, welche es zu reduzieren gilt. Vgl. KNYPHAUSEN, D.Z. (1988): a.a.O., S. 282 und KIRSCH, W. (1988): Die Handhabung von Entscheidungsproblemen, 3. Aufl., München, S. 205.

[2] Bei Dienstleistungen, welche stark durch Interaktionen zwischen Anbieter und Nachfrager gekennzeichnet sind, kommt dem Personal neben der Ausstattung besondere Bedeutung zu. Vgl. LOVELOCK, C. (1991): a.a.O., S. 34 f.

[3] Vgl. MEYER, A. (1992): a.a.O., S. 24 sowie CORSTEN, H. (1986): a.a.O., S. 25.

Durch die mangelnde Kontinuität der Leistungserstellung auf seiten des Anbieters entsteht für den Nachfrager zum einen Unsicherheit bezüglich der Notwendigkeit, sich selbst in den Erstellungsprozeß einzubringen, und zum anderen hinsichtlich des Leistungsergebnisses. Diese Unsicherheit und damit zusammenhängend das wahrgenommene Risiko nehmen mit der wachsenden Zahl der Personen, die in den Erstellungsprozeß integriert sind, zu. Dabei ist es weniger entscheidend, ob der Nachfrager mit verschiedenen Mitarbeitern im Erstellungsprozeß unterschiedlicher Teilleistungen konfrontiert wird, oder ob er bei wiederholter Inanspruchnahme einer (Teil-)Leistung auf unterschiedliche Leistungsanbieter stößt. Die Notwendigkeit, sich den einzelnen Personen und ihren Charakteren anzupassen, bleibt in beiden Fällen bestehen.

Dem Merkmal der Multipersonalität kommt insofern eine besondere Bedeutung zu, als das Auftreten des Personals und die Kontaktqualität die wichtigsten Determinanten hinsichtlich der Zufriedenheit oder Unzufriedenheit eines Konsumenten mit einer Leistung sind. Die Qualität der Beziehung zwischen einem Konsumenten und dem Personal wird somit häufig vom ersteren zum Anlaß genommen, die mit einer Leistung verbundene Unsicherheit durch den Aufbau einer langfristigen Beziehung zu mindern.[1] Dieser Risikoreduktionsmechanismus versagt demnach weitgehend bei durch vielfältige Personalkontakte gekennzeichneten Leistungen.

Das Zusammentreffen mit anderen Leistungsnachfragern beeinflußt ebenfalls die Wahrnehmung der Leistung und die Einschätzung hinsichtlich ihrer Komplexität. Dabei kann es zu entsprechenden Kontaktsituationen und somit auch zur Mund-zu-Mund-Kommunikation sowohl vor, während als auch nach der Leistungsinanspruchnahme kommen. Die Komplexität resultiert aus der Tatsache, daß der Konsument zusätzliche Informationen erhält, die auf den Erfahrungen Dritter basieren und die indirekt seine eigenen Erwartungen bzw. Beurteilungen beeinflußen.[2] Darüber hinaus

[1] Vgl. CROSBY, L.A.; COWLES, D. (1986): A Role Consensus Model of Satisfaction with Service Interaction Experiences, in: VENKATESAN, M.; SCHMALENSEE, D.M.; MARSHALL, C. (Hrsg.): Creativity in Services Marketing: What's New, What Works, What's Developing, AMA Proceedings, Chicago (IL), S. 40 f. sowie CROSBY, L.A.; EVANS, K.R.; COWLES, D. (1990): Relationship Quality in Services Selling: An Interpersonal Influence Perspective, in: Journal of Marketing, 54. Jg., Nr. 7, S. 69 f. und 75 f.

[2] Zum Einfluß der Anzahl an Informationen auf den Grad der Komplexität vgl. KUPSCH, P. ET AL. (1978): a.a.O., S. 173 ff. In Abhängigkeit von dem Wissen, der Sanktionsgewalt sowie dem Lebensstil der anderen Konsumenten üben diese auf unterschiedliche Art und Weise Einfluß auf den Nachfrager aus. Vgl. HORNE, D.A.; MCDONALD, J.P.; WILLIAMS, D.L. (1986): a.a.O., S. 35. Vgl. auch GREMLER, D.D. (1994): Word-of-Mouth about Service Providers: An Illustration of Theory Development in Marketing, in: PARK, C.W.; SMITH, D.C. (Hrsg.): Marketing Theory and Applications, 1994 AMA Winter Educators' Conference, Chicago (IL), S. 64 ff.

kann der Kontakt mit Dritten während der Leistungserstellung Auswirkungen auf die Leistungsbereitschaft und -fähigkeit von Anbieter und Nachfrager haben.

Durch das Kriterium der **Heterogenität der Leistungen** können Dienstleistungen aufgrund der Unterschiedlichkeit ihrer Teilleistungen voneinander abgegrenzt werden.[1] Dieses Klassifizierungsmerkmal hängt zwar mit der Anzahl der Teilleistungen zusammen, ist jedoch nicht damit gleichzusetzen. Als Beispiel hierfür wäre der Besuch einer Einkaufspassage oder eines Warenhauses mit eigenständigen Verkaufseinheiten zu nennen. Die Anzahl der angebotenen Teilleistungen ist hier zwar hoch, jedoch aufgrund ihrer Homogenität ist die gesamte Dienstleistung weniger komplex einzustufen als der oben angeführte Krankenhausaufenthalt. Die Ursache hierfür liegt darin begründet, daß sich der Nachfrager aufgrund der Vielfältigkeit der Leistungen unterschiedlichen Anforderungen hinsichtlich seiner Teilnahme am Erstellungsprozeß gegenübersieht. Die Notwendigkeit, sich den verschiedenen Situationen so anzupassen, daß sowohl der Prozeß als auch das Ergebnis ihren erwünschten Verlauf nehmen, erhöht entsprechend die Wahrnehmung der Komplexität der Dienstleistung.[2] Für den Fall, daß sich eine Dienstleistung aus mehreren Teilleistungen zusammensetzt, kann demnach deren Heterogenität als konstitutives Merkmal der Komplexität betrachtet werden.

Die **Länge der Dienstleistungserstellung** bzw. der einzelnen **Erstellungsepisode** kann insofern als Indikator für die Komplexität einer Leistung herangezogen werden, als davon auszugehen ist, daß diese in Abhängigkeit von der Gesamtlänge bzw. -dauer ihrer Erstellung in Teilabschnitte untergliedert und ihre Qualität somit phasenweise beurteilt wird. Entsprechend setzt sich das Gesamtqualitätsurteil aus den einzelnen Phasenbeurteilungen zusammen. Zusätzlich besteht die Möglichkeit, daß die Bewertung der einzelnen Qualitätsfaktoren im Laufe der Erstellung wechselt. Der letzte Fall macht deutlich, daß ein derartiges Qualitätsurteil keine statische Größe dar-

---

1 Die Heterogenität der Teilleistungen kann mit dem Kriterium der ›Varietät‹ eines Systems verglichen werden, welche vielfach als Komplexitätsdimension genannt wird. Vgl. KIRSCH, W. (1988): a.a.O., S. 205 f. und MENZL, A. (1977): a.a.O., S. 41.

2 Aus der Sicht des Anbieters zeichnet sich die Heterogenität einer Dienstleistung vor allen Dingen dadurch aus, daß sich die einzelne Leistung an den Anforderungen und Fähigkeiten des jeweiligen externen Faktors zu orientieren hat. Mit der Notwendigkeit einer individuellen Behandlung der Kundenbedürfnisse ist ein bestimmter Standardisierungsgrad der Leistungserstellung möglich, so daß Komplexität aus Anbietersicht mit mangelnden Standardisierungsmöglichkeiten einhergeht.

stellt.[1] Für den Dienstleistungsnachfrager bedeutet dies, daß er sich in einer andauernden Evaluierungssituation befindet. Diese resultiert zum einen daraus, daß er ständig neue Beurteilungen der jeweiligen Erstellungssituationen vornehmen muß. Damit verbunden ist die wiederholte Suche nach geeigneten Kriterien und Informationen zur Beurteilung sowie die Vergegenwärtigung der eigenen Bedürfnisse und Erwartungen. Die Vielzahl der einzelnen Beurteilungsprozesse trägt zur Unsicherheit des Kunden bei, so daß die Leistung als komplex wahrgenommen wird.[2] Zum anderen nimmt er im Verlauf der Erstellung eine wiederholte Neubewertung einzelner Kriterien vor, wobei deren Grundlage, z.B. in Form von Erfahrungen, im Zeitablauf wechseln kann.

GEVA und GOLDMAN verdeutlichen den Einfluß der Länge der Erstellungsepisode auf die Komplexität am Beispiel organisierter Reisetouren. Während zu Reisebeginn (Phase der Erwartungen) die Determinanten der Qualität noch nicht eindeutig festgelegt sind, fällt die Beurteilung der Leistung zum Ende hin (Phase der Erfüllung) nicht mehr so unstrukturiert aus.[3] Die Schwierigkeit der Beurteilungssituation nimmt somit im Zeitablauf eher ab. Dennoch erfordert sie vom Konsumenten Konzentration und Aufmerksamkeit, da der Beurteilungsprozeß integriert verläuft, d.h. einzelne Qualitätsurteile nicht isoliert bzw. elementartig, sondern als Ausschnitte des gesamten Beurteilungsprozesses zu betrachten sind.[4] Steht für den Nachfrager die Qualität des Erstellungsprozesses im Vordergrund, wie bspw. bei Theaterinszenierungen oder Konzerten, so kann die Länge der Erstellung zusätzliche Bedeutung erlangen.

---

1 Vgl. GEVA, A.; GOLDMAN, A. (1989): Changes in the Perception of a Service during its Consumption: A Case of Organised Tours, in: European Journal of Marketing, 23. Jg., Nr. 12, S. 45.

2 Betrachtet man die einzelnen zu bewertenden Phasen der Dienstleistung im Sinne von Alternativen der Qualitätsbeurteilung und die dazu notwendigen Informationen, so kann mit KUPSCH ET AL. von hoher Situationskomplexität gesprochen werden, vgl. KUPSCH, P. ET AL. (1978): a.a.O., S. 200 f.

3 Vgl. GEVA, A.; GOLDMAN, A. (1989): a.a.O., S. 45 ff. Als Grund für die Änderung im Rahmen der Beurteilung werden die im Zeitablauf zunehmenden Erfahrungen genannt, so daß Dimensionen, die zunächst allein auf allgemeinen Informationen zum Vergleich verschiedener Alternativen basieren, durch solche ersetzt werden, die im Laufe der Zeit speziell im Zusammenhang mit der Leistung erworben worden sind.

4 Vgl. WIMMER, F. (1975): Das Qualitätsurteil des Konsumenten, Diss., Gesellschaftsforschung und Gesellschaftspolitik, hrsg. von SPECHT, K.G., Bd. 2, Frankfurt, S. 24. Ferner muß berücksichtigt werden, daß die Beurteilungsabläufe während der Erstellungsprozesse im allgemeinen im Unterbewußtsein stattfinden und somit die Aufmerksamkeit nur indirekt beanspruchen. Eine nachträgliche Anpassung des Urteils bzw. die bewußte Zusammenfassung der Einzelurteile wird dadurch erschwert.

Die wahrgenommene Komplexität wird ebenfalls dadurch beeinflußt, wie stark der Konsument die **Individualität der Leistung** empfindet. Bekommt der Dienstleistungsnachfrager das Gefühl vermittelt, die Leistung werde persönlich für ihn und auf seine individuellen Bedürfnisse abgestimmt erstellt, so wird er die Komplexität höher beurteilen als im Falle eines standardisierten, für andere Kunden gleichsam erhältlichen Angebots.

Die Beurteilung der Komplexität hängt dabei von den Erwartungen der Konsumenten ab. Eine Dienstleistung wird danach nur dann als komplex empfunden, wenn die Differenz zwischen erwarteter und wahrgenommener Individualisierung hoch ist. An diesem Kriterium wird erneut deutlich, daß nicht die Sicht des Anbieters ausschlaggebend ist hinsichtlich der Beurteilung der Komplexität. Erwartet ein Konsument eine standardisierte Leistung und nimmt diese auch als solche wahr, so wird die Beurteilung der Komplexität weitgehend unabhängig von dem für den Anbieter tatsächlich entstehenden Individualisierungs- bzw. Standardisierungsgrad erfolgen. Gleichzeitig entsteht dadurch für den Dienstleistungsanbieter die Möglichkeit, dem Nachfrager ein standardisiertes Angebot so individualisiert zu vermitteln, daß dieser die Standardisierung nicht wahrnimmt. Hierbei besteht jedoch die Gefahr, daß bspw. in Abhängigkeit von den Erwartungen des Konsumenten, von der Länge des Erstellungszeitraumes bzw. der Kontakte mit anderen Nachfragern diese Form der Individualität als das Ergebnis unternehmerischen Kalküls aufgefaßt und entsprechend beurteilt wird.[1]

Zusammenfassend kann somit festgehalten werden, daß sich die ersten vier Dimensionen direkt aus der systemtheoretischen Abgrenzung der Komplexität ableiten lassen, während die Individualität einer Dienstleistung im Sinne von KUPSCH ET AL. als Merkmal der Komplexität interpretiert werden kann.

1.23 Persönlichkeitsmerkmale als Komplexitätsdimensionen

Als Persönlichkeitsmerkmale, die zur Beschreibung der Komplexität herangezogen werden können, sind folgende Dimensionen ausgewählt worden:

- Wahrgenommenes Risiko
- Involvement

---

[1] Die Auswahl der Individualisierung bzw. Standardisierung als Element zur Beschreibung der Komplexität widerspricht der Auffassung SHOSTACKS, welche Standardisierbarkeit und Komplexität einer Leistung als zwei voneinander unabhängige Dimensionen im Rahmen der strategischen Positionierung von Dienstleistungen heranzieht. Aufgrund der bereits genannten Kritik an der von ihr gewählten Definition der Komplexität soll hier auf eine entsprechende Trennung verzichtet werden, vgl. SHOSTACK, G.L. (1987): a.a.O., S. 35.

Das **wahrgenommene Risiko**, welches mit der Inanspruchnahme einer Leistung verbunden ist, wurde bereits von KUPSCH und HUFSCHMIED zur Charakterisierung der Situationskomplexität herangezogen.[1] Es kann als Unsicherheit hinsichtlich der zu erwartenden Handlungsfolgen beschrieben und entsprechend in zwei Komponenten untergliedert werden. Zum einen ist es durch das ›subjektive Gefühl‹ des Konsumenten hinsichtlich bestimmter negativer Eigenschaften der Dienstleistung und zum anderen durch die mit diesen negativen Eigenschaften verbundenen ›Konsequenzen‹ gekennzeichnet.[2] Die möglichen negativen Folgen für den jeweiligen Kunden lassen sich in finanzielle, soziale, psychische, physische und qualitative Teilrisiken unterteilen, wobei letzteren die größte, übergeordnete Bedeutung zukommt.

Die Ausprägung des wahrgenommenen Risikos ist unterschiedlich und hängt sowohl von situationalen als auch von persönlichen Umständen des einzelnen Konsumenten ab. Zum einen kann ein positiver Zusammenhang zwischen der Komplexität einer Entscheidungssituation und dem wahrgenommenen Risiko unterstellt werden. Einfache, in der Regel häufig wiederkehrende Kaufentscheidungen sind z.B. durch ein eher geringes wahrgenommenes Risiko gekennzeichnet.[3] Zum anderen kann man davon ausgehen, daß in komplexen Umweltsituationen die Ungewißheit bei Personen mit ebenfalls komplexen Denkstrukturen höher ausfällt als bei Personen mit einfacheren, konkreteren Strukturen. Ursache hierfür ist die Tatsache, daß ein oder mehrere Reize eine hohe Anzahl unterschiedlicher Reaktionen hervorrufen können, wodurch sich die Stabilität der Lösungen verringert.[4] Das wahrgenommene Risiko und die wahrgenommene Komplexität können demnach als zwei sich gegenseitig beeinflussende Größen betrachtet werden. Ferner können unter anderem mangelnde Erfahrungen mit einer Leistung, der empfundene Zeitdruck, die Wichtigkeit der Leistung, mangelndes Selbstvertrauen und damit verbunden die erhöhte Angst vor sozialen Sanktionen im Falle einer Fehlentscheidung sowie die

1 Vgl. die Ausführungen zur Komplexität in Kapitel B.1.1.

2 Vgl. BAUER, R.A. (1967): Consumer Behavior as Risk Taking, in: COX, D.F. (Hrsg.): Risk Taking and Information Handling in Consumer Behavior, Boston (MA), S. 24; COX, D.F. (1967): Risk Handling in Consumer Behavior – an Intensive Study of Two Cases, in: COX, D.F. (Hrsg.): a.a.O., S. 36 ff. sowie auch die übrigen Aufsätze dieser Sammlung.

3 Vgl. GEMÜNDEN, H.G. (1985): Perceived risk and information search. A systematic meta-analysis of the empirical evidence, in: International Journal of Research in Marketing, 2. Jg., Nr. 2, S. 88 f. und GEORGE, W.R.; WEINBERGER, M.G.; KELLY, J.P. (1985): a.a.O., S. 86.

4 Vgl. PANNE, F. (1977): a.a.O., S. 159-172.

- 38 -

Wahrnehmung starker Qualitätsunterschiede zwischen einzelnen Leistungen das wahrgenommene Risiko beeinflussen.[1]

Überträgt man diese Überlegungen auf Dienstleistungen, so wird deutlich, daß das wahrgenommene Risiko bei komplexen Dienstleistungen höher ausfallen muß, als dies für Dienst- gegenüber Sachleistungen aufgrund ihrer Besonderheiten und der damit verbundenen geringeren Anzahl an Qualitätsinformationen ohnehin der Fall ist. Die hieraus resultierende Notwendigkeit einer verstärkten Qualitätsorientierung bei Dienstleistungsunternehmen macht es erforderlich, den Grad der Komplexität bei der Wahl der zu verfolgenden Wettbewerbsstrategie zu berücksichtigen. Dieses ist um so mehr der Fall, als anzunehmen ist, daß die bei Dienstleistungen ohnehin höher ausgeprägte Kundentreue als Instrument der Risikoreduktion mit zunehmender wahrgenommener Komplexität steigt.[2]

Unter dem Konstrukt des **Involvement** ist der Grad der Ich-Beteiligung bzw. das Engagement einer Person in Zusammenhang mit einem bestimmten Sachverhalt oder Problem zu verstehen. Die Motivstärke bzw. der Aktivierungsgrad haben entsprechende Auswirkungen auf die Informationsaufnahme, -verarbeitung und -speicherung, die Intensität der Nutzung und kognitive Verarbeitung dieser Informationen in den einzelnen Phasen des Kaufentscheidungsprozesses sowie auf die Einstellungsbildung.[3]

Grundlage für ein hohes Involvement können auf der einen Seite die enge Verbindung einer Leistung mit der Persönlichkeit bzw. Selbsteinschätzung des Verbrauchers sowie deren daraus resultierende Wichtigkeit, aber auch ihre emotionale Ansprache sein. In diesem Zusammenhang wird von einem generellen bzw. Ego-Involvement gesprochen. Auf der anderen Seite kann ein hohes wahrgenommenes Risiko ebenfalls zu einem hohen Engagement des Käufers im Rahmen des Entscheidungsprozesses führen. In

[1] Vgl. PANNE, F. (1977): a.a.O., S. 35 ff.; ASSAEL, H. (1992): Consumer Behavior and Marketing Action, 4. Aufl., Boston (MA), S. 184 ff.; BEHRENS, G. (1991): a.a.O., S. 123 ff.

[2] Vgl. CZEPIEL, J.A.; GILMORE, R. (1987): Exploring the Concept of Loyalty in Services, in: CZEPIEL, J.A.; CONGRAM, C.A.; SHANAHAN, J. (Hrsg.): The Service Challenge: Integrating for Competitive Advantage, AMA Proceedings, Chicago (IL), S. 93 f.; SNYDER, D.R. (1986): Service Loyalty and Its Measurement: A Preliminary Investigation, in: VENKATESAN, M.; SCHMALENSEE, D.M.; MARSHALL, C. (Hrsg.): Creativity in Services Marketing: What's New, What Works, What's Developing, Chicago (IL), S. 44 ff. sowie CUNNINGHAM, S.M. (1967): Perceived Risk and Brand Loyalty, in: COX, D.F. (Hrsg.): Risk Taking and Information Handling in Consumer Behavior, Boston (MA), S. 510 ff.

[3] Vgl. MEFFERT, H. (1992): a.a.O., S. 66; BEHRENS, G. (1991): a.a.O., S. 61 ff.; BLEICKER, U. (1983): Produktbeurteilung der Konsumenten, Würzburg, S. 139-182 sowie TROMMSDORFF, V. (1989): Konsumentenverhalten, Stuttgart, S. 41. Man unterscheidet zwischen High- und Low-Involvement-Gütern. Hinsichtlich der Bestimmung von Komplexität sind jedoch nur erstere von Interesse.

diesem Fall kann von einem nicht dauerhaften, sondern vielmehr situativen Involvement gesprochen werden, welches jedoch durchaus in ein dauerhaftes Involvement übergehen kann. Die interpersonellen Kontakte zwischen Anbieter und Nachfrager tragen bei Dienstleistungen ebenfalls dazu bei, beim Nachfrager ein eher hohes Involvement auszulösen.[1] In solchen Fällen kommt es zu einem intensiven Informationsverarbeitungsprozeß, welcher mit hohem Zeit- und Energieaufwand bei der Informationssuche hinsichtlich der einzelnen Leistungsalternativen als aktive Reaktion auf eine starke innere Erregung verbunden ist. Ein entsprechendes Informationsverhalten ist die Basis für den bei High-Involvement-Leistungen zugrundegelegten extensiven Kaufentscheidungsprozeß.[2] Dieser ist durch die folgenden Phasen gekennzeichnet:[3]

(1) Entstehen eines Bedürfnisses
(2) Prozeß der Informationsbeschaffung und -verarbeitung
(3) Beurteilung der einzelnen Alternativen
(4) Entscheidung zum Kauf bzw. zur Leistungsinanspruchnahme
(5) Beurteilung der Entscheidung während und nach Inanspruchnahme

Handelt es sich für den Konsumenten bei einer Dienstleistung um eine High-Involvement-Leistung, so sieht er sich insbesondere hinsichtlich der Phasen (2) und (3) vor besondere Probleme gestellt. Die Wichtigkeit der Leistung und die damit verbundene extensive Informationsverarbeitung können als Indizien dafür gewertet werden, daß der Konsument die Dienstleistung als komplex wahrnimmt. Die mit Dienstleistungen allgemein verbundene Informationsarmut führt zu einer zusätzlichen Steigerung der Komplexitätswahrnehmung, da die Beschaffung von Informationen, die zu einer ausreichenden Alternativenbeurteilung notwendig sind, nur schwer möglich ist. Die tatsächlich erhaltenen Informationen führen wiederum dazu, daß die in Phase (5) erfolgende Beurteilung der Leistung durch eine aufmerksame Wahrnehmung und entsprechende Bewertung der einzelnen Leistungsbestandteile gekennzeichnet ist. Dies ist um so eher der Fall, wenn das hohe Involvement eine Folge hohen wahrgenommenen Risikos ist

---

[1] Vgl. ASSAEL, H. (1992): a.a.O., S. 30 ff.; SNYDER, D.R. (1986): a.a.O., S. 44.

[2] Extensive Kaufentscheidungen sind durch eine starke kognitive Beteiligung des Konsumenten gekennzeichnet. Anfänglich vage Vorstellungen hinsichtlich der zu wählenden Leistung werden durch intensive Informationsverarbeitung zunehmend konkretisiert, so daß es am Ende dieses Prozesses zu einer gezielten Leistungsauswahl kommt. Vgl. WEINBERG, P. (1981): Das Entscheidungsverhalten der Konsumenten, Paderborn, S. 13 und S. 53 ff.

[3] Vgl. ENGEL, J.F.; BLACKWELL, R.D.; MINIARD, P.W. (1993): Consumer Behavior, 7. Aufl., Fort Worth (TX), S. 46 ff.; ASSAEL, H. (1992): a.a.O., S. 30 ff. und KUß, A. (1991): Käuferverhalten, Stuttgart, S. 26 ff.

und somit für den Konsumenten die Notwendigkeit besteht, eventuell auftretenden kognitiven Dissonanzen[1] entgegenwirken zu müssen.

Insgesamt zeigt sich, daß die Persönlichkeitsmerkmale, die zur Beschreibung der Komplexität von Dienstleistungen herangezogen werden können,
sich an den käuferverhaltenstheoretischen Ansätzen zur Erklärung der
Komplexität orientieren.

1.24 Interdependenzen zwischen den Komplexitätsdimensionen

Zusammenfassend kann festgehalten werden, daß die einzelnen hier aufgeführten Dimensionen der Komplexität von Dienstleistungen nicht als voneinander unabhängige Faktoren zu betrachten sind, sondern – wie Abbildung 4 verdeutlicht – teilweise in wechselseitiger Beziehung zueinander
stehen.

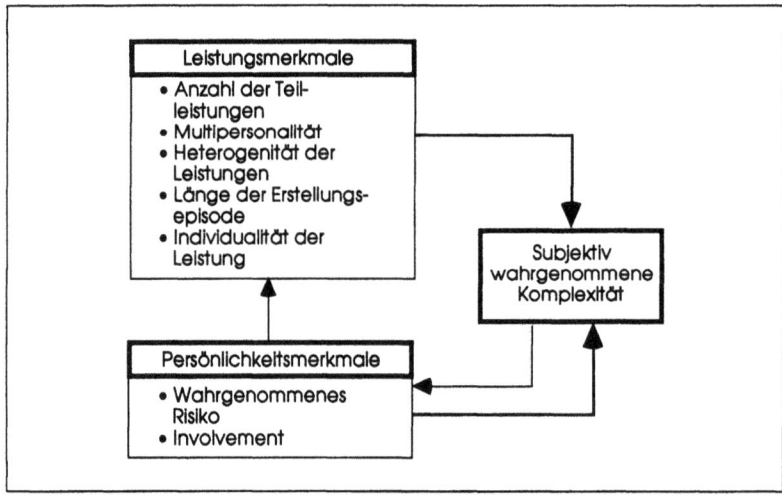

Abb. 4:   Merkmale einer vom Konsumenten als komplex wahrgenommenen Dienstleistung

Dabei kommt dem wahrgenommenen Risiko und dem Involvement ein
besonderer Stellenwert zu. Zum einen haben sie direkte Auswirkungen auf
die von den Konsumenten erlebte Situationskomplexität. Zum anderen beeinflussen sie auch die Beurteilung der einzelnen Leistungsmerkmale und
wirken somit indirekt auf die Wahrnehmung der Komplexität. Als Beispiel

---

[1] Unter kognitiver Dissonanz versteht man die Unzufriedenheit, die nach dem Kauf bzw.
der Nutzung eines Gutes aus der Gegenüberstellung der gewählten und der ausgeschlagenen
Alternative entsteht. Vgl. TROMMSDORFF, V. (1989): a.a.O., S. 62.

hierfür sei auf den Zusammenhang zwischen dem wahrgenommenen Risiko und der Anzahl der Teilleistungen verwiesen. Allein aufgrund der Anzahl der Teilleistungen kann unter Umständen keine Aussage über die Komplexität einer Leistung für den Konsumenten gemacht werden. Vielmehr kann aufgrund eines hohen wahrgenommenen Risikos beim Kunden z.B. bezüglich seiner Frisur die Bedeutung oder Wichtigkeit dieser Leistung stärker ausgeprägt sein als bspw. bei einem Patienten, der im Krankenhaus eine gesundheitliche Routineuntersuchung vornehmen läßt.

Schließlich wirkt die subjektiv wahrgenommene Komplexität auf die Ausprägung der Persönlichkeitsmerkmale zurück. Dadurch kann ein sich selbst verstärkender Prozeß ausgelöst werden. Dieser Zusammenhang kann am Beispiel einer aufgrund ihrer Individualität als komplex eingestuften Dienstleistung verdeutlicht werden. Die mit der Komplexität verbundene Informationsarmut, welche eine Folge der fehlenden Möglichkeit darstellt, auf Erfahrungen Dritter zurückzugreifen, trägt zu einer Erhöhung des wahrgenommenen Risikos bei.

Darüber hinaus stehen auch die einzelnen Leistungsmerkmale in engem Zusammenhang. Entsprechende Interdependenzen können am Beispiel der Dimension der Multipersonalität verdeutlicht werden. So nimmt die Wahrscheinlichkeit unterschiedlicher und vielfältiger Kontakte mit dem Personal oder mit anderen Nachfragern mit zunehmender Länge der Leistung bzw. steigender Anzahl an Teilleistungen zu. Häufig macht die Heterogenität der Teilleistungen ebenfalls den Einsatz unterschiedlicher Mitarbeiter erforderlich.

Auf der Basis dieser Überlegungen sollen im folgenden einzelne Dienstleistungen beispielhaft anhand der aufgeführten Komplexitätsmerkmale beschrieben und voneinander abgegrenzt werden:

Die Nutzung des **Geldausgabeautomaten** einer Bank wird von den Konsumenten insgesamt als wenig komplex wahrgenommen. Das hängt zum einen damit zusammen, daß es sich hierbei um eine hoch standardisierte Leistung handelt, die allein aus der Auszahlung von Bargeld besteht und die innerhalb eines kurzen Zeitraumes erfolgt. Dabei kommt es zu keinem Zeitpunkt zu einem persönlichen Kontakt zwischen Dienstleistungsanbieter und -nachfrager. Ein geringes Maß an wahrgenommener Komplexität kann daher allenfalls mit den Persönlichkeitsmerkmalen des Nachfragers zusammenhängen. Dabei kann insbesondere das wahrgenommene Risiko, z.B. hinsichtlich der Abfrage der Geheimnummer bzw. der Nutzung eines Automaten ohne unterstützende Hilfestellungen, von Bedeutung sein.

Eine **Rechtsberatung** kann hingegen mit einer für den Nachfrager erhöhten Komplexität verbunden sein. Die Zahl und Unterschiedlichkeit der einzelnen Leistungen im Rahmen einer Leistungserstellung kann zwar begrenzt und der Kontakt weitgehend auf die Person des Juristen und seine Sekretärin beschränkt sein.[1] Unter Umständen erforderliche Konsultationen und Gespräche führen jedoch dazu, daß die Länge der Erstellung und die Individualität der Beratung zu einem gesteigerten Komplexitätsempfinden beitragen. Vor allem das wahrgenommene Risiko, z.B. hinsichtlich des Verlaufs eines Strafprozesses oder der Ausgestaltung eines Testamentes, und damit verbunden das Involvement tragen zusätzlich dazu bei, daß eine Rechtsberatung insgesamt als komplex einzustufen ist.

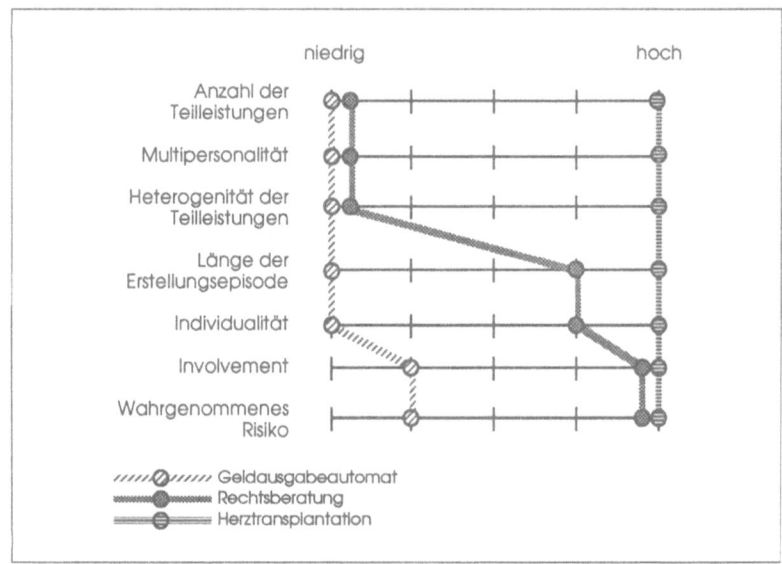

Abb. 5: Dienstleistungen mit unterschiedlichem Komplexitätsniveau

Eine **Herztransplantation** kann als Beispiel für eine Dienstleistung herangezogen werden, die sowohl aufgrund ihrer Leistungsmerkmale als auch aufgrund der Persönlichkeitsmerkmale des Dienstleistungsnachfragers als hochgradig komplex wahrgenommen wird. Neben unterschiedlichen individuellen medizinischen Untersuchungen, der Operation und der Nachsorge, welche zu einer zeitlichen Ausdehnung der Erstellung führen, tragen die Kontakte mit einer Vielzahl von Ärzten, Therapeuten und Pflegepersonal dazu bei, daß die Leistung an sich bereits sehr komplex ist. Hinzu

---

[1] Kontakte mit Gerichtspersonal im Rahmen eines Prozesses werden kaum dem Anwalt als Dienstleistungsanbieter zugeschrieben werden.

kommt die Wahrnehmung eines hohen gesundheitlichen Risikos, da ein Fehlschlagen der Behandlung im Extremfall zum Tod führen kann. Entsprechend hoch ist das Involvement des Konsumenten einzuschätzen.

In Abbildung 5 werden die Unterschiede zwischen den dargestellten Dienstleistungen schematisch wiedergegeben.

Die Auswahl der aufgeführten Dimensionen ist nicht abschließend zu verstehen. Als weitere Komplexitätskriterien sind z.B. der wahrgenommene Neuheitsgrad bzw. die Kompliziertheit der technischen Ausstattung oder der wahrgenommene Zeitdruck im Rahmen der Kaufentscheidung denkbar.[1] Auf eine Aufnahme dieser und anderer Dimensionen in den Katalog der Komplexitätsmerkmale soll jedoch zum einen aus Gründen der Handhabbarkeit verzichtet werden. Zum anderen lassen sich diese Kriterien nur bedingt aus den system- und käuferverhaltenstheoretischen Ansätzen, die sich mit dem Begriff der Komplexität auseinandergesetzt haben, ableiten.

Abschließend gilt es festzuhalten, daß sich komplexe Dienstleistungen nicht durch das Zusammentreffen aller Merkmale auszeichnen müssen. Vielmehr reicht bereits die Wahrnehmung einer Dimension aus, um eine Dienstleistung aus der Sicht des Verbrauchers als komplex erscheinen zu lassen. Diese Zusammenhänge sind entsprechend zu berücksichtigen und bilden den Hintergrund für die weiteren Ausführungen zu den Dimensionen der Qualität komplexer Dienstleistungen.

2. Konzeptionelle Modelle zur Operationalisierung der Qualität komplexer Dienstleistungen

Der Dienstleistungsqualität und dem Problem ihrer Messung wird in der wirtschaftswissenschaftlichen Literatur erst seit dem Beginn der 80er Jahre besondere Bedeutung beigemessen.[2] Insbesondere skandinavische und

---

[1] Betrachtet man bspw. die Differenzierungsansätze von MEYER, so wird deutlich, daß jeweils eine der einander gegenübergestellten Dienstleistungsarten als Beispiel für komplexe Dienstleistungen herangezogen werden kann bzw. den genannten Komplexitätsmerkmalen entspricht (z.B. personalintensiv, individualisiert, unmittelbar, einzelvertraglich, personengerichtet oder interaktiv erbrachte Dienstleistungen), vgl. MEYER, A. (1984): Marketing für Dienstleistungs-Anbieter, in: HERMANNS, A.; MEYER, A. (Hrsg.): Zukunftsorientiertes Marketing für Theorie und Praxis: Festschrift zum 60. Geburtstag von P.W. MEYER, Berlin, S. 202 ff.

[2] Ausgangspunkt hierfür war u.a. der im Time Magazin veröffentlichte Artikel von KOEPP, welcher auf die mangelhafte Qualität amerikanischer Serviceunternehmen hinwies, vgl. KOEPP, S. (1988): Why is Service so Bad? Pul-eeze! Will Somebody Help Me?, in: LOVELOCK, C. (Hrsg.): Managing Services, Englewood Cliffs (NJ), S. 208 ff. Auch in der deutschen Öffentlichkeit werden zunehmend Defizite in der Dienstleistungsqualität be-

amerikanische Wissenschaftler haben sich mit dieser Thematik auseinandergesetzt und verschiedene Ansätze zur Operationalisierung und Messung der Qualität von Dienstleistungen entwickelt.[1] Im folgenden sollen einige von ihnen erläutert und im Hinblick auf die hier zu untersuchende Problematik der Erfassung von Qualitätsdimensionen komplexer Dienstleistungen beurteilt werden.

Bei den dargestellten Modellen handelt es sich um theoretisch-konzeptionelle Ansätze zur Operationalisierung der Dienstleistungsqualität, denen eine empirisch fundierte Grundlage weitgehend fehlt. Inwieweit sie entsprechend den allgemeinen Anforderungen an Operationalisierungen als Grundlage für die Messung hypothetischer Konstrukte genügen, kann demnach nicht bestimmt werden, zumal die ermittelten Qualitätsdimensionen aufgrund des hohen Abstraktionsniveaus einer direkten Messung nicht zugänglich sind.[2] An dieser Stelle soll deshalb auf eine Auseinandersetzung mit den Gütekriterien Validität, Reliabilität und Objektivität[3], denen die Modelle zu genügen haben, verzichtet werden, da diese bereits an anderer Stelle und in ausführlicher Weise erfolgt ist.[4] Vielmehr soll es darum gehen, die einzelnen Modelle im Hinblick auf ihren Aussagegehalt hinsichtlich komplexer Dienstleistungen zu untersuchen. Um festzustellen, ob die Modelle auf komplexe Dienstleistungen übertragbar sind, erscheint es sinnvoll zu überprüfen, inwieweit die jeweiligen Qualitätsdimensionen den bereits abgeleiteten Komplexitätsmerkmalen Rechnung tragen.[5]

---

mängelt. Vgl. hierzu VEHLEWALD, H.J.; FLEISCHHAUER, J. (1994): Maul halten, zahlen, in: Der Spiegel, o.Jg., Nr. 26, S. 68 ff.

[1] Vgl. hierzu GRÖNROOS, C. (1991): Scandinavian Management and the Nordic School of Services – Contributions to Service Management and Quality, in: IJSIM, 2. Jg., Nr. 3, S. 17 ff. sowie GUMMESSON, E. (1991): Service Quality – A Holistic View, in: BROWN, S.W. ET AL. (Hrsg.): Service Quality. Multidisciplinary and Multinational Perspectives, Lexington (MA), S. 10.

[2] Zur Operationalisierung bzw. Qualität von Modellen vgl. ANDRITZKY, K. (1976): Die Operationalisierbarkeit von Theorien zum Konsumentenverhalten, Berlin, S. 20 ff.; KREPPNER, K. (1975): Zur Problematik des Messens in den Sozialwissenschaften, Stuttgart, S. 113 ff. sowie ZIMMERMANN, H.J. (1981): Zum Nutzen empirischer Untersuchungen für normative Modelle, in: WITTE, E. (Hrsg.): Der praktische Nutzen empirischer Forschung, Tübingen, S. 287 ff. sowie die dort jeweils angegebene Literatur.

[3] Vgl. NIESCHLAG, R.; DICHTL, E.; HÖRSCHGEN, H. (1991): Marketing, 16. Aufl., Berlin, S. 681 f. sowie ATTESLANDER, P. ET AL. (1991): Methoden der empirischen Sozialforschung, 6. Aufl., Berlin, S. 339-345.

[4] Vgl. z.B. HENTSCHEL, B. (1992): a.a.O., S. 94-102 sowie im Anschluß an die Beschreibung der jeweiligen Modelle BÜKER, B. (1991): a.a.O., S. 46 ff.

[5] Vgl. Kapitel B.1.2

Da die Operationalisierungsansätze von den Eigenschaften der Dienstleistung ausgehen, soll ihre Beurteilung zunächst an den Leistungsmerkmalen der Komplexität ansetzen. Darüber hinaus ist jedoch auch zu untersuchen, inwieweit die Persönlichkeitsmerkmale Berücksichtigung finden.

2.1 Dienstleistungsqualitätsmodell von DONABEDIAN

2.11 Darstellung der Modellparameter

DONABEDIAN[1] unterscheidet am Beispiel medizinischer Versorgung bei der
Qualität von Dienstleistungen drei Qualitätsdimensionen, die sich an den
Phasen des Dienstleistungserstellungsprozesses orientieren.

Die **Strukturqualität** ist durch relativ dauerhafte Ausstattungsmerkmale,
wie z.b. finanzielle Ressourcen, Anzahl und Qualifikation des Personals,
organisatorische Abläufe und Erreichbarkeit für die Kunden gekennzeichnet. In Abhängigkeit davon, ob diese einzelnen Merkmale als gesamtquali-
tätsfördernd oder -hemmend betrachtet werden, werden ihr Vorhandensein bzw. ihre Ausprägung positiv oder negativ beurteilt. Entsprechend
wahrgenommene Zusammenhänge geben demnach Aufschlüsse hinsichtlich der Gestaltung und Steuerung der Qualität. Dennoch kann die Strukturqualität nur tendenzielle Hinweise auf die Gesamtqualität geben, da über
den Zusammenhang zwischen Struktur und Prozeß bzw. Ergebnis der
Dienstleistung keine konkreten Aussagen gemacht werden können. Die
Struktur kann daher insofern als ein indirektes Maß für die Qualität einer
Dienstleistung betrachtet werden, als eine qualitativ positiv zu bewertende
Grundausstattung als Voraussetzung für gute Qualität insgesamt angesehen
werden kann.[2] Gleichwohl bietet die Ausstattung dem Dienstleistungsanbieter die größte Möglichkeit, den Qualitätsstandard seiner Leistung zu hal-
ten oder auszubauen.

Als Dienstleistungsergebnis bezeichnet man die (beabsichtigte) Veränderung des Zustands des externen Faktors. Bezogen auf das gewählte medizinische Beispiel bedeutet dies in erster Linie die Änderung des Gesundheits-

---

1 Vgl. zu den folgenden Ausführungen DONABEDIAN, A. (1980): Explorations in Quality
Assessment and Monitoring, Bd. 1: The Definition of Quality and Approaches to Its Assess-
ment, Ann Arbor (MI), S. 79 ff. Der Operationalisierungsansatz kann im Prinzip als das
›Urmodell‹ der Dienstleistungsqualität bezeichnet werden und ist nicht zuletzt aufgrund
seiner Einfachheit von verschiedenen Autoren aufgegriffen worden. Vgl. bspw. STIFF, R.;
GLEASON, S.E. (1981): a.a.O., S. 79 sowie MEYER, A. (1992): a.a.O., S. 26.

2 Ausstattungsmerkmale können im Beispiel von DONABEDIAN dann direkte Auswirkungen
auf die Qualität haben, wenn es nicht um die Qualität der ärztlichen Versorgung, sondern
bspw. um die Beurteilung der gesamten medizinischen Einrichtung geht, vgl. DONABE-
DIAN, A. (1980): a.a.O., S. 82.

zustandes des Patienten, aber möglicherweise auch die Erweiterung seines medizinischen Wissens.[1] Die **Ergebnisqualität** betrachtet DONABEDIAN entgegen anderen Auffassungen, welche in der Änderung des Gesundheitszustandes eines Patienten das Hauptmerkmal der Dienstleistungsqualität sehen, ebenfalls als indirekten Qualitätsindikator. Zur Begründung dieser Position verweist er auf externe, intervenierende Faktoren, die Einfluß auf das Ergebnis nehmen können, so daß der Zusammenhang zwischen der medizinischen Pflege und dem Ergebnis nicht eindeutig bestimmt werden kann.[2]

Die **Prozeßqualität**, welche sich auf die Aktivitäten während der Dienstleistungserstellung bezieht, hat daher nach DONABEDIAN als einzige Dimension direkte Wirkung auf das Gesamtqualitätsurteil. Dies hängt damit zusammen, daß das Vorhandensein von Handlungen, deren Ergebniswirkung als positiv bzw. negativ erachtet wird, maßgebenden Einfluß auf das Qualitätsurteil hat.[3]

Gerade im Hinblick auf medizinische Versorgungsleistungen ist die Betonung der Prozeßqualität jedoch zu hinterfragen, da viele Aktivitäten von den Patienten nicht beurteilt werden können. Demnach wird sich das Qualitätsempfinden entweder verstärkt an den Ausstattungsmerkmalen, welche als extrinsische Qualitätsindikatoren herangezogen werden können, oder am Ergebnis, d.h. an der Änderung des Gesundheitszustandes, orientieren. Daher soll auf eine entsprechende Bewertung der Dienstleistungselemente hinsichtlich ihres Einflusses auf die Dienstleistungsqualität verzichtet werden.

Zusammenfassend unterstellt DONABEDIAN einen funktionalen Zusammenhang zwischen Struktur, Prozeß und Ergebnis, welcher in Abbildung 6 wiedergegeben wird. In Anbetracht seiner eigenen Argumentation und mangels empirischer Beweise ist ein solcher Zusammenhang jedoch kritisch zu hinterfragen.

[1] STIFF, GLEASON beziehen auch die Zufriedenheit des Konsumenten und sein daraus resultierendes Beschwerdeverhalten in das Dienstleistungsergebnis mit ein, vgl. STIFF, R.; GLEASON, S.E. (1981): a.a.O., S. 79. Geht man jedoch von der These aus, daß die Zufriedenheit ebenfalls aus dem Vergleich zwischen erwarteter und erhaltener Leistung resultiert und daß das Qualitätsempfinden somit die Zufriedenheit mit einer Leistung nachhaltig beeinflußt, so scheint diese Vorgehensweise nicht sinnvoll zu sein. Vgl. SMITH, R.A.; HOUSTON, M.J. (1983): Skript-based Evaluations of Satisfaction with Services, in: BERRY, L.L.; SHOSTACK, G.L.; UPAH, G.D. (Hrsg.): Emerging Perspectives on Services Marketing, AMA Proceedings, Chicago (IL), S. 59.

[2] Vgl. DONABEDIAN, A. (1980): a.a.O., S. 83.

[3] Vgl. DONABEDIAN, A. (1980): a.a.O., S. 83. Dabei ist es unerheblich, ob die einzelne Handlung einen tatsächlichen Beitrag zur Änderung des externen Faktors leistet, vgl. S. 80.

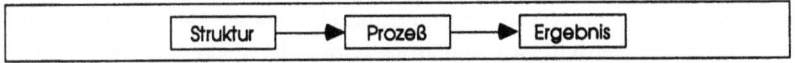

Abb. 6:   Qualitätsdimensionen nach DONABEDIAN und deren funktionaler Zusammenhang

Die besondere Bedeutung dieses Ansatzes ist aus diesem Grund darin zu sehen, daß die einzelnen Prozeßphasen der Dienstleistungserstellung explizit in das Modell einbezogen werden. Dadurch wird deutlich, daß die Qualitätswahrnehmung nicht allein auf das Ergebnis der erbrachten Leistung zurückzuführen ist, sondern darüber hinaus durch strukturelle Ausstattungsmerkmale und den Erstellungsprozeß als solchen beeinflußt wird.

2.12 Würdigung im Hinblick auf komplexe Dienstleistungen

Das Modell von DONABEDIAN stellt allein auf die Leistung an sich ab, wobei der besondere Schwerpunkt auf der Prozeßdimension liegt. Die Leistungsmerkmale, die die Komplexität beeinflussen, werden zwar nicht explizit als eigenständige Qualitätsdimensionen erfaßt. Gleichwohl ist der Ansatz grundsätzlich auf Dienstleistungen übertragbar, deren Komplexität sich über diese Leistungsmerkmale definiert. So können durch Multipersonalität gekennzeichnete Dienstleistungen sowohl anhand der Struktur- als auch der Prozeßdimension beurteilt werden. Auch die Qualität heterogener oder individueller Leistungen kann über diese Dimensionen und darüber hinaus über das Ergebnis der Leistungserstellung wahrgenommen werden. Demgegenüber lassen sich Dienstleistungen, die sich durch eine hohe Anzahl an Teilleistungen oder ihre Länge auszeichnen, überwiegend aufgrund ihrer Prozeß- und bedingt auf der Basis der Ergebnisqualität bewerten.

Im Hinblick auf die Anzahl und Unterschiedlichkeit der einzelnen Leistungen erscheint die Erweiterung dieses Ansatzes durch BIRKELBACH[1] um die Dimension des Leistungsumfangs, welche Angebotsbreite und -tiefe der Leistung beinhaltet, sinnvoll zu sein. Unter Berücksichtigung einer entsprechenden Modifikation ist dieser Modellansatz daher durchaus geeignet, die Qualität komplexer Dienstleistungen zu erfassen. Dafür spricht auch die Wahl der medizinischen Versorgung als Untersuchungsobjekt, da sich diese in Abhängigkeit von dem wahrgenommenen Risiko für den Patienten als sehr komplex erweisen kann. Insgesamt werden jedoch die Persönlichkeitsmerkmale der Verbraucher, die die Wahrnehmung der Komplexität beeinflussen, vernachlässigt. Eine Übertragung des Modells auf Dienstlei-

---

[1] Vgl. BIRKELBACH, R. (1993): Qualitätsmanagement in Dienstleistungscentern, Diss., Schriften zu Marketing und Management, hrsg. von MEFFERT, H., Bd. 20, Frankfurt, S. 32 ff. Da die untersuchten Dienstleistungszentren als geeignete Beispiele für komplexe Dienstleistungen angesehen werden können, ist diesem Ansatz ein entsprechendes Gewicht beizumessen.

stungen, welche vom Nachfrager aufgrund eben dieser Merkmale als komplex betrachtet werden, ist somit trotz seiner allgemein gehaltenen Form nicht sinnvoll.

Hinzu kommt, daß das Modell in Anlehnung an die Phasen der Dienstleistungserstellung sehr einfach gehalten ist, so daß eine differenzierte Bestimmung der Qualitätsdimensionen und eine darauf aufbauende Messung der Dienstleistungsqualität nicht möglich ist. Aus diesem Grund soll dieses Modell an dieser Stelle nicht weiter betrachtet werden.

2.2 Dienstleistungsqualitätsmodell von GRÖNROOS

2.21 Darstellung der Modellparameter

Ausgangspunkte des Modells von GRÖNROOS[1] sind zum einen die Frage, wie der Konsument die Qualität einer Dienstleistung wahrnimmt, und zum anderen, welche Faktoren die Qualität beeinflussen.

Hinsichtlich der Qualitätswahrnehmung orientiert sich GRÖNROOS an der allgemeinen Literatur zum Käuferverhalten und zur Dienstleistungsqualität. Entsprechend einer Vielzahl auf den Erkenntnissen der Käuferverhaltensforschung basierender Untersuchungen zum Dienstleistungsmarketing und zur Dienstleistungsqualität[2] bezeichnet er die **wahrgenommene Qua**-

---

1 Vgl. GRÖNROOS, C. (1982): a.a.O., S. 57 ff.; GRÖNROOS, C. (1984): A Service Quality Model and its Marketing Implications, in: European Journal of Marketing, 18. Jg., Nr. 4, S. 36 ff. sowie GRÖNROOS, C. (1990): Service Management and Marketing. Managing the Moments of Truth in Service Competition, Lexington (MA), S. 36 ff.

2 Vgl. CRAVENS, D.W.; DIELMAN, T.E.; HARRINGTON, C.K. (1985): Using Buyers' Perceptions of Service Quality to Guide Strategy Development, in: LUSCH, R.F. ET AL. (Hrsg.): 1985 AMA Educators' Proceedings, Chicago (IL), S. 297; ERNENPUTSCH, M.A. (1986): Theoretische und empirische Untersuchungen zum Beschaffungsprozess von konsumtiven Dienstleistungen, Diss., Bochum, S. 174 ff.; HAYNES, R.M.; DUVALL, P.K. (1992): Service Quality Management: A Process-control Approach, in: IJSIM, 3. Jg., Nr. 1, S. 16; LETHINEN, J.R. (1991): Service Quality: Multidisciplinary and Multinational Perspectives, in: BROWN, S.W. ET AL. (Hrsg.): Service Quality. Multidisciplinary and Multinational Perspectives, Lexington (MA), S. 135; LEWIS, R.C.; BOOMS, B.H. (1983): a.a.O., S. 99; LYTH, D.M.; JOHNSTON, R. (1988): A Framework for Designing Quality into Service Operations, in: JOHNSTON, R. (Hrsg.): The Management of Service Operations, OMA Proceedings, Berlin, S. 228; MANGOLD, W.G.; BABAKUS, E. (1991): Service Quality: The Front-Stage vs. the Back-Stage Perspective, in: The Journal of Services Marketing, 5. Jg., Nr. 4, S. 61; SENIOR, M.; AKEHURST, G. (1991): The Development of Budget/Economy Hotels in the United Kingdom, in: BROWN, S.W. ET AL. (Hrsg.): Service Quality. Multidisciplinary and Multinational Perspectives, Lexington (MA), S. 102 und S. 104; SILVESTRO, R. ET AL. (1990): Quality Measurement in Service Industries, in: IJSIM, 1. Jg., Nr. 2, S. 54. Zum Einfluß von Bedürfnissen, Erfahrungen und der Marktkommunikation des Anbieters auf die Erwartungen vgl. WEBSTER, C. (1991): Influences Upon Consumer Expectations of Services, in: The Journal of Services Marketing, 5. Jg., Nr. 1, S. 6 f.

lität als Resultat des Vergleichs von **erwarteter** und tatsächlich **erhaltener Leistung.**

Die Erwartungen des Konsumenten werden dabei von traditionellen Marketingaktivitäten des Anbieters, Traditionen und Ideologien, der Mund-zu-Mund-Kommunikation sowie von den eigenen Erfahrungen beeinflußt. Die Wahrnehmung der erhaltenen Leistung hängt hingegen maßgeblich vom Grad des Involvement des Konsumenten ab. Die Anzahl der zur Beurteilung der erhaltenen Leistung herangezogenen Determinanten, die die Qualität bestimmen und wiederum von dem Dienstleistungsunternehmen beeinflußbar sind, ist abhängig von dem Aktivitätsgrad der Konsumenten während der Leistungserstellung.

Diese Beurteilungskomponenten können in eine **technische** und eine **funktionale Qualitätsdimension** unterteilt werden. Erstere kann mit dem Leistungsergebnis verglichen werden und ist somit Antwort auf die Frage, ›was‹ der Konsument erhält. Als Beispiele hierfür werden technische Lösungen, Know-how, maschinelle Fertigkeiten sowie Computersysteme genannt, deren objektive Beurteilung durchaus möglich ist. Demgegenüber beeinflussen auch Art und Weise der Dienstleistungsdarbietung das Qualitätsurteil der Konsumenten. Die funktionale Dimension steht demnach für die Frage des ›Wie‹ und ist stark von der subjektiven Empfindung geprägt. Beispiele hierfür sind Benehmen und Erscheinungsbild des Personals, das Betriebsklima, die Kundenorientierung sowie die Erreichbarkeit des Unternehmens für den Konsumenten.[1]

Hinsichtlich der Wichtigkeit dieser Dimensionen kann festgestellt werden, daß die funktionale Qualität gegenüber der technischen eine größere Bedeutung für das Gesamtqualitätsurteil bzw. die Zufriedenheit des Konsumenten besitzt, wobei ein adäquates Niveau der technischen Qualität eine notwendige Voraussetzung für die Zufriedenheit darstellt. Im Extremfall kann eine überdurchschnittlich gute funktionelle Qualität Mängel in der technischen Qualität kompensieren.[2]

---

1 Vgl. GRÖNROOS, C. (1985): Internal Marketing – Theory and Praxis, in: BLOCH, T.M.; UPAH, G.D.; ZEITHAML. V.A. (Hrsg.): Services Marketing in a Changing Environment, AMA Proceedings, Chicago (IL), S. 41. Zu einer Erweiterung dieser Dimensionen durch Berücksichtigung der technischen und funktionalen Qualität des Nachfragers vgl. KELLEY, S.W.; DONNELLY, J.H.; SKINNER, S.J. (1990): Customer Participation in Service Production and Delivery, in: Journal of Retailing, 66. Jg., Nr. 3, S. 317.

2 Vgl. GRÖNROOS, C. (1984): a.a.O., S. 41 f.

Dritter Bestandteil des Qualitätsmodells ist das **Image**[1] des Dienstleistungs-anbieters.[2] Es fungiert zum einen als Filter hinsichtlich der Wahrnehmung der Qualitätskomponenten und ist somit selbst Qualitätsdimension bzw. Bestandteil der wahrgenommenen Qualität. Dabei ist zu beachten, daß die Erwartungen des Verbrauchers hinsichtlich einer Leistung nicht nur durch das Bild des gewählten Anbieters bestimmt werden, sondern ebenfalls durch das Image anderer Anbieter. Dies gilt auch für den Fall, daß der Kunde über keinerlei Erfahrungen mit einem Anbieter verfügt.[3] Zum anderen stellt das Image eine Funktion der funktionalen und technischen Qualität dar, d.h. die Ausprägung dieser Dimensionen beeinflußt das Bild, welches sich der Konsument (im Zeitablauf) vom Dienstleistungsanbieter macht.

Das Image wird aber auch durch externe Faktoren sowie durch traditionelle Marketingaktivitäten beeinflußt. Zu den externen Faktoren wird neben Traditionen und Ideologien auch die Mund-zu-Mund-Kommunikation gezählt. Ihnen wird das größte Gewicht hinsichtlich der Imagebildung beigemessen. Marketingaktivitäten – speziell in Form der Marktkommunikation – erscheinen hingegen nur dann sinnvoll und erfolgversprechend zu sein, wenn es darum geht, neuen Zielgruppen das Unternehmensbild zu kommunizieren bzw. bestehende Kundengruppen über das gegenwärtige, reale Image zu informieren, soweit dieses von dem früheren abweicht.

Die drei Elemente des Qualitätsmodells von GRÖNROOS sind in Abbildung 7 zusammengefaßt. Dabei wird auch deutlich, daß sich das Qualitätsurteil

---

[1] Unter dem Begriff ›Image‹ faßt man die Summe der Einstellungswerte eines Individuums gegenüber einem Objekt zusammen. Vgl. MEFFERT, H. (1992): a.a.O., S. 55. Unter ›Einstellungen‹ versteht man die Prädisposition einer Person, auf bestimmte Stimuli konsistent positiv oder negativ zu reagieren. Sie sind das Ergebnis der subjektiv wahrgenommenen Eignung eines Gegenstandes, bestimmte Bedürfnisse zu befriedigen. In dem Einstellungsbegriff enthalten sind somit die Zielvorstellungen und Erwartungen des Konsumenten, welche ihrerseits seine Erwartungen bzw. sein Anspruchsniveau zum Ausdruck bringen. Vgl. MEFFERT, H. (1992): a.a.O., S. 55 und KROEBER-RIEL, W. (1992): a.a.O., S. 162 und 413. Dieses wird im Einstellungsmodell von TROMMSDORFF besonders deutlich, indem die tatsächlich wahrgenommenen Eigenschaften den Idealvorstellungen bzw. Erwartungen hinsichtlich eines Objektes gegenübergestellt werden, vgl. TROMMSDORFF, V. (1989): a.a.O., S. 126.

[2] Auch GILLETT hat im Rahmen seiner Analyse der Zufriedenheit die Bedeutung des Image herausgearbeitet und betrachtet daher Zufriedenheit nicht nur als Diskrepanz zwischen erwarteter und erhaltener Leistung, sondern fügt dieser Differenz die Ausprägung des Image des Anbieters hinzu, vgl. GILLETT, T.F. (1986): New Ways of Understanding Consumer's Service Needs, in: VENKATESAN, M.; SCHMALENSEE, D.M.; MARSHALL, C. (Hrsg.): Creativity in Services Marketing: What's New, What Works, What's Developing, Chicago (IL), S. 33.

[3] Vgl. CLOW, K.E.; VORHIES, D.W. (1993): Building a Competition Advantage for Service Firms – Measurement of Consumer Expectations of Service Quality, in: Journal of Services Marketing, 7. Jg., Nr. 1, S. 24.

bei Dienstleistungen nicht allein auf das Ergebnis beschränkt, sondern auch
Ausstattungs- und Prozeßmerkmale einbezieht.

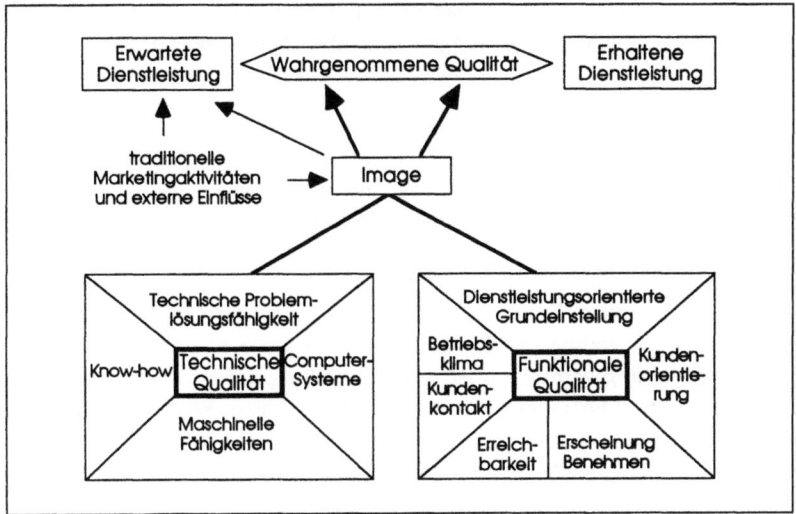

Abb. 7:   Qualitätsmodell von GRÖNROOS
           Quelle: GRÖNROOS, C. (1982): a.a.O., S. 79 (eigene Übersetzung).

2.22 Würdigung im Hinblick auf komplexe Dienstleistungen

Die Leistungsmerkmale, welche die Komplexität einer Leistung beeinflussen, finden im Modell von GRÖNROOS keine direkte Berücksichtigung.
Dennoch kann es insofern auf komplexe Dienstleistungen angewandt
werden, als die Qualitätsdimensionen zumindest indirekt deren Besonderheiten abbilden:

Die Qualität einer Dienstleistung, welche aufgrund der Anzahl oder Heterogenität ihrer Teilleistungen als komplex empfunden wird, kann bspw. anhand der technischen Problemlösungsfähigkeit oder des Know-hows des
Anbieters beurteilt werden. Die Qualitätswahrnehmung einer aufgrund
ihrer Individualität komplexen Dienstleistung kann darüber hinaus auch
durch funktionale Qualitätsmerkmale, insbesondere die Kundenorientierung und den Kontaktstil, beeinflußt werden. Auch Dienstleistungen, die
sich durch das Komplexitätsmerkmal der Multipersonalität auszeichnen,
können anhand technischer und funktionaler Qualitätsmerkmale beurteilt
werden. Ausgenommen sind in diesem Fall jedoch solche Dienstleistungen, die durch den Kontakt zwischen einzelnen Leistungsnachfragern gekennzeichnet sind.

Personale Merkmale werden ebenfalls nicht direkt in die Betrachtung ein-
geschlossen, obwohl GRÖNROOS die Perspektive der Konsumenten bezüglich der Beurteilung der Qualität als Ausgangspunkt seiner Überlegungen
wählt. Sie erhalten nur mittelbar über die Erwartungen und Wahrnehmungen hinsichtlich der Leistungen und über das Image Eingang in das
Modell.

Versteht man unter den Erwartungen das Anspruchsniveau des Konsumenten in bezug auf eine Leistung, so beinhaltet dieses den Konflikt zwischen dem Anstreben eines Erfolges und dem Vermeiden eines Mißer-
folges.[1] Inwieweit jedoch die Inanspruchnahme einer Dienstleistung mit
Erfolg oder Mißerfolg verbunden wird, hängt davon ab, wie wichtig das Ergebnis für die Persönlichkeit des Konsumenten ist bzw. wie hoch das Risiko
wahrgenommen wird. Dabei kann man davon ausgehen, daß ein hohes Involvement bzw. wahrgenommenes Risiko mit einer entsprechend hohen
Erwartungshaltung verbunden ist. Die Beurteilung der erhaltenen Leistung
basiert auf dem zugrundeliegenden Anspruchsniveau. Wichtig ist hierbei,
daß die Erwartungen des Konsumenten in einem sinnvollen Zusammenhang mit den Möglichkeiten und Fähigkeiten des Dienstleistungsanbieters
und seiner eigenen Person stehen. Wird das angestrebte Ziel vom Nachfrager bewußt zu hoch gesteckt, führt dieses bei Unterschreitung nicht zu
Unzufriedenheit bzw. zu einem negativen Qualitätsurteil, vielmehr
kommt es zu einer Anpassung des Anspruchsniveaus. Damit muß jedoch
nicht eine Reduzierung des Involvement oder des wahrgenommenen Risikos verbunden sein.

Darüber hinaus wirken die Persönlichkeitsmerkmale der wahrgenommenen Komplexität insofern direkt auf die Intensität der Leistungswahrnehmung, als das Ergebnis der Leistung von großer Wichtigkeit und somit die
Aufmerksamkeit im Sinne von Wahrnehmungsbereitschaft bzw. -aktivität
erhöht ist.[2] Nach dem Prinzip der oben dargestellten Zusammenhänge
wird auch das Image als weiteres zentrales Element des Modells durch das
Involvement beeinflußt. Dieses geschieht – wenn auch nur indirekt – über
die Erwartungsbildung.

Zusammenfassend läßt sich festhalten, daß eine Anwendung des Modells
von GRÖNROOS auf komplexe Dienstleistungen durchaus möglich ist, auch
wenn kein Komplexitätsmerkmal in den Qualitätsdimensionen direkte
Berücksichtigung findet.

---

[1] Vgl. KROEBER-RIEL, W. (1992): a.a.O., S. 412.

[2] Vgl. GRÖNROOS, C. (1982): a.a.O., S. 59.

2.3 Dienstleistungsqualitätsmodell von MEYER und MATTMÜLLER

2.31 Darstellung der Modellparameter

MEYER und MATTMÜLLER[1] versuchen in ihrem Modell, die Grundgedanken von DONABEDIAN und GRÖNROOS miteinander zu verknüpfen.

Dem Ansatz von DONABEDIAN folgend differenzieren sie zwischen der Potential-, der Prozeß- und der Ergebnisqualität. Hinsichtlich der **Potential-qualität** unterscheiden die Autoren zwischen dem Potential des Dienstleistungsanbieters und des -nachfragers.[2] Ersteres wird durch die Leistungsfähigkeiten der in den Erstellungsprozeß integrierten Mitarbeiter und der sie unterstützenden materiellen Ausstattung bestimmt. Es läßt sich abermals in die Teilbereiche Spezifizierungspotential, im Sinne der Fähigkeit, individuelle und spezifizierte Problemlösungen anzubieten, und Kontaktpotential, im Sinne positiver oder negativer Einflüsse der mit dem Nachfrager in Kontakt tretenden internen Faktoren, untergliedern. Entsprechend wird bei der Potentialqualität der Nachfrager zwischen Integrations- und Interaktivitätspotentialen unterschieden. Erstere spiegeln die beim Konsumenten vorhandene Grundeinstellung wider, also seine generelle physische, intellektuelle oder emotionale Bereitschaft und Fähigkeit, sich in den Dienstleistungserstellungsprozeß einzubringen. Den Interaktivitätspotentialen werden die möglichen Auswirkungen von Kontakten und Interaktionen zwischen unterschiedlichen Kunden auf die Dienstleistungsqualität zugerechnet. Diese können ebenfalls sowohl in physischer als auch intellektueller sowie emotionaler Form wirksam werden.

Die **Prozeßqualität** ist das Ergebnis des Aufeinandertreffens und Interagierens von Anbieter und Nachfrager und somit abhängig von den jeweiligen Potentialen.

Die **Ergebnisqualität** kann in ein prozessuales Endergebnis, im Sinne einer zeitpunktorientierten Ergebnisbetrachtung, und die Folgequalität, im Sinne einer zeitraumorientierten Betrachtung, untergliedert werden.

Sämtlichen Subqualitäten gemeinsam ist ihr im Kern geteiltes Wesen. Diese Zweiteilung orientiert sich an den Teilqualitäten im Ansatz von GRÖNROOS und unterscheidet entsprechend danach, ›was‹ der Nachfrager erhält und ›wie‹ dies geschieht. Allein im Rahmen der Folgequalität ist der

---

[1] Vgl. MEYER, A.; MATTMÜLLER, R. (1987): Qualität von Dienstleistungen. Entwurf eines praxisorientierten Qualitätsmodells, in: Marketing ZFP, 9. Jg., Nr. 3, S. 191 ff.

[2] Eine empirische Anwendung dieses Qualitätsmodells wird insbesondere durch die fehlende weitere Konkretisierung der Subpotentiale erschwert.

Dienstleistungsanbieter nicht in der Lage, das ›Wie‹ direkt in seinem Sinne zu beeinflussen.

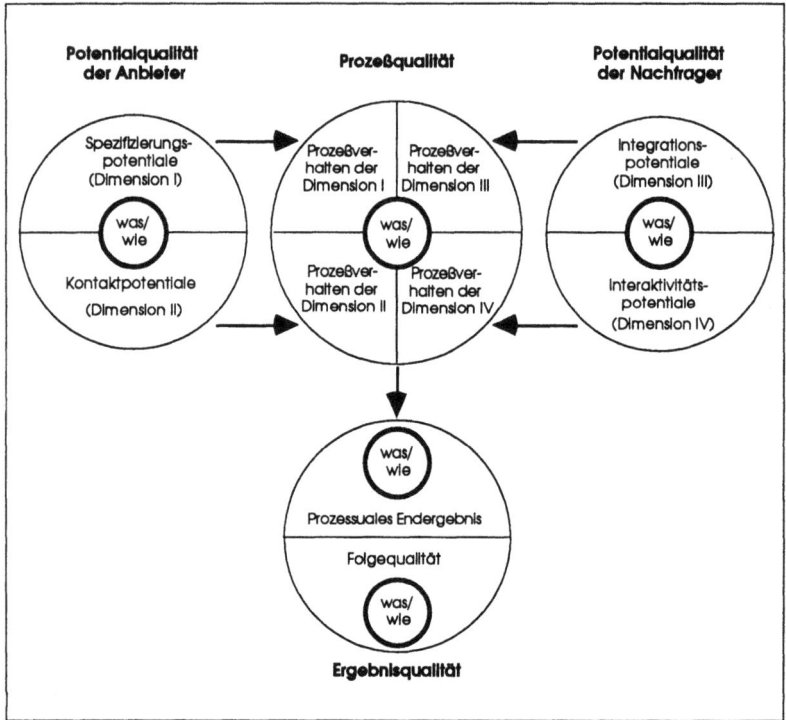

Abb. 8: Dienstleistungsqualitätsmodell von MEYER und MATTMÜLLER
Quelle: MEYER, A., MATTMÜLLER, R. (1987): a.a.O., S. 192.

Ferner unterstellen die Autoren, daß die Dienstleistungsqualität zum einen davon abhängt, welchen Stellenwert die Prozeß- gegenüber den Ergebnismerkmalen der erbrachten Leistung für den Konsumenten haben. Zum anderen wird sie durch die Ausgestaltung der dienstleistungsspezifischen Marketingdimensionen[1] substantiell beeinflußt.

Die Beziehung zwischen den Subqualitäten und die sie jeweils beeinflussenden Dimensionen werden in Abbildung 8 zusammenfassend dargestellt. Dabei wird deutlich, daß MEYER und MATTMÜLLER ebenso wie DONABEDIAN eine kausale Beziehung zwischen den Teilqualitäten unterstellen. Gleich-

---

[1] Vgl. MEYER, A. (1992): a.a.O., S. 77 ff. Unter Dimension I versteht MEYER die Individualisierung der Faktorkombination, unter Dimension II die marketingorientierte Ausrichtung der internen Kontaktfaktoren. Dimension III beinhaltet die Integration des externen Faktors und Dimension IV die Interaktivität zwischen den externen Faktoren.

wohl ist ihnen bewußt, daß eine Verknüpfung dieser Art nicht generell gegeben sein muß.[1]

2.32 Würdigung im Hinblick auf komplexe Dienstleistungen

Die Leistungsmerkmale der Komplexität werden in dem Ansatz von MEYER und MATTMÜLLER nur teilweise berücksichtigt:

Die Dimension der Multipersonalität findet direkten Eingang in das Modell. So werden die Kontakte zwischen dem Nachfrager und dem Personal des Anbieters als Bestandteil der Potentialqualität des Anbieters im Rahmen der Kontaktpotentiale erfaßt, welche wiederum maßgeblich die Prozeßqualität beeinflussen. Das Zusammentreffen mit anderen Konsumenten vor, während oder nach der Leistungsinanspruchnahme und die damit verbundene Mund-zu-Mund-Kommunikation, welche ebenfalls bezeichnend für die Multipersonalität einer Dienstleistung sind, werden durch die Interaktionspotentiale als Teil der Potentialqualität des Nachfragers berücksichtigt.[2] Die Individualität der Leistungen wird im Prinzip nur mittelbar erfaßt, indem sie als eine Folge der Spezifizierungspotentiale des Anbieters bezeichnet wird. Sie beeinflußt somit die Potentialqualität des Anbieters. Geht man davon aus, daß das Leistungsangebot des Anbieters durch seine personelle und technische Ausstattung bestimmt wird, so kann dieses den Spezifizierungspotentialen auf seiten des Anbieters zugerechnet werden. Insofern läßt sich auch die Qualität heterogener Dienstleistungen nur indirekt über diese Dimension abbilden. Dienstleistungen, deren Komplexität aus der Anzahl ihrer Teilleistungen resultiert, können jedoch nicht auf der Basis dieser Qualitätsdimension beurteilt werden, da die Spezifizierungspotentiale des Anbieters nicht durch die Kapazität im Sinne der quantitativen, sondern vielmehr der qualitativen Ausstattung bestimmt werden. Die Länge der Teilleistungen findet ebenfalls durch keine Qualitätsdimension Berücksichtigung.[3]

Durch die konsequente Berücksichtigung der Konsumenten und ihrer Einflüsse auf die Dienstleistungsqualität im Modell von MEYER und MATT-

---

1 Vgl. MEYER, A.; MATTMÜLLER, R. (1987): a.a.O., S. 191

2 Hierbei ist allerdings eine leicht veränderte Perspektive zu berücksichtigen. Während im Rahmen der Komplexitätsbetrachtung der Einfluß der Kontakte mit anderen Konsumenten auf die Qualitätswahrnehmung des Nachfragers herausgestellt worden ist, betonen MEYER und MATTMÜLLER den Einfluß der Interaktionen zwischen Konsumenten auf das Integrationsverhalten des Nachfragers und somit auf die Qualität an sich.

3 Die Länge findet allenfalls dadurch Berücksichtigung, daß sie in Verbindung mit einer prozeßdominanten Qualitätsbeurteilung seitens des Nachfragers Einfluß auf die Gewichtung der Subqualitäten hat. Vgl. auch CORSTEN, H. (1986): a.a.O., S. 28.

MÜLLER scheint die Einordnung der Persönlichkeitsmerkmale in dieses Modell möglich zu sein. Dieses kann jedoch auch hier nur implizit erfolgen, obgleich die Autoren selbst auf die situationsabhängige Bedeutung der Subqualitäten für die Verbraucher verweisen, welche z.b. durch den Grad des Involvement bzw. die Höhe des wahrgenommenen Risikos beeinflußt werden kann.[1] Bei der konkreten Beschreibung der Subqualitäten und der sie beeinflussenden Faktoren werden diese Merkmale jedoch nicht berücksichtigt. Sie wirken allenfalls indirekt auf die Grundeinstellungen der Nachfrager hinsichtlich ihrer Fähigkeit und Bereitschaft, an der Dienstleistungserstellung teilzunehmen. So können bspw. ein hohes wahrgenommenes Risiko und ein damit verbundenes bzw. daraus resultierendes mangelndes Selbstvertrauen des Konsumenten zu einer negativen Beeinflussung seines Integrationspotentials beitragen. Der Imagefilter, welchem im Modell von GRÖNROOS besondere Bedeutung beigemessen wird, wird von MEYER und MATTMÜLLER nicht ausdrücklich in das Modell aufgenommen, wenngleich auch sie die Auffassung vertreten, daß dieser hinsichtlich der Qualitätswahrnehmung eine entscheidende Rolle spielt.[2] Dadurch lassen sich die Persönlichkeitsmerkmale über diese Größe nicht in das Modell einbeziehen.

Zusammenfassend kann festgestellt werden, daß dem Modell von MEYER und MATTMÜLLER nicht alle Dimensionen, die zur Charakterisierung komplexer Dienstleistungen abgeleitet worden sind, unterzuordnen sind. Dabei sind es vornehmlich die Persönlichkeitsmerkmale, die in diesem Ansatz keine Berücksichtigung finden. Hinsichtlich der Leistungsmerkmale bietet das Modell insofern Vorteile, als es einen Teil der Dimensionen direkt abbildet. Neben ferner indirekt einzuordnenden Faktoren bleiben jedoch Anzahl der Teilleistung und Länge der Erstellungsepisoden gänzlich außerhalb der Betrachtung.

2.4 Dienstleistungsqualitätsmodell von CORSTEN

2.41 Darstellung der Modellparameter

CORSTEN[3] nimmt die Informationsarmut von Dienstleistungen, welche aus deren Immaterialität resultiert, als Ausgangspunkt seiner Überlegungen.

Nach Auffassung des Autors existiert aufgrund der inter- und intraindividuellen Schwankungen sowohl auf seiten des Anbieters als auch des Nach-

---

[1] Vgl. MEYER, A.; MATTMÜLLER, R. (1987): a.a.O., S. 191.

[2] Vgl. MEYER, A.; MATTMÜLLER, R. (1987): a.a.O., S. 194.

[3] Vgl. CORSTEN, H. (1986): a.a.O., S. 24 ff.

fragers keine Konstanz und somit objektive Beurteilungsmöglichkeit der Dienstleistungsqualität. Die Qualität ist vielmehr von der **Fähigkeit** und der **Bereitschaft der interagierenden Personen** abhängig.

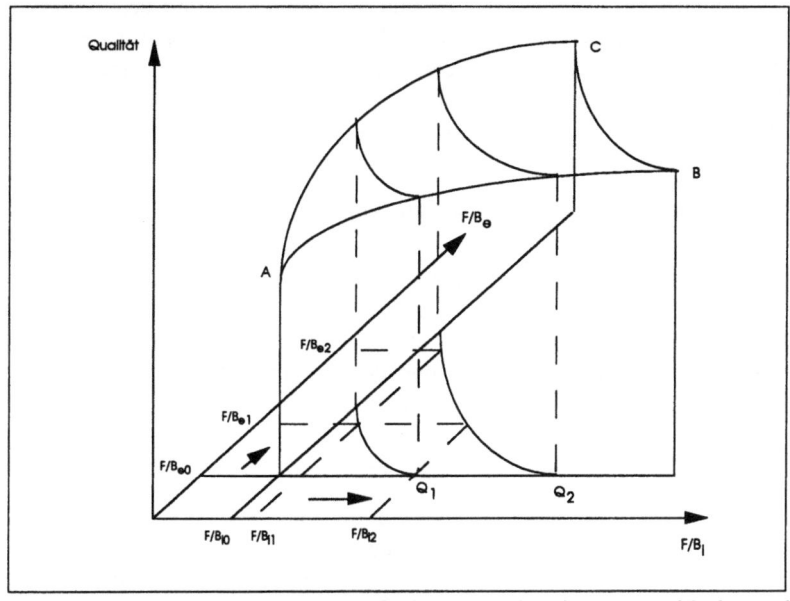

Abb. 9: Darstellung der Substitutionsmöglichkeiten zwischen der Leistungsfähigkeit und -bereitschaft bei internen und externen Faktoren
Quelle: CORSTEN, H. (1986): a.a.O., S. 26.

In einem dreidimensionalen Substitutionsraum versucht CORSTEN, diesen Zusammenhang aufzuzeigen. Danach kann ein bestimmtes Qualitätsniveau durch unterschiedliche Bereitschaften und Fähigkeiten auf seiten des Anbieters und des Nachfragers realisiert werden, wobei ein Mindestniveau an Bereitschaft und Fähigkeit auf beiden Seiten unterstellt wird. In Abbildung 9 werden die Substitionsmöglichkeiten zwischen den ›Fähigkeiten und Bereitschaften des Anbieters‹ (F/B_i) und den ›Fähigkeiten und Bereitschaften des Nachfragers‹ (F/B_e) bezüglich der Qualität (Q) von Dienstleistungen veranschaulicht. Dabei wird zum einen deutlich, daß z.B. das Qualitätsniveau Q_2 sowohl durch Kombination von F/B_{i2} mit F/B_{e1} als auch von F/B_{i1} mit F/B_{e2} realisiert werden kann. Es besteht somit für den Dienstleistungsanbieter die Möglichkeit, Schwächen auf seiten des Nachfragers durch Erhöhung seiner eigenen Bereitschaft bzw. Fähigkeit in gewissen Grenzen auszugleichen, d.h. für Nachfrager mit verschiedenen Fähigkeiten und Bereitschaften qualitativ gleichwertige Leistungen zu erbringen. Zum anderen wird aufgezeigt, daß das Niveau der Fähigkeit und Bereitschaft des

Anbieters in Abhängigkeit von der Fähigkeit und Bereitschaft des Nachfragers zu unterschiedlichen Qualitätsausprägungen führen kann (und umgekehrt).

Das Modell greift allein auf den Einfluß der Fähigkeiten und Bereitschaften der Anbieter und Nachfrager auf die Qualität der Dienstleistung zurück. Andere Faktoren, die in den Erstellungsprozeß eingebracht werden oder diesen indirekt beeinflussen, finden dagegen keine Berücksichtigung. Im weiteren hat CORSTEN daher versucht, die Dienstleistungsqualität und ihre Einflußfaktoren differenzierter zu untersuchen.[1]

Dabei unterscheidet er neben den Teilqualitäten der **Ergebnisqualität**[2], welche er aus dem Sachgüterbereich ableitet, die speziell auf Dienstleistungen bezogene **Verrichtungsqualität**. Diese wird direkt durch die Fähigkeiten und die Bereitschaft des Nachfragers beeinflußt. Da die Fähigkeit und Bereitschaft des Anbieters aufgrund der allgemein mit Dienstleistungen verbundenen Informationsarmut durch den Nachfrager nicht beurteilt werden kann, muß der Einfluß des Anbieters auf die Verrichtungsqualität anhand externer Hilfsgrößen, wie z.B. technische Ausstattungsmerkmale oder andere Einsatzpotentiale, abgeleitet werden.

Daneben ist die Verrichtungsqualität von der Integration der Potentiale des Anbieters und des Nachfragers abhängig. Sie wird zum einen bestimmt durch die Integrationsdauer, welche in Abhängigkeit von der Bedeutung der Prozeßdimension für den Verbraucher zu betrachten ist. Zum anderen wirkt sich der Integrationszeitpunkt, insbesondere hinsichtlich der Terminplanung und der damit für den Nachfrager unter Umständen verbundenen Wartezeiten, auf die Verrichtungsqualität aus. Letztlich ist die Art der Interaktion zwischen Anbieter und Nachfrager entscheidend für die Wahrnehmung der Verrichtungsqualität. Sie wird sowohl durch sprachliche als auch nicht-sprachliche Merkmale bestimmt. Bei kollektiv erbrachten Dienstleistungen spielt die Interaktivität zwischen den gleichzeitig anwesenden Nachfragern eine zusätzliche Rolle im Hinblick auf die Qualitätsbeurteilung.

---

1 Vgl. auch zum folgenden CORSTEN, H. (1986): a.a.O., S. 27 ff.; CORSTEN, H. (1988a): Betriebswirtschaftslehre der Dienstleistungsunternehmungen, München, S. 116 f.; CORSTEN, H. (1988b): Dienstleistungen in produktionstheoretischer Interpretation, in: WISU, 17. Jg., Nr. 2, S. 85 sowie LEHMANN, A. (1989): a.a.O., S. 49.

2 Zu den Subqualitäten der Ergebnisqualität vgl. CORSTEN, H.; MEIER, B. (1984): Verbraucherinformation als zentrales Instrument der Verbraucherpolitik unter besonderer Berücksichtigung der Qualitätsbeurteilung, in: Jahrbuch der Absatz- und Verbrauchsforschung, 30. Jg., Nr. 1, S. 8.

In Verbindung mit dem Substitutionsmodell folgt daraus, daß der Leistungsanbieter aufgrund der Integration des externen Faktors nicht in der Lage ist, das Qualitätsniveau selbständig festzulegen und zu realisieren. Vielmehr muß er neben den Leistungsschwankungen, welche inter- und intraindividuell unter seinen Mitarbeitern auftreten können, die unterschiedlichen Fähigkeiten und Bereitschaften der Nachfrager berücksichtigen. Entsprechend ist der Umfang der Aktivitäten, die im Rahmen der Leistungserstellung auf den Nachfrager übertragen werden können, stets neu festzulegen.

Diese Zusammenhänge und die Beziehung zwischen Verrichtungs- und Ergebnisqualität werden in Abbildung 10 schematisch wiedergegeben.

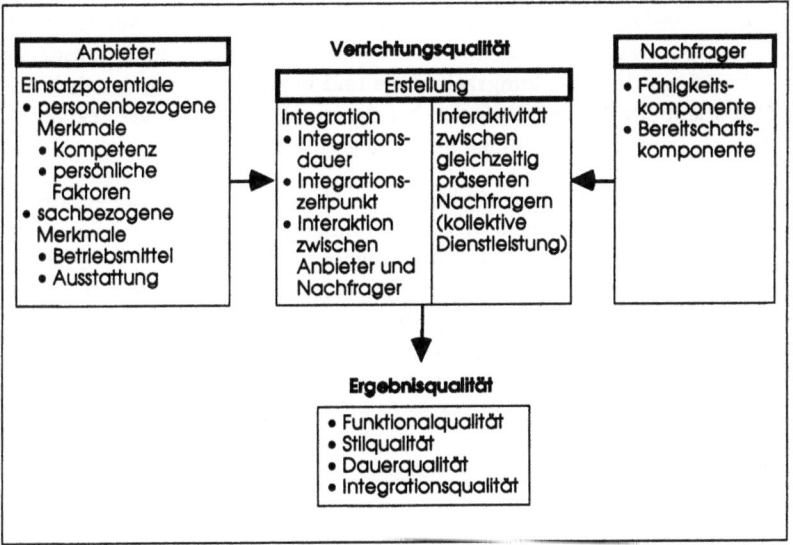

Abb. 10: Modell der Dienstleistungsqualität von CORSTEN
Quelle: in Anlehnung an CORSTEN, H. (1988): a.a.O., S. 116.

2.42 Würdigung im Hinblick auf komplexe Dienstleistungen

Überträgt man das Modell von Corsten auf Dienstleistungen, die aufgrund ihrer Leistungsmerkmale als komplex zu bezeichnen sind, so läßt sich feststellen, daß diese Komplexitätsmerkmale zum Teil direkt und zum Teil indirekt im Rahmen der Qualitätsdimensionen aufgegriffen werden.

Die Qualität von Dienstleistungen, welche sich durch die Zahl und Unterschiedlichkeit ihrer Teilleistungen oder ihre Individualität auszeichnen, kann indirekt auf der Grundlage der Einsatzpotentiale des Anbieters beurteilt werden. Grundlage hierfür ist die Annahme, daß die Fähigkeiten und die Bereitschaft des Dienstleistungsanbieters zur Erstellung einer Leistung unter anderem von seiner personellen und technischen Ausstattung abhängen, wodurch die Verrichtungsqualität beeinflußt wird.

Dagegen findet die Länge der Erstellungsepisode als Merkmal der Komplexität zum einen über den Aspekt des Integrationszeitpunktes und der Integrationsdauer im Rahmen der Verrichtungsqualität und zum anderen innerhalb der Dauerqualität als Teil der Ergebnisqualität unmittelbaren Eingang in das Modell. Hinsichtlich des Integrationszeitpunktes geht es vorwiegend darum, die negativen Folgen einer mangelhaften terminlichen Abstimmung und der daraus resultierenden Wartezeiten zu vermeiden. Insofern wird der Dauerqualität nicht nur die Länge der tatsächlichen Leistung zugerechnet, sondern auch die damit unter Umständen verbundenen Wartezeiten. Dagegen konzentriert sich der Aspekt der Integrationsdauer auf die Länge des Erstellungszeitraums und bezieht sich vornehmlich auf prozeßorientierte Dienstleistungen, bei denen der Verrichtungs- gegenüber der Ergebnisqualität vorrangige Bedeutung zukommt.

Die Multipersonalität als Merkmal komplexer Dienstleistungen findet ebenfalls über die Dimension der Verrichtungsqualität direkten Eingang in das Modell. Zum einen wird zur Beschreibung der Verrichtungsqualität auf die Interaktion zwischen Anbieter und Nachfrager im Rahmen der Integration der anbieter- und nachfragerbezogenen Potentiale verwiesen. Diese beinhaltet sprachliche und nichtsprachliche Elemente der Interaktion sowie die Bereitschaft der einzelnen Mitarbeiter, sich für die Belange und Wünsche der Kunden einzusetzen. Dieser letzte Aspekt ist insbesondere für die Beurteilung der Qualität komplexer Dienstleistungen von Bedeutung. Zum anderen wird die Interaktivität zwischen einzelnen Nachfragern berücksichtigt. Die Argumentation von CORSTEN beschränkt sich zwar in diesem Fall auf kollektive Dienstleistungen, die sich durch die gleichzeitige Präsenz verschiedener Nachfrager und Interaktionen während der Verrichtung auszeichnen.[1] Dadurch finden Kontakte zwischen Nachfragern individueller Dienstleistungen insbesondere vor der Leistungsinanspruchnahme keine Berücksichtigung. Gleichwohl können sie im Rahmen einer Modifizierung bzw. erweiterten Auslegung des Modells diesem ebenfalls zugeordnet werden.

Hinsichtlich der Persönlichkeitsmerkmale zeichnet sich das Modell von CORSTEN dadurch aus, daß diese mit Blick auf die Fähigkeiten und Bereit-

---

[1] Als Beispiele für kollektive Dienstleistungen seien Unterrichtsseminare oder Theaterinszenierungen genannt.

schaft des Anbieters sowie des Nachfragers den Ausgangspunkt der Überlegungen darstellen. Dabei werden zwar die Komplexitätsmerkmale nicht unmittelbar in entsprechenden Qualitätsdimensionen berücksichtigt. Es besteht jedoch die Möglichkeit, diese der Fähigkeits- und Bereitschaftskomponente zuzuordnen. Denn sowohl die Höhe des wahrgenommenen Risikos als auch des Involvement beeinflussen die Ausprägung beider Komponenten.

Geht man bspw. davon aus, daß bei einem Nachfrager mit hohem Involvement das Wissen hinsichtlich des Ablaufs der Dienstleistungserstellung aufgrund einer breiteren Informationsbasis umfassender ausfällt, so ergibt sich daraus als Konsequenz, daß er hinsichtlich der Anforderungen an seine eigene Person im Rahmen des Erstellungsprozesses genauere Vorstellungen besitzt. Unterstellt man eine generelle Eignung des Konsumenten für die Teilnahme an der Dienstleistungserstellung, so folgt daraus, daß dadurch sein Fähigkeitspotential unter Berücksichtigung seiner individuellen Möglichkeiten positiv beeinflußt wird. Je nachdem wie das Wissen um die Dienstleistung seine Erwartungen beeinflußt, verhält sich die Bereitschaft des Kunden, aktiv und unterstützend an der Erstellung teilzunehmen. Diese hängt unter anderem davon ab, ob er von der Notwendigkeit seiner Teilnahme hinsichtlich des Gelingens überzeugt ist oder ob er vielmehr davon ausgeht, der Anbieter müsse selber in der Lage sein, eine vernünftige Leistung zu erbringen.

Hinsichtlich der Wirkung des wahrgenommenen Risikos können ähnliche Zusammenhänge abgeleitet werden. Bezogen auf die Fähigkeitskomponente kann eine wechselseitige Beziehung festgestellt werden. Zum einen gelten die Aussagen zum Involvement entsprechend. Zum anderen kann jedoch die Einschätzung der eigenen Fähigkeiten im Hinblick auf die jeweilige Dienstleistung dazu beitragen, das wahrgenommene Risiko des Konsumenten zu erhöhen. Damit zusammenhängend kann es ferner zu einer Beeinflussung der Bereitschaftskomponente in dem Sinne kommen, daß die Bereitschaft entweder als Folge mangelnder Fähigkeiten entsprechend gering oder aber mit dem Ziel der Risikoreduktion besonders hoch ausfällt.

Insgesamt zeigt sich, daß das Modell von CORSTEN relativ gut geeignet ist, die Qualität komplexer Dienstleistungen zu erfassen, da die Leistungsdimensionen der Komplexität weitgehend Berücksichtigung finden. Durch die ausdrückliche Einbeziehung der Potentiale des Nachfragers als Einflußfaktor auf die Verrichtungsqualität werden auch die Persönlichkeitsmerkmale zumindest mittelbar in die Betrachtung einbezogen.

2.5 Dienstleistungsqualitätsmodell von BRANDT bzw. BERRY

2.51 Darstellung der Modellparameter

BRANDT[1] unterscheidet in seinem Modell zwischen Minimal- und Werterhöhungskomponenten der Dienstleistung.[2] Diese Dimensionen sind mit den Routine- und Ausnahmekomponenten im Modell von BERRY[3] weitgehend gleichzusetzen.

Die **Minimalkomponenten** umfassen die Merkmale einer Dienstleistung, welche darauf ausgerichtet sind, die Basiserwartungen, d.h. die Mindestanforderungen der Konsumenten zu erfüllen. Das Vorhandensein dieser Merkmale wird von den Kunden nicht als positiv wahrgenommen, ihr Fehlen führt dagegen zu einer negativen Beurteilung der Leistung. Die **Ausnahmekomponenten** haben demgegenüber werterhöhenden Charakter, da sie als besondere Zusatzleistungen über die Erwartungen der Kunden hinausgehen. Ihr Auftreten in für den Nachfrager kritischen Situationen bewirkt eine entsprechend positive Qualitätsbeurteilung und trägt zu einer Erhöhung seiner Zufriedenheit bei.[4]

Als Beispiel für die Unterscheidung von Routine- und Ausnahmekomponenten sei eine Autoinspektion genannt. Die fachgerechte Durchführung derselben wird von dem Kunden erwartet und als selbstverständlich angesehen. Die fehlerhafte Reparatur aufgetretener Mängel würde somit zu einer negativen Qualitätsbeurteilung führen. Positiv würde sich jedoch bspw. die kostenlose Zurverfügungstellung eines Leihwagens für die Zeit der Inspektion auf das Qualitätserleben des Nachfragers auswirken.[5] Die

---

[1] Vgl. BRANDT, D.R. (1987): A Procedure for Identifying Value-Enhancing Service Components Using Customer Satisfaction Survey Data, in: SURPRENANT, C.F. (Hrsg.): Add Value to Your Service: the Key to Success, AMA Proceedings, Chicago (IL), S. 61 ff. sowie BRANDT, D.R. (1988): How Service Marketers Can Identify Value-Enhancing Service Elements, in: Journal of Services Marketing, 2. Jg., Nr. 3, S. 35 f.

[2] Ferner kann eine sog. »hybride« Komponente identifiziert werden. Darunter fallen solche Elemente. die je nachdem ob sie die Kundenerwartungen unter- oder überschreiten zu Zufriedenheit oder Unzufriedenheit führen. Vgl. BRANDT, D.R. (1988): a.a.O., S. 36.

[3] Vgl. BERRY, L.L. (1986): Big Ideas in Services Marketing, in: VENKATESAN, M.; SCHMALENSEE, D.M.; MARSHALL, C. (Hrsg.): Creativity in Services Marketing: What's New, What Works, What's Developing, AMA Proceedings, Chicago (IL), S. 7.

[4] Unter einer kritischen Situation ist in diesem Zusammenhang bspw. ein für den Konsumenten unverhofft auftretendes Problem zu verstehen, welches er selbst nicht lösen kann, und dessen Lösung er aber auch dem Anbieter nicht zutraut. Ist dieser dennoch in der Lage zu helfen, so stellt diese Fähigkeit für den Kunden eine Ausnahmekomponente dar.

[5] Vgl. auch CINA, C. (1989): Creating an Effective Customer Satisfaction Program, in: The Journal of Services Marketing, 3. Jg., Nr. 1, S. 6 f. Auf den gleichen Grundgedanken stützt sich BLEUEL, wenn er behauptet, daß Zufriedenheit nicht das einfache Gegenteil von

Unterscheidung zwischen Minimal- und Ausnahmekomponenten wird dabei von den Erfahrungen des Verbrauchers mit bereits genutzten Leistungen des Anbieters oder anderer Dienstleistungsunternehmen bestimmt, da diese seine Erwartungen maßgeblich beeinflussen.[1]

Ausnahmekomponenten können als Grundlage einer erfolgreichen Qualitätsstrategie betrachtet werden. Die damit verbundenen Voraussetzungen beim Dienstleistungsanbieter sind jedoch vielfältiger Natur. Erforderlich ist z.B. genügend und qualifiziertes Personal, welches über die Autorität verfügen muß, Probleme sofort und eigenständig lösen zu können. Damit verbunden ist eine langfristige, gewinnorientierte Unternehmensphilosophie, welche das Qualitätsprinzip fest in der Unternehmenskultur verankert.[2] Ein genereller Nachteil dieses Modells liegt jedoch in der mangelnden Beständigkeit der Qualitätsdimensionen. So können sich Ausnahmekomponenten im Laufe der Zeit aufgrund wachsender Erwartungen oder technischer Entwicklungen zu Routinekomponenten entwickeln.[3]

2.52 Würdigung im Hinblick auf komplexe Dienstleistungen

Das Modell von BRANDT bzw. BERRY ist so allgemein gehalten, daß es im Prinzip auf jede Dienstleistungsart anwendbar ist. Jedoch wird keines der Komplexitätsmerkmale direkt in den Ansatz aufgenommen. Dennoch kann hinsichtlich der Berücksichtigung der einzelnen Merkmale Stellung genommen werden. Ausgangspunkt hierfür ist die Annahme von BERRY, daß die Erwartungen des Konsumenten bezüglich der Lösung eines unver-

---

Unzufriedenheit ist. Vielmehr geht er davon aus, daß Zufriedenheit und Unzufriedenheit durch die jeweilige Verfassung des Konsumenten, vor allem jedoch durch unterschiedliche Elemente bzw. Eigenschaften beeinflußt werden. Sie bilden somit die Endpunkte eines bipolaren Kontinuums, welche durch die sogenannte ›Zone of Uncertainty‹ getrennt werden, vgl. BLEUEL, B. (1990): Customer Dissatisfaction and the Zone of Uncertainty, in: The Journal of Services Marketing, 4. Jg., Nr. 1, S. 50 f. und BITNER, M.J.; BOOMS, B.H.; TETREAULT, M.S. (1990): The Service Encounter: Diagnosing Favorable and Unfavorable Incidents, in: Journal of Marketing, 54. Jg., Nr. 1, S. 81.

1 Vgl. CADOTTE, E.R.; WOODRUFF, R.B.; JENKINS, R.L. (1987): Expectations and Norms in Models of Consumer Satisfaction, in: Journal of Marketing Research, 24. Jg., Nr. 8, S. 306 ff.

2 Vgl. CINA, C. (1989) a.a.O., S. 7; BERRY, L.L. (1986): a.a.O., S. 7; CINA, C. (1990): Five Steps to Service Excellence, in: The Journal of Services Marketing, 4. Jg., Nr. 2, S. 46 sowie CHASE, R.B.; BOWEN, D.E. (1991): Service Quality and the Service Delivery System, in: BROWN, S.W. ET AL. (Hrsg.): Service Quality. Multidisciplinary and Multinational Perspectives, Lexington (MA), S. 165. Gleichzeitig wird auch die stark kundenorientierte Betrachtungsweise deutlich, denn Leistungen, die dem Kunden außerordentlich erscheinen, können für den Anbieter normale Routineleistungen darstellen. Vgl. BITNER, M.J.; BOOMS, B.H.; TETREAULT, M.S. (1990): a.a.O., S. 75.

3 Vgl. BERRY, L.L.; PARASURAMAN, A. (1992): Service-Marketing, Frankfurt, S. 17; CINA, C. (1989) a.a.O., S. 7 sowie BRANDT, D.R. (1988): a.a.O., S. 40.

hofft auftretenden Problems durch den Dienstleistungsanbieter gering sind. Dadurch besteht für den Dienstleistungsanbieter die Möglichkeit, die Erwartungen des Nachfragers zu übertreffen und somit über Zusatzleistungen Zufriedenheit zu schaffen.[1]

Hinsichtlich der Leistungsmerkmale sind es vor allem die Dimensionen der Multipersonalität und der Individualität der Leistungen, die Einfluß auf die Bewertung der Qualitätskomponenten haben. So kann einerseits angenommen werden, daß häufiger Kontakt mit anderen Nachfragern dazu beiträgt, den Anteil der Routinekomponenten an den gesamten Qualitätskomponenten zu erhöhen. Andererseits kann die Zahl des Personals das Vertrauen des Nachfragers in die Problemlösungskompetenz des Dienstleistungsanbieters und somit ebenfalls den Anteil der Routinekomponenten erhöhen. Die Anzahl und Heterogenität der Teilleistungen können hingegen dazu beitragen, die Zahl der Ausnahmekomponenten zu erhöhen, da der Konsument entweder mit entsprechenden Leistungen nicht rechnet oder aber aufgrund der hohen Anforderungen an das Personal die Problemlösungsfähigkeiten niedriger einstuft. Eine starke Individualisierung des Leistungsangebotes ist ebenfalls geeignet, die Wahrnehmung von Ausnahmeleistungen zu verstärken.

Da sich die Qualitätsdimensionen der Routine- und Ausnahmekomponenten ausschließlich und unmittelbar auf die Dienstleistung beziehen, bleiben Persönlichkeitsmerkmale der Konsumenten unberücksichtigt. Dennoch beeinflussen diese die Wahrnehmung und Identifikation der Qualitätsdimensionen, da sie eng mit der Erwartungsbildung der Konsumenten zusammenhängen. So kann ein hohes wahrgenommenes Risiko auf der einen Seite dazu beitragen, den Nachfrager hinsichtlich der Möglichkeit einer ausreichenden Befriedigung seiner Bedürfnisse zu verunsichern, so daß seine Erwartungen sich auf einem eher niedrigen Niveau befinden und die Leistungen des Anbieters entsprechend als Ausnahmekomponenten wahrgenommen werden. Auf der anderen Seite kann es vor allem in Verbindung mit einem hohen Involvement dazu kommen, daß der Nachfrager auf der Basis eines relativ hohen Informationsstandes ein hohes Erwartungsniveau erreicht, die Dienstleistungsqualität sich für ihn somit überwiegend aus Routinekomponenten zusammensetzt.

Wichtig hinsichtlich der Beurteilung dieses Modells ist, daß die dargelegten Beziehungen zwischen den Qualitätskomponenten und den Komplexitätsdimensionen nicht explizit aufgeführt werden. Eine Anwendung dieses Ansatzes bei komplexen Dienstleistungen würde demnach nicht aufgrund

---

[1] Vgl. BERRY, L.L. (1986): a.a.O., S. 7.

der Berücksichtigung ihrer Besonderheiten, sondern wegen seiner allgemein gehaltenen Form erfolgen, wobei die zeitliche Instabilität der Qualitätskomponenten bei komplexen Dienstleistungen besonders berücksichtigt werden sollte.

2.6 Dienstleistungsqualitätsmodell von ZEITHAML

2.61 Darstellung der Modellparameter

ZEITHAML[1] unterscheidet zwischen Such-, Erfahrungs- und Glaubenskomponenten, um anhand dieser Merkmale die Unterschiede zwischen Sach- und Dienstleistungen zu verdeutlichen.

Unter den **Suchkomponenten** sind die Elemente zusammenzufassen, die dem Konsumenten vor der Leistungsinanspruchnahme zur Beurteilung derselben verfügbar sind. Hierunter fallen z.B. Farbe, Duft, Preis, Stil oder Aussehen eines Gutes. **Erfahrungsmerkmale**, wie z.B. Geschmack oder Pflegebeschaffenheit, zeichnen sich dadurch aus, daß sie dem Konsumenten erst nach dem Kauf, während oder nach der Nutzung der Leistung zugänglich sind.[2] Die **Glaubenskomponente** resultiert aus der mangelnden Fähigkeit der Konsumenten, die Qualität der Leistung sowohl vor als auch nach ihrer Inanspruchnahme zu beurteilen. Als Beispiel hierfür wird eine Blinddarmoperation genannt, bei welcher der Patient im allgemeinen nicht in der Lage ist zu beurteilen, ob diese tatsächlich notwendig war bzw. lege artis durchgeführt worden ist.[3]

Ausgehend von diesen Qualitätskomponenten kommt ZEITHAML zu dem Schluß, daß aufgrund der Besonderheiten von Dienstleistungen der Anteil

---

1 Vgl. ZEITHAML, V.A. (1981): How Consumer Evaluation Processes Differ Between Goods and Services, in: DONNELLY, J.H., GEORGE, W.R. (Hrsg.): Marketing of Services, AMA Proceedings, Chicago (IL), S. 186. Zur empirischen Validierung des Ansatzes vgl. GEVA, A.; GOLDMAN, A. (1989): a.a.O., S. 47 f.

2 Diese beiden Dimensionen basieren auf den Überlegungen von NELSON, welcher zwischen Such- und Erfahrungsgütern bzw. -qualität unterscheidet. Inwieweit ein Produkt mit den jeweiligen Qualitätsmerkmalen ausgestattet ist, hängt von den Kosten ab, die mit der Beschaffung von Informationen über Suchmerkmale verbunden sind. Als Beispiel nennt er Thunfischkonserven, deren Preis so gering ist, daß die Kosten der Beschaffung von Informationen über die Qualität verschiedener Marken im Vergleich zum Probieren der Marken zu hoch sind, vgl. NELSON, P. (1970): Information and Consumer Behavior, in: Journal of Political Economy, 78. Jg., Nr. 2, S. 312 sowie NELSON, P. (1974): Advertising as Information, in: Journal of Political Economy, 82. Jg., Nr. 4, S. 730 ff. Zur Kritik an diesem Ansatz vgl. STEENKAMP, J.B.E.M. (1989): a.a.O., S. 39 ff.

3 Der Begriff der Glaubensqualität stammt von DARBY und KARNI, welche mit dieser Komponente eine Erweiterung des Ansatzes von NELSON vornehmen, vgl. DARBY, M.R.; KARNI, E. (1973): Free Competition and the Optimal Amount of Fraud, in: The Journal of Law and Economics, 16. Jg., Nr. 4, S. 68 ff.

der Suchkomponenten bei diesen geringer, der Anteil der Glaubenskomponenten entsprechend höher ausfällt als bei Sachgütern. (Vgl. Abb. 11)

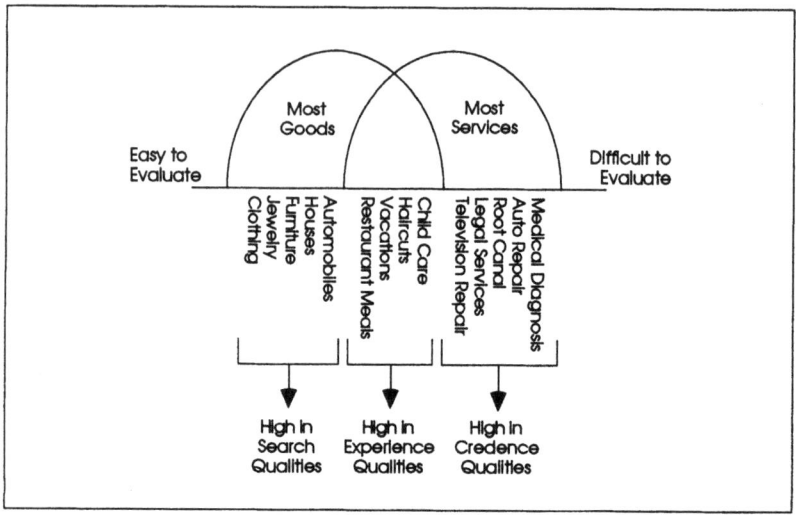

Abb. 11: Merkmale der Beurteilung unterschiedlicher Güter
Quelle: in Anlehnung an ZEITHAML, V.A. (1981): a.a.O., S. 186.

Die Beurteilung der Qualität von Dienstleistungen ist somit im Vergleich
zu Sachgütern erschwert.[1] Daraus leitet ZEITHAML zum einen ab, daß
Dienstleistungskonsumenten ein höheres Risiko wahrnehmen und bevorzugt persönliche Informationsquellen sowie den Preis und Ausstattungsmerkmale zur Beurteilung der Dienstleistung heranziehen. Zum anderen
kommt sie zu dem Schluß, daß Nachfrager markentreuer und damit verbunden weniger aufgeschlossen gegenüber Innovationen sind.

2.62 Würdigung im Hinblick auf komplexe Dienstleistungen

Das Modell von ZEITHAML ist so konzipiert, daß die Unterschiede bei der
Beurteilung von Sachgütern und Dienstleistungen dargelegt werden. Somit
ist es grundsätzlich auch für eine Anwendung auf komplexe Dienstleistungen geeignet. Aufgrund seiner allgemein gehaltenen Form werden daher
jedoch die einzelnen Komplexitätsdimensionen, unabhängig davon, ob sie
leistungs- oder persönlichkeitsbezogen sind, durch den Ansatz nicht direkt
berücksichtigt. Dennoch läßt sich folgendes feststellen:

---

[1] Vgl. auch PARASURAMAN, A.; ZEITHAML, V.A.; BERRY, L.L. (1984): a.a.O., S. 16.

Ihre These, daß sich Dienstleistungen insbesondere durch Glaubens- und Erfahrungskomponenten auszeichnen, begründet ZEITHAML unter anderem damit, daß aufgrund der mangelnden Standardisierbarkeit der Leistung sowie der inter- und intraindividuellen Schwankungen auf seiten des Personals eine im Zeitablauf gleichbleibende Qualität nicht gewährleistet werden kann. Individualität und Multipersonalität (im Sinne der Kontakte mit dem Personal des Anbieters) als Kennzeichen komplexer Dienstleistungen führen entsprechend dazu, den Anteil der Erfahrungsqualitäten zu erhöhen. Ebenso tragen auch Anzahl, Länge und Heterogenität der Leistungen dazu bei, den Anteil der Suchkomponenten zu reduzieren. Gleichzeitig kann der Kontakt mit anderen Nachfragern insbesondere vor der Leistungsinanspruchnahme dazu beitragen, daß die im Rahmen der Mund-zu-Mund-Kommunikation gewonnenen Informationen zu einer Erhöhung der Suchkomponenten führen.

Die Höhe des wahrgenommenen Risikos betrachtet ZEITHAML als Konsequenz der hohen Zahl an Erfahrungs- und Glaubensqualitäten bei Dienstleistungen und somit als allgemein kennzeichnend für diese. Insofern kann diese Dimension in diesem Modell nicht ausschließlich mit komplexen Dienstleistungen in Verbindung gebracht werden.

Insgesamt wird deutlich, daß das Modell zwar auf komplexe Dienstleistungen anzuwenden ist, jedoch ihre Besonderheiten nicht ausdrücklich berücksichtigt. Dieses hängt vor allem damit zusammen, daß auf eine konkrete Beschreibung der Qualitätskomponenten bei den einzelnen Güterarten verzichtet wird, diese vielmehr nur allgemein über das ungefähre anteilmäßige Verhältnis der jeweiligen Komponenten gekennzeichnet werden. Aus diesem Grund scheint eine weitere Auseinandersetzung mit dem Ansatz nicht sinnvoll zu sein.

2.7 Vergleichende Würdigung konzeptioneller Modelle der Dienstleistungsqualität

Im Rahmen einer vergleichenden Beurteilung der Operationalisierungsansätze kann festgestellt werden, daß einige Modelle im Ansatz sehr ähnlich sind, sich jedoch in den konkreten Operationalisierungen voneinander unterscheiden. So liegt den Modellen von DONABEDIAN, MEYER und MATT-MÜLLER sowie CORSTEN das Prozeßschema der Dienstleistungserstellung mit den Elementen der Potentiale, der Verrichtung und des Ergebnisses zugrunde. Während sich DONABEDIAN auf diese allgemein gehaltene Form beschränkt, werden die Ausführungen der anderen Ansätze insbesondere im Hinblick auf die Einbeziehung der Potentiale der Nachfrager konkretisiert. Die Modellansätze von GRÖNROOS, BRANDT und ZEITHAML sind hingegen unabhängig von den Phasen der Erstellung und kommen somit nicht zu einer entsprechenden Unterteilung der Qualitätsdimensionen. Das Modell von ZEITHAML unterscheidet sich ferner dadurch von den anderen Ansätzen, daß es sich vom Aufbau her nicht allein auf Dienstleistungen beschränkt, sondern auch auf Sachleistungen zu übertragen ist.

Da alle vorgestellten Operationalisierungsansätze auf einem relativ hohen Aggregationsniveau angesiedelt sind, kann im Prinzip keinem die Eignung abgesprochen werden, den Besonderheiten komplexer Dienstleistungen Rechnung zu tragen. Gleichwohl hat die Beurteilung der Ansätze deutlich gemacht, inwiefern diese hinsichtlich der Berücksichtigung der Besonderheiten der Komplexität Schwächen aufweisen und somit nur in eingeschränktem Maße anwendbar sind. Insbesondere bei der Einbeziehung von Persönlichkeitsmerkmalen des Nachfragers konnten deutliche Lücken festgestellt werden. Da es dem Anwender der jeweiligen Modelle überlassen bleibt, diese auf die gesamte Leistung oder nur auf Teilleistungen anzuwenden, können der Anzahl und Heterogenität der Teilleistungen im Prinzip durch alle Ansätze Rechnung getragen werden.

Die Ergebnisse der Diskussion, inwieweit die Merkmale komplexer Dienstleistungen in den verschiedenen Modellansätzen Berücksichtigung finden, sind in Abbildung 12 noch einmal zusammenfassend dargestellt.

	DONA-BEDIAN	GRÖN-ROOS	MEYER/MATTMÜLLER	CORSTEN	BRANDT	ZEITHAML
Anzahl	(+)	(+)	–	(+)	O	O
Multi-personalität	(+)	(+)	+	+	O	O
Hetero-genität	(+)	(+)	(+)	(+)	O	O
Länge	(+)	(+)	–	+	–	O
Individualität	(+)	(+)	(+)	(+)	O	O
Wahrgenom-menes Risiko	–	(+)	(+)	(+)	O	–
Involvement	–	(+)	(+)	(+)	O	–

Abb. 12: Beurteilung der Ansätze zur Operationalisierung der Dienstleistungsqualität im Hinblick auf die Berücksichtigung der Besonderheiten komplexer Dienstleistungen (Erklärung: '+' = direkte Berücksichtigung; '–' = keine Berücksichtigung; '(+)' = indirekte Berücksichtigung; 'O' = keine Berücksichtigung, jedoch Einfluß der Besonderheiten auf die abgeleiteten Qualitätsdimensionen)

Im Vergleich zu den bislang diskutierten konzeptionellen Operationalisierungsansätzen soll im folgenden das empirisch fundierte Dienstleistungsqualitätsmodell von ZEITHAML, BERRY und PARASURAMAN vorgestellt und ebenfalls im Hinblick auf die Anwendbarkeit bei komplexen Dienstleistungen überprüft werden.

3. Empirisch fundierbare Modelle zur Operationalisierung der Qualität komplexer Dienstleistungen

3.1 Qualitätsmodell von ZEITHAML, BERRY und PARASURAMAN

3.11 Darstellung der Modellparameter

Dem Modell von ZEITHAML, BERRY und PARASURAMAN[1] liegt eine empirische Untersuchung von Dienstleistungsunternehmen aus vier verschiedenen Branchen zugrunde. Auf der Basis von Gruppengesprächen mit Konsumenten und Tiefeninterviews mit Verantwortlichen der Dienstleistungsunternehmen wurden folgende Fragestellungen untersucht:

- Wie lauten nach Auffassung der Dienstleistungsanbieter die Schlüsselfaktoren der Dienstleistungsqualität?
- Wie lauten nach Auffassung der Kunden die Schlüsselfaktoren der Dienstleistungsqualität?
- Bestehen Diskrepanzen hinsichtlich dieser Auffassungen?

Aufbauend auf den Ergebnissen dieser empirischen Analyse ist der Ausgangspunkt des Modells wie bei GRÖNROOS, daß die wahrgenommene Qualität das Ergebnis des Vergleichs von erwarteter und tatsächlich erhaltener Leistung ist. Die Erwartungen beinhalten im Gegensatz zum Zufriedenheitskonstrukt, welches als Übereinstimmung zwischen Erwartungen und tatsächlicher Bedürfnisbefriedigung definiert wird,[2] nicht die Vorstellung dessen, was der jeweilige Anbieter erbringen werde, sondern vielmehr das, was der Anbieter einer entsprechenden Dienstleistung idealerweise erbringen sollte. Überragende Qualität kann demnach nur dann erzielt werden, wenn die Erwartungen der Verbraucher übertroffen werden.[3]

---

[1] Vgl. zu den folgenden Ausführungen PARASURAMAN, A.; ZEITHAML, V.A.; BERRY, L.L. (1984): a.a.O.; PARASURAMAN, A.; ZEITHAML, V.A.; BERRY, L.L. (1986): a.a.O. sowie ZEITHAML, V.A.; PARASURAMAN, A.; BERRY, L.L. (1992): a.a.O.

[2] Vgl. BRUHN, M. (1982): Konsumentenzufriedenheit und Beschwerdeverhalten, Diss., Schriften zum Marketing, hrsg. von MEFFERT, H., Bd. 4, Frankfurt, S. 2.

[3] Vgl. PARASURAMAN, A.; ZEITHAML, V.A.; BERRY, L.L. (1984): a.a.O., S. 18 f. sowie TEAS, R.K. (1993): Expectations, Performance Evaluation, and Consumers' Perceptions of Quality, in: Journal of Marketing, 57. Jg., Nr. 4, S. 18. In dieser Überlegung spiegelt sich im Prinzip der Ansatz von BRANDT wider, vgl. Kapitel B.2.15.

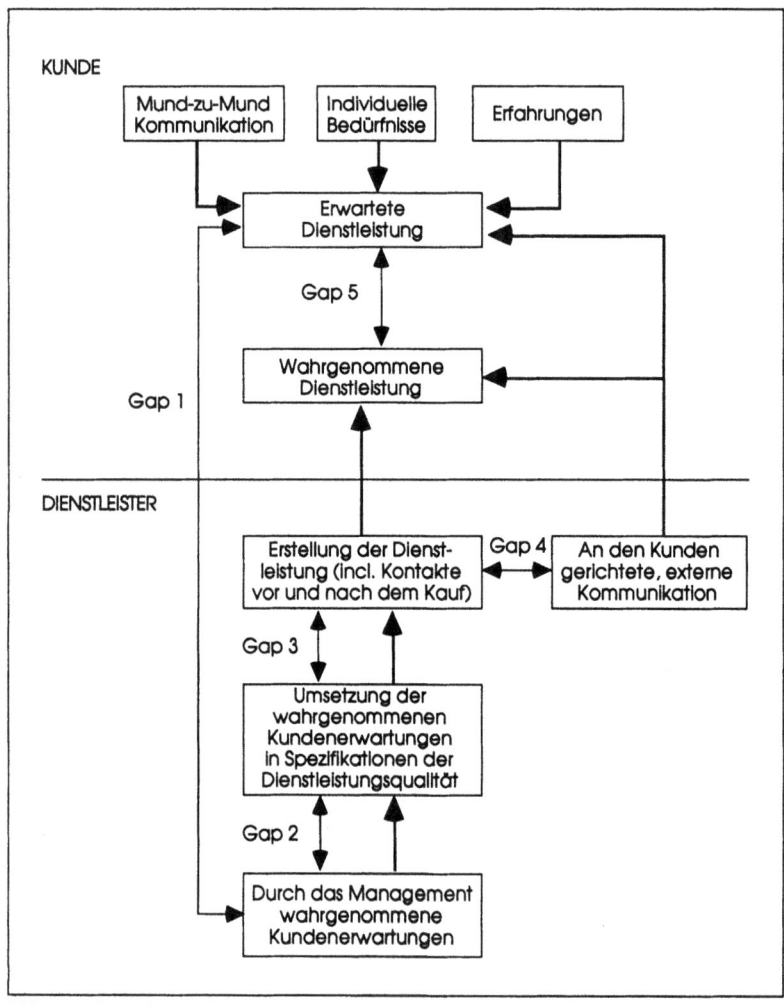

Abb. 13: Dienstleistungsqualitätsmodell von ZEITHAML, BERRY, PARASURAMAN
Quelle: in Anlehnung an PARASURAMAN, A. ET AL. (1984): a.a.O., S. 7.

Die Differenz zwischen erwarteter und wahrgenommener Leistung auf seiten des Konsumenten (Gap 5) kann als das Ergebnis organisatorischer Mängel bzw. Lücken auf seiten des Dienstleistungsanbieters (Gap 1-4) betrachtet werden. Der erste Mangel besteht darin, daß das Management falsche Vorstellungen bezüglich der Kundenerwartungen hat (Gap 1). Die falsche oder ungenaue Umsetzung dieser Wahrnehmungen durch das Management in Qualitätsspezifikationen stellt ebenfalls einen Mangel dar (Gap 2). Werden die Qualitätsspezifikationen von den Mitarbeitern zusätzlich falsch verstanden bzw. fehlerhaft ausgeführt, eröffnet sich eine weitere Lücke (Gap 3). Eine letzte Diskrepanz ergibt sich dadurch, daß die von den Mitarbeitern tatsächlich erstellte Leistung nach außen falsch dargestellt wird (Gap 4). Die an den Kunden gerichtete externe Kommunikation beeinflußt dabei nicht nur die Erwartungen des Kunden, sondern auch seine Wahrnehmung der Dienstleistung. Werden bspw. die in der Kommunikation gemachten Aussagen hinsichtlich der Leistungserstellung durch ihre tatsächliche Durchführung übertroffen, so hat dieses einen positiven Einfluß auf das Qualitätsurteil und umgekehrt.

Mit der ›Mund-zu-Mund-Kommunikation‹[1], ›persönlichen Bedürfnissen‹ und ›Erfahrungen aus der Vergangenheit‹ werden neben der Kommunikation wichtige Determinanten aufgeführt, die die Erwartungen der Verbraucher direkt und somit auch ihre Qualitätswahrnehmung beeinflussen und entsprechend vom Dienstleistungsmanagement zu berücksichtigen sind.[2] Abbildung 13 stellt diese Zusammenhänge schematisch dar.

Dabei wird deutlich, daß sich Gap 1 bis 4 vor allem auf die Gestaltung der Dienstleistungsqualität beziehen, indem aufgezeigt wird, welche Faktoren auf seiten des Dienstleistungsanbieters die Wahrnehmung der Qualität durch die Konsumenten beeinflussen. Da jedoch die Messung der von den Konsumenten wahrgenommenen Qualität Inhalt der vorliegenden Arbeit ist, sollen die auf der Anbieterseite befindlichen Gaps nicht näher betrachtet werden. Der Schwerpunkt des Interesses liegt vielmehr auf Gap 5. Bezüglich der Diskrepanz zwischen erwarteter und erhaltener Dienstleistung wird allerdings nicht deutlich, welche Kriterien der Verbraucher zur Beurteilung der Qualität heranzieht, d.h. welche Dimensionen in den Vergleich von erwarteter und erhaltener Leistung einfließen.

Aufschluß über diese Gap 5 beeinflussenden Größen gab die Auswertung der Gruppengespräche: Als Ergebnis der Befragungen konnten zehn Faktoren identifiziert werden, die in das Qualitätsurteil der Verbraucher einfließen. Die Reihenfolge der in Abbildung 14 dargestellten Determinanten,

---

1 Berücksichtigt man, daß Kunden, die unzufrieden sind, dieses im Durchschnitt ca. zehn Personen mitteilen, so kommt dieser Determinante entsprechende Bedeutung zu. Vgl. BECKER, W.S.; WELLINS, R.S. (1990): Customer-Service Perceptions and Reality, in: Training & Development Journal, o.Jg., Nr. 3, S. 49; HENTSCHEL, B. (1992): a.a.O., S. 208.

2 Zu den möglichen Ursachen für die einzelnen Gaps vgl. ZEITHAML, V.A.; BERRY, L.L.; PARASURAMAN, A. (1988): Communication and Control Processes in the Delivery of Service Quality, in: Journal of Marketing, 52. Jg., Nr. 2, S. 37 ff. Vgl. auch die Verwendung dieses Modells zur Bestimmung der Qualität medizinischer Versorgung bei BAUMGARTEN, S.A.; HENSEL, J.A. (1987): Enhancing the Perceived Quality of Medical Service Delivery Systems, in: SURPRENANT, C.F. (Hrsg.): Add Value to Your Service: the Key to Success, AMA Proceedings, Chicago (IL), S. 105 ff.

welche sich in Anlehnung an das Dienstleistungsqualitätsmodell von ZEIT-
HAML in Such-, Erfahrungs- und Glaubenskomponenten unterteilen lassen,
spiegelt gleichzeitig den Grad der Schwierigkeit ihrer Beurteilung durch die
Konsumenten wider.[1]

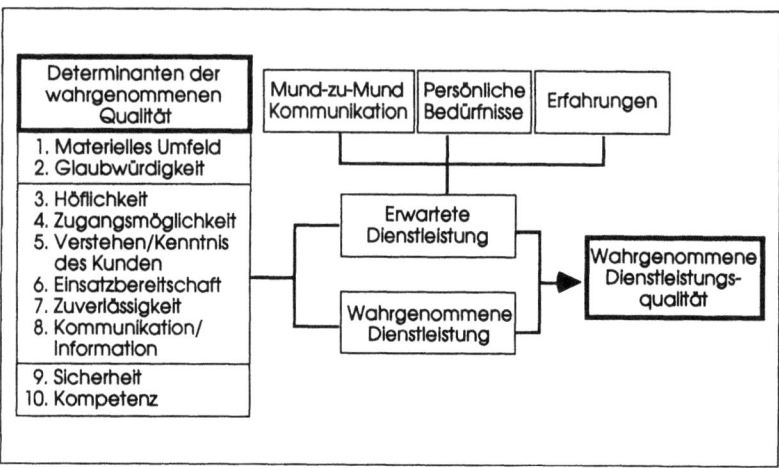

Abb. 14: Determinanten der wahrgenommenen Dienstleistungsqualität
Quelle: in Anlehnung an PARASURAMAN, A. ET AL. (1984): a.a.O., S. 15.

Auf diesen Untersuchungen aufbauend haben ZEITHAML, BERRY und PARA-
SURAMAN das Qualitätsmessungsinstrumentarium SERVQUAL[2] zur Erfassung und Bestimmung der Qualität von Dienstleistungen entwickelt.[3] Der
Ansatz basiert auf einer Befragung von 200 ausgewählten Personen, welche
die Aufgabe hatten, zu 97 Einzelstatements, die die 10 Determinanten reprä-
sentieren, Stellung zu nehmen. Die Statements waren dabei so abgefaßt, daß
sie zum einen die allgemeinen Erwartungen an eine bestimmte Dienstleistung und zum anderen die tatsächliche Einschätzung eines speziellen Anbieters dieser Dienstleistung reflektierten. Im Hinblick auf das Untersu-
chungsdesign unterstellen ZEITHAML, BERRY und PARASURAMAN, daß diese
Qualitätsdimensionen für alle Dienstleistungsunternehmen gleichermaßen

---

[1] Vgl. PARASURAMAN, A.; ZEITHAML, V.A.; BERRY, L.L. (1984): a.a.O., S. 15 ff. sowie
BAUMGARTEN, S.A.; HENSEL, J.A. (1987): a.a.O., S. 108.

[2] Bei dem Namen SERVQUAL handelt es sich um die Abkürzung und Zusammensetzung der
Begriffe >Service< und >Quality<.

[3] Vgl. PARASURAMAN, A.; BERRY, L.L.; ZEITHAML, V.A. (1991b): Understanding, Measu-
ring and Improving Service Quality, in: BROWN, S.W. ET AL. (Hrsg.): Service Quality.
Multidisciplinary and Multinational Perspectives, Lexington (MA), S. 257 ff. sowie
PARASURAMAN, A.; ZEITHAML, V.A.; BERRY, L.L. (1986): a.a.O.

zutreffen.[1] Daher wurden die Einzelstatements im Zuge der Auswertungen branchenübergreifend auf eine Zahl von 22 reduziert. Ferner konnten die abgefragten Statements der wahrgenommenen Dienstleistungsqualität mit Hilfe einer Faktorenanalyse auf die folgenden fünf Qualitätsdimensionen verdichtet werden:[2]

- **Tangibles** — Tangibles Umfeld, d.h. materielle, technische und personelle Ausstattung
- **Reliability** — Verläßlichkeit, d.h. Fähigkeit, die versprochene Leistung zuverlässig und exakt auszuführen
- **Responsiveness** — Reagibilität, d.h. generelle Einsatzbereitschaft, Kunden bei der Dienstleistungsinanspruchnahme zu unterstützen
- **Assurance**[3] — Sicherheit bzw. Glaubwürdigkeit im Sinne von Kompetenz, Höflichkeit und Vertrauenswürdigkeit
- **Empathy**[4] — Kundenverständnis im Sinne von Einfühlungsvermögen und Bereitschaft, auf individuelle Kundenwünsche einzugehen

Während sich ›Reliability‹ vor allem auf das Dienstleistungsergebnis, d.h. die erhaltene Leistung bezieht, stehen die übrigen Dimensionen in engem Zusammenhang mit dem Erstellungsprozeß, d.h. mit der Art und Weise der Dienstleistungserstellung. Dabei konnte festgestellt werden, daß der ergebnisorientierten Größe von den Konsumenten selbst die größte Bedeutung im Rahmen der Qualitätsbeurteilung beigemessen wird. Gleichwohl besteht für den Dienstleistungsanbieter allein über die prozeßdominanten Kriterien die Möglichkeit, die Erwartungen seiner Kunden zu übertreffen und so zu einem positiven Qualitätserlebnis beizutragen.[5]

---

[1] Vgl. PARASURAMAN, A.; ZEITHAML, V.A.; BERRY, L.L. (1986): a.a.O., S. 30.

[2] Vgl. auch BÜKER, B. (1991): a.a.O., S. 63.

[3] Dabei handelt es sich um die Zusammenfassung der Größen Kommunikation/Information, Glaubwürdigkeit, Sicherheit, Kompetenz und Höflichkeit.

[4] Dabei handelt es sich um die Verdichtung der Größen Verstehen/Kenntnis des Kunden und Zugangsmöglichkeit.

[5] Vgl. PARASURAMAN, A.; BERRY, L.L.; ZEITHAML, V.A. (1991a): Understanding Customer Expectations of Service, in: Sloan Management Review, 32. Jg., Nr. 1, S. 41. Diese Trennung der Dimensionen hinsichtlich ihrer Wirkung auf das Qualitätsempfinden der Verbraucher kann mit der Unterscheidung von BRANDT in Routine- und Ausnahmekomponenten verglichen werden, vgl. Kapitel B.2.15.

3.12 Generelle Beurteilung des Modellansatzes

Das SERVQUAL-Modell hat in der Literatur große Beachtung gefunden. Ein Teil der Untersuchungen, die sich am Modellansatz von ZEITHAML, BERRY und PARASURAMAN orientiert haben bzw. diesen zu hinterfragen versuchen, ist jedoch nicht zu einer uneingeschränkten Befürwortung des Modells gekommen. Daher soll im folgenden kurz auf einige dieser Untersuchungen und ihre Hauptkritikpunkte eingegangen werden, da sie unter anderem als Anlaß betrachtet werden können, ein neues Modell zur Bestimmung der Qualität komplexer Dienstleistungen zu entwickeln.

So sehen sich BOUMAN und VAN DER WIELE[1] veranlaßt, den Fragenkatalog so zu modifizieren, daß die Ergebnisse im Hinblick auf die Qualitätssteuerung leichter zu interpretieren sind. Obwohl die revidierten Fragen auf die fünf Qualitätsdimensionen abgestimmt sind, konnten in der anschließenden Auswertung der Befragungen nur noch drei signifikante Qualitätsdimensionen identifiziert werden.

HAYWOOD-FARMER und STUART[2] haben festgestellt, daß bspw. die Verwendung des SERVQUAL-Instruments bei ›Professionell Services‹[3] nicht geeignet ist, da es sich nicht auf die Kern-, sondern auf die Zusatzleistungen konzentriere. Auf der Basis eines ebenfalls modifizierten Fragenkatalogs haben sie acht Qualitätsdimensionen ermittelt, welche jedoch noch weiterer Überprüfungen bedürfen.

RICHARD und ALLAWAY[4] bemängeln insbesondere den prozeßorientierten Charakter des SERVQUAL-Ansatzes und haben aus diesem Grund für ihre weiteren Untersuchungen eine ergebnisbezogene Qualitätsdimension hinzugefügt.

---

[1] Vgl. BOUMAN, M.; WIELE, T. VAN DER (1992): Measuring Service Quality in the Car Service Industry: Building and Testing an Instrument, in: IJSIM, 3. Jg., Nr. 4, S. 6 f. und S. 8 ff. Auch GAGLIANO und HATHCOTE mußten aufgrund fehlender Überschneidungsfreiheit der Dimensionen eine Reduktion der Qualitätsdimensionen vornehmen, vgl. GAGLIANO, K.B.; HATHCOTE, J. (1994): Customer Expectations and Perceptions of Service Quality in Retail Apparel Specialty Stores, in: Journal of Services Marketing, 8. Jg., Nr. 1, S. 63.

[2] Vgl. HAYWOOD-FARMER, J.; STUART, F.I. (1988): Measuring the quality of professional services, in: JOHNSTON, R. (Hrsg.): The Management of Service Operations, OMA Proceedings, Berlin, S. 208. Vgl. auch BROWN, S.W.; SWARTZ, T.A. (1989): A Gap Analysis of Professional Service Quality, in: Journal of Marketing, 53. Jg., Nr. 4, S. 92 ff.

[3] Unter ›Professional Service‹ sind im hiesigen Sprachgebrauch die von freiberuflich Tätigen (z.B. Rechtsanwälte oder Ärzte) angebotenen Dienstleistungen zu verstehen.

[4] Vgl. RICHARD, M.D.; ALLAWAY, A.W. (1993): Service Quality Attributes and Choice Behavior, in: Journal of Services Marketing, 7. Jg., Nr. 1, S. 61 ff. Vgl. auch MANGOLD, W.G.; BABAKUS, E. (1991): a.a.O., S. 61.

CLOW und VORHIES weisen vor allem auf das bei ZEITHAML, BERRY und PARASURAMAN unbeachtete Problem hin, den richtigen Zeitpunkt hinsichtlich der Messung der Erwartungen zu bestimmen, da hiervon das Ausmaß der Diskrepanz zwischen erwarteter und wahrgenommener Leistung maßgeblich beeinflußt wird.[1]

CRAVENS, DIELMAN und HARRINGTON halten es für sinnvoll, nicht nur allgemeine Qualitätsdimensionen in die Betrachtung einzubeziehen, sondern auch situationsspezifische Faktoren zu berücksichtigen. Darüber hinaus befürworten sie eine Klassifizierung der Dienstleistungen – ähnlich der Unterscheidung in Investitions- und Konsumgüter im Sachgüterbereich – und eine entsprechende Berücksichtigung ihrer Besonderheiten bei der Analyse ihrer Qualitätsdimensionen. Zudem halten sie eine Orientierung an der Beurteilung der Qualität eines ›bevorzugten‹ Anbieters im Gegensatz zur Idealqualität auch im Hinblick auf die Beurteilung der Relevanz einzelner Dimensionen für den Nachfrager für sinnvoller.[2]

Im Vergleich zu den genannten Studien, welche sich des Instrumentes SERVQUAL bedient und es mit Blick auf die behandelte Fragestellung modifiziert haben, untersucht CARMAN[3], inwieweit SERVQUAL tatsächlich bei allen Dienstleistungsarten anwendbar ist. In diesem Zusammenhang wurden auch komplexe Dienstleistungen, d.h. Dienstleistungsbündel, die sich durch mehrere Funktionen auszeichnen, explizit berücksichtigt. Als Ergebnis kann festgehalten werden, daß zum einen der Fragenkatalog bei keiner der untersuchten Branchen wörtlich übernommen werden konnte. Zum anderen wurden für komplexe Dienstleistungen am Beispiel eines Krankenhausaufenthaltes zwischen acht und neun Qualitätsdimensionen identifiziert, welche zum Teil mit den einzelnen Teilleistungen der Dienstleistung, mit denen der Nachfrager konfrontiert wird, korrespondieren.

Mit Blick auf die untersuchten Branchen zweifelt HENTSCHEL[4] – neben seiner allgemeinen Kritik am zugrundegelegten Qualitätsbegriff und an der

---

[1] Vgl. CLOW, K.E.; VORHIES, D.W. (1993): a.a.O., S. 25 und 30.

[2] Vgl. CRAVENS, D.W.; DIELMAN, T.E.; HARRINGTON, C.K. (1985): a.a.O., S. 300. Zum letzten Aspekt vgl. auch TEAS, R.K. (1993): a.a.O., S. 20. Hinsichtlich einer Befürwortung des Vergleichs einer Leistung mit dem Idealstandard vgl. hingegen MATTSSON, J. (1990): A Service Quality Model Based on an Ideal Value Standard, in: IJSIM, 3. Jg., Nr. 3, S. 19 ff.

[3] Vgl. CARMAN, J.M. (1990): Consumer Perceptions of Service Quality: An Assessment of the SERVQUAL Dimensions, in: Journal of Retailing, 66. Jg., Nr. 1, S. 43 ff.

[4] Vgl. HENTSCHEL, B. (1990): Die Messung wahrgenommener Dienstleistungsqualität mit SERVQUAL, in: Marketing ZFP, 12. Jg., Nr. 4, S. 232 ff. Vgl. auch BÜKER, B. (1991): a.a.O., S. 69. Der allgemeinen Forderung von BLACKMAN, kleine Anbieter aufgrund ihres hohen Anteils an der Gesamtheit der Dienstleistungsunternehmen bevorzugt in empirische Untersuchungen einzuschließen, ist mit Blick auf die Analyse der Qualität komplexer

konzeptionellen Vorgehensweise – die Sinnhaftigkeit des Allgemeingültig-
keitsanspruchs unter Berücksichtigung der Heterogenität des Dienstleistungssektors an. Seine Bedenken stützt er dabei unter anderem auf die
Auswahl der untersuchten Dienstleistungsbranchen, welche sich durch
eine starke Überrepräsentanz von konsumtiven Dienstleistungen aus dem
Finanzbereich auszeichnet.

CRONIN und TAYLOR[1] gehen davon aus, daß die wahrgenommene Qualität
allein das Ergebnis der Bewertung der dargebrachten Leistung darstellt, d.h.
wie bei den Einstellungsmodellen unabhängig von den Erwartungen ist.
Damit folgen sie der allgemeinen Auffassung, wahrgenommene Qualität
sei ein einstellungsähnliches Konstrukt und kritisieren durch eine Umbe-
nennung von SERVQUAL in SERVPERF die zufriedenheitsorientierte
Vorgehensweise bei ZEITHAML, BERRY und PARASURAMAN.

Trotz der hier aufgeführten Kritik darf nicht übersehen werden, daß es sich
bei dem Modell von ZEITHAML, BERRY und PARASURAMAN um einen geeigneten Ansatz zur Erfassung der Dienstleistungsqualität handelt, da wesentliche Problembereiche im Rahmen der Qualitätsbestimmung bei Dienstleistungen Berücksichtigung finden. Die Vorgehensweise scheint gleichfalls
prinzipiell geeignet zu sein, unter Beachtung branchenspezifischer
Besonderheiten relevante Qualitätsdimensionen zu identifizieren.[2]

Aus diesem Grund und wegen des selbst erhobenen Anspruchs auf Allgemeingültigkeit soll im folgenden Kapitel untersucht werden, inwieweit die
Besonderheiten komplexer Dienstleistungen durch die mit Hilfe des
SERVQUAL-Meßmodells verdichteten Qualitätsdimensionen berücksichtigt werden.

Dienstleistungen nicht zu entsprechen, so daß die Auswahl von ZEITHAML, BERRY und
PARASURAMAN geeignet erscheint, vgl. BLACKMAN, B. (1983): Research Priorities in
Services Marketing: Remember the Little Guy, in: BERRY, L.L.; SHOSTACK, G.L.; UPAH,
G.D. (Hrsg.): Emerging Perspectives on Services Marketing, AMA Proceedings, Chicago
(IL), S. 111 ff.

[1] Vgl. CRONIN, J.J.; TAYLOR, S.A. (1992): Measuring Service Quality: A Reexamination and
Extension, in: Journal of Marketing, 56. Jg., Nr. 3, S. 55 ff. sowie CRONIN, J.J.; TAYLOR, S.A.
(1994): SERVPERF Versus SERVQUAL: Reconciling Performance-Based and Perceptions-
Minus-Expectations Measurement of Service Quality, in: Journal of Marketing, 58. Jg., Nr.
1, S. 125 ff. Die Ergebnisse stützen sich auf statistische Untersuchungen, die auf der Basis
des Fragenkatalogs von ZEITHAML, BERRY und PARASURAMAN durchgeführt worden sind.

[2] Vgl. HENTSCHEL, B. (1990): a.a.O., S. 238.

3.13 Würdigung im Hinblick auf komplexe Dienstleistungen

Versucht man, das Modell von ZEITHAML, BERRY und PARASURAMAN auf Dienstleistungen zu übertragen, die aufgrund ihrer Leistungsmerkmale als komplex wahrgenommen werden, so stellt man fest, daß diesen Besonderheiten komplexer Dienstleistungen nur bedingt Rechnung getragen wird.

Die Folgen, die mit einer hohen Zahl unterschiedlicher Teilleistungen für die Wahrnehmung der Qualität verbunden sind, werden z.B. nicht konkret berücksichtigt. Auch indirekt können Anzahl und Heterogenität der Teilleistungen allenfalls durch die Beurteilung des tangiblen Umfelds und der Kompetenz des Dienstleistungsanbieters abgebildet werden. Über die Qualitätsdimensionen ›Tangibles‹ und ›Assurance‹ kann nämlich auf die Fähigkeit des Anbieters geschlossen werden, in Abhängigkeit von seinen Kapazitäten und Qualifikationen unterschiedliche Teilleistungen zu erstellen. Die Bedeutung der Länge der Dienstleistungserstellung bzw. einer Teilleistung wird dagegen durch keine Qualitätsdimension berücksichtigt.

Anders verhält es sich mit dem Merkmal der Multipersonalität. Der Einfluß des Zusammentreffens mit Außenstehenden bzw. anderen Konsumenten auf die Qualitätswahrnehmung wird zwar auch hier vernachlässigt, dagegen werden Kontakte mit dem Personal des Dienstleistungsanbieters – wenn auch unabhängig von ihrer Anzahl – in mehrfacher Hinsicht berücksichtigt. Zum einen werden sie direkt über die Dimension ›Tangibles‹ erfaßt, da zu dieser neben der technischen und materiellen Ausstattung auch das Personal gezählt wird. Daneben ist die Multipersonalität auch Bestandteil der übrigen Dimensionen, da diese zum großen Teil Merkmale des Personals aufgreifen. Z.B. hängen die Einsatzbereitschaft des Personals ebenso wie die Fähigkeit, eine Leistung zuverlässig auszuführen, von der Zahl und Qualifikation der Mitarbeiter ab. Auf der anderen Seite beeinflussen Glaubwürdigkeit bzw. Sicherheit und das Kundenverständnis die Beurteilung des Personals und tragen somit zur Qualitätswahrnehmung bei.

An dieser Stelle wird jedoch auch noch einmal deutlich, daß die fünf Qualitätsdimensionen von ZEITHAML, BERRY und PARASURAMAN nicht überschneidungsfrei sind und sich somit ihre konkrete Zuordnung auf einzelne Leistungsparameter erschwert.

Schließlich wird die Individualität einer Leistung direkt über die Dimension ›Empathy‹ erfaßt, da diese zum Ausdruck bringt, inwieweit auf seiten des Anbieters die Bereitschaft besteht, auf individuelle Kundenwünsche und -bedürfnisse einzugehen. Somit kann der Ansatz von ZEITHAML,

BERRY und PARASURAMAN auch auf Dienstleistungen übertragen werden, deren wahrgenommene Komplexität eine Folge ihrer Individualität ist.

Dagegen finden die Persönlichkeitsmerkmale, welche zur Beschreibung komplexer Dienstleistungen herangezogen werden können, in den fünf Qualitätsdimensionen keinerlei Berücksichtigung, da diese sich allein an den Merkmalen der Leistung bzw. des Anbieters orientieren.

Insgesamt scheint das Modell von ZEITHAML, BERRY und PARASURAMAN somit nur bedingt geeignet zu sein, die Qualität komplexer Dienstleistungen zu operationalisieren. Im folgenden soll daher ein Ansatz entwickelt werden, der die Schwächen des Qualitätsmodells von ZEITHAML, BERRY und PARASURAMAN ausgleicht, indem speziell die Besonderheiten von komplexen Dienstleistungen berücksichtigt werden, die durch eine hohe Zahl unterschiedlicher Teilleistungen gekennzeichnet sind.

3.2 Teilleistungsbezogenes Modell zur Bestimmung der Dienstleistungsqualität

3.21 Teilleistungsurteile als Grundlage von Gesamtqualitätsurteilen

Im Unterschied zu dem Ansatz von ZEITHAML, BERRY und PARASURAMAN aber auch zu den übrigen dargestellten konzeptionellen Operationalisierungsmodellen bringt das teilleistungsbezogene Modell zum Ausdruck, daß sich das Gesamtqualitätsurteil bei komplexen Dienstleistungen nicht aus mehr oder weniger abstrakten, übergeordneten und somit im Prinzip von der jeweiligen Dienstleistungsart unabhängigen Dimensionen zusammensetzt. Vielmehr wird es durch Einzelurteile gebildet, die sich konkret auf die einzelnen Teilleistungen beziehen.

Eine Befürwortung nicht-leistungsübergreifender Beurteilungskriterien muß jedoch nicht bedeuten, daß die Beurteilung zweier oder mehrerer verschiedener Dienstleistungen nicht unter der Verwendung gleicher Kriterien, also bspw. auf der Basis der Qualitätsdimensionen, wie sie von ZEIT-HAML, BERRY und PARASURAMAN abgeleitet worden sind, entstehen kann.[1] Vielmehr erfolgt die Anwendung der jeweiligen Kriterien unabhängig voneinander. Dieser Zusammenhang soll am Beispiel einer Hoteldienstleistung und der Beurteilung der Teilleistungen ›Restaurant‹ und ›Zimmerservice‹ am Kriterium der ›Freundlichkeit des Personals‹ verdeutlicht werden. In das Gesamturteil der Qualität des Hotels würde entsprechend nicht das über die einzelnen Leistungen aggregierte Kriterium einfließen, son-

---

1 Vgl. hierzu auch die Ausführungen in Kapitel D.

dern unter Berücksichtigung weiterer Qualitätsindikatoren die Teilurteile hinsichtlich der Qualität des Restaurants und des Zimmerservices.

Das teilleistungsbezogene Modell entspricht dem Prinzip der episodischen Informationsverarbeitung.[1] Danach werden kontextabhängige Ereignisse, die das Individuum selbst erlebt hat oder mit anderen teilt, als Basiseinheit verarbeitet und gespeichert und sind auch nur in ihrer vollständigen Fassung abrufbar. Im Rahmen der Erinnerung kann es dabei zu Verzerrungen bzw. Verfälschungen kommen, da die jeweiligen Informationen in eine subjektive Beziehung zur Person und Situation des Individuums gebracht werden. Zu berücksichtigen ist hierbei, daß die Grundlage der episodischen Informationsverarbeitung das semantische System ist. Dieses ist durch Urteile gekennzeichnet, die weitgehend unabhängig von bestimmten Situationen oder Ereignissen sind, und kann daher mit dem leistungsübergreifenden Qualitätsmodell in Verbindung gebracht werden. Gerade mit Blick auf die Steuerung der Qualität ist es jedoch, wie noch gezeigt werden soll, nötig und sinnvoll, die Qualitätsurteile bezüglich der einzelnen Leistungen isoliert zu betrachten.

Das Teilleistungsmodell hebt demnach hervor, daß sich die Qualitätsdimensionen nicht auf mehrere, verschiedene Leistungen übergreifend erstrecken und somit eher abstrakt zu formulieren sind. Vielmehr beziehen sie sich auf die einzelnen Leistungen. Daraus folgt, daß Teilqualitäten als Qualitätsdimensionen komplexer Dienstleistungen zu betrachten sind, welche in die Gesamturteilsbildung einfließen.[2] Dieser Unterschied wird in Abbildung 15 verdeutlicht.

Dem Teilleistungsmodell liegt folgende Prämisse zugrunde: Komplexe Dienstleistungen sollen generell mindestens dadurch gekennzeichnet sein, daß sie sich aus einer mehr oder weniger großen Zahl zumeist unterschiedlicher Teilleistungen zusammensetzen, unabhängig von ihrer Länge, Multipersonalität und Individualität sowie von der Reihenfolge ihrer Inanspruchnahme. Auch wenn bislang auf eine derartige Eingrenzung zur Beschreibung komplexer Dienstleistungen verzichtet wurde, soll diese aus zweierlei Gründen erfolgen: Zum einen ist es unmittelbar einsichtig, daß die Qualität einer Leistung, die sich nicht aus Teilleistungen zusammensetzt, sondern deren wahrgenommene Komplexität z.B. allein aus der Höhe des wahrgenommenen Risikos resultiert, nicht auf der Basis von Teillei-

---

1 Vgl. zum folgenden HENTSCHEL, B. (1992): a.a.O., S. 159 f. sowie TULVING, E. (1985): How Many Memory Systems are There?, in: American Psychologist, 40. Jg., Nr. 4, S. 387 f.

2 Vgl. hierzu auch STAUSS, B. (1991c): Augenblicke der Wahrheit, in: Absatzwirtschaft, 34. Jg., Nr. 6, S. 96.

stungsurteilen bewertet werden kann. Zum anderen besteht bei solchen Dienstleistungen, die sich zwar aus mehreren Teilleistungen zusammensetzen, diese sich jedoch im Hinblick auf die Durchführung und die Anforderungen an den externen Faktor kaum voneinander unterscheiden, die Wahrscheinlichkeit, daß die Leistungen bereits vor der Qualitätsbeurteilung zusammengefaßt werden und somit die Dienstleistung als Ganzes beurteilt wird. In diesem Fall würde es sich um einen einfachen Qualitätsbeurteilungsprozeß handeln.

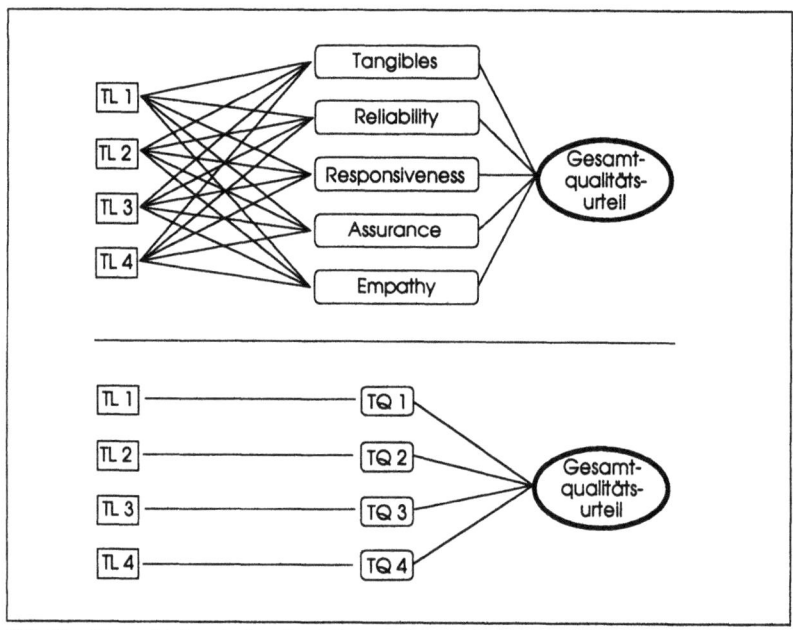

Abb. 15: Unterschied zwischen dem leistungsübergreifenden Modell von ZEITHAML, BERRY und PARASURAMAN und dem Teilleistungsmodell
(Erklärung: 'TL' = Teilleistung; 'TQ' = Teilqualität)

Der teilleistungsbezogene Qualitätsansatz greift unter anderem auf Erkenntnisse der Wahrnehmungspsychologie zurück. Am Beispiel eines komplexen Kunstwerkes kann verdeutlicht werden, daß sich das menschliche Wahrnehmungssystem durch Integration und Differenzierung auszeichnet. Danach werden die einzelnen Bestandteile eines komplexen Bildes oder Gegenstandes zunächst isoliert und unzusammenhängend wahrgenommen und erst anschließend integriert und in ihrer Gesamtstruktur erfaßt.[1] Bei diesen Überlegungen ist jedoch zu berücksichtigen, daß ein statisches Wahrnehmungsobjekt, z.B. in Form eines Gemäldes, zugrundegelegt wird, dessen Bestandteile nebeneinander liegen und keiner zeitlichen Veränderung ausgesetzt sind. Dadurch ist es einem Betrachter möglich, die einzelnen Bildelemente erst gründlich allein und nach einer gewissen Zeit im Zusammenhang und unter Berücksichtigung der wechselseitigen Beziehungen wahrzunehmen. Ein entsprechender Integrationsschritt läßt sich jedoch bei dynamischen Wahrnehmungsobjekten, deren Elemente durch ein zeitliches Nach- und nicht Nebeneinander miteinander verbunden sind, weitaus schwerer vornehmen. Daher ist davon auszugehen, daß bei komplexen Dienstleistungen als Beispiel für dynamische Wahrnehmungsobjekte auf einen entsprechenden Integrationsschritt weitgehend verzichtet wird.

Anlaß zu der Überlegung, daß komplexe Dienstleistungen nicht als Einheit, sondern in ihren Teilgrößen wahrgenommen und beurteilt werden, sind ferner entsprechende, in der Literatur zur Qualität bzw. Qualitätswahrnehmung häufig wiederkehrende Aussagen, welche in krassem Gegensatz zu dem Operationalisierungskonzept von ZEITHAML, BERRY und PARASU-RAMAN und den daraus abgeleiteten Qualitätsdimensionen zu stehen scheinen:

So geht BIRKELBACH davon aus, »daß sich aus Nachfragersicht die globale Servicequalität des Dienstleistungscenters aus den verschiedenen in Anspruch genommenen Teilqualitäten von Centerbetrieb und Servicepartnern zusammensetzt.«[2] KUPSCH ET AL. unterstellen ebenfalls, »daß die Produktqualität durch Zusammenfassung von Teilqualitäten entsteht«[3], wobei sich die Teilqualitäten Einstellungsmodellen entsprechend auf einzelne Produkteigenschaften beziehen. PARASURAMAN[4] geht davon aus, daß sich der Gesamtwert einer Leistung aus der Summe der einzelnen positiv oder

---

[1] Vgl. STADLER, M.; SEEGER, F.; RAEITHEL, A. (1975): Psychologie der Wahrnehmung, Grundfragen der Psychologie, hrsg. von KEIL, W.; SADER, M., München, S. 124 f.

[2] BIRKELBACH, R. (1993): a.a.O., S. 28.

[3] KUPSCH, P. ET AL. (1978): a.a.O., S. 242 f. Vgl. auch KUPSCH, P.; MATHES, H.D. (1977): Determinanten der Qualitätsbeurteilung bei langlebigen Gebrauchsgütern, in: Jahrbuch der Absatz- und Verbrauchsforschung, 23. Jg., S. 239.

[4] Vgl. PARASURAMAN, A. (1987): An Attributional Framework for Assessing the Perceived Value of a Service, in: SURPRENANT, C.F. (Hrsg.): Add Value to Your Service: the Key to Success, AMA Proceedings, Chicago (IL), S. 21. Bei der Bewertung der einzelnen Leistungselemente wird unterstellt, daß der Konsument berücksichtigt, inwieweit der Anbieter oder äußere Einflüsse für das Ergebnis verantwortlich zu machen sind.

negativ bewerteten Elemente der Leistung ergibt.[1] Auch HENTSCHEL unterscheidet im Rahmen einer differenzierten Qualitätsbetrachtung zwischen Teilqualitäten und Qualitätsmerkmalen auf der einen sowie globaler Qualität und Qualitätsdimensionen auf der anderen Seite. Auf verschiedenen Aggregationsniveaus angesiedelt, lassen sich die relativ abstrakt formulierten Dimensionen in produktspezifische Merkmale konkretisieren.[2]

Ähnlich wie für die Verwendung des Begriffs der Komplexität gilt jedoch auch für diese Aussagen, daß die meisten Autoren diesen Zusammenhang als Grundlage oder Legitimation ihrer weiteren Ausführungen zwar benennen, es damit aber bewenden lassen und auf eine Erläuterung bzw. Begründung weitgehend verzichten.

Entsprechend stellt sich die Frage, wie sich die einzelnen, qualitätsrelevanten Teilleistungen[3] überhaupt voneinander abgrenzen lassen. Im folgenden sollen daher einzelne Instrumente vorgestellt werden, welche im Rahmen des Qualitätsmanagements bei Dienstleistungsunternehmen zur Aufdeckung von Qualitätsmängeln aus Kundensicht Anwendung finden.

3.22 Instrumente zur Abgrenzung von Teilleistungen

Zur Identifikation einzelner Teilleistungen kann auf Verfahren zurückgegriffen werden, die in der Literatur z.B. unter dem Begriff »Kontaktpunkt-Analyse«[4] diskutiert werden und die dazu dienen, für das Qualitätsurteil des Konsumenten relevante Situationen im Rahmen der Dienstleistungs-

---

[1] Wert und Qualität einer Leistung werden häufig identisch verwendet. Vgl. RYS, M.E.; FREDERICKS, J.O.; LUERY, D.A. (1987): Value = Quality? Are Service Value and Service Quality Synonymous: a Decompositional Approach, in: SURPRENANT, C.F. (Hrsg.): Add Value to Your Service: the Key to Success, AMA Proceedings, Chicago (IL), S. 26 f.; LINDQUIST, L.J. (1987): Quality and Service Value in the Consumption of Services, in: SURPRENANT, C.F. (Hrsg.): a.a.O., S. 17 ff. Im Gegensatz hierzu vertreten andere Autoren die Auffassung, Qualität sei neben dem Preis einer Leistung und anderen Faktoren eine Komponente des Werturteils eines Konsumenten. Vgl. ZEITHAML, V.A. (1988): a.a.O., S. 4 und S. 13 ff.; LIVINGSTON, F.C.; ZEITHAML, V.A.: (1987): Defining, Measuring, and Improving Value in Services: the Case of Cable Television, in: SURPRENANT, C.F. (Hrsg.): a.a.O., S. 29 ff. sowie DREW, J.H.; BOLTON, R.N. (1987): Service Value and Its Measurement: Local Telephone Service, in: SURPRENANT, C.F. (Hrsg.): a.a.O., S. 49 ff.

[2] Vgl. HENTSCHEL, B. (1992): a.a.O., S. 41.

[3] Nach HENTSCHEL sind unter qualitätsrelevanten Ereignissen im Rahmen eines Kontaktes zum Dienstleistungsanbieter wahrgenommene Vorfälle zu verstehen, »die die Zweckmäßigkeit und/oder Güte der erlebten Leistung beispielhaft unterstreichen bzw. in Frage stellen«, HENTSCHEL, B. (1992): a.a.O., S. 155.

[4] STAUSS, B. (1991b): »Augenblicke der Wahrheit« in der Dienstleistungserstellung: Ihre Relevanz und ihre Messung mit Hilfe der Kontaktpunkt-Analyse, in: BRUHN, M.; STAUSS, B. (Hrsg.): Dienstleistungsqualität, Wiesbaden, S. 351.

erstellung aufzudecken und zu analysieren. Dazu gehören unter anderem die ›Beschwerdeanalyse‹, die ›Critical Incident Technique‹, das ›Blueprinting‹ und als Kombination der beiden zuletzt genannten Verfahren die ›Sequentielle Ereignismethode‹.

Bei der **Beschwerdeanalyse** werden von den Kunden wahrgenommene und gegenüber dem Anbieter artikulierte Mängel innerhalb der Dienstleistungserstellung untersucht. Inwieweit Beschwerden gegenüber dem Anbieter geäußert oder im Rahmen negativer Mund-zu-Mund-Kommunikation anderen (potentiellen) Nachfragern weitergegeben werden, hängt von der Wichtigkeit des Problems für den Nachfrager, von der Möglichkeit einer direkten Schuldzuweisung und von der dem Anbieter zugesprochenen Problemlösungskompetenz ab.

Hinweise auf kritikwürdiges Verhalten können sich auf einzelne oder sämtliche Aspekte der erbrachten Leistung beziehen.[1] Dieses geschieht in Abhängigkeit von der Art der einzelnen Leistung. So ist bei komplexen Dienstleistungen davon auszugehen, daß sich Beschwerden eher auf einzelne Teilleistungen beziehen. Dieser Annahme liegt zum einen die Überlegung zugrunde, daß aufgrund der Anzahl und Unterschiedlichkeit der einzelnen Leistungen verschiedene Ansatzpunkte und Anlässe zur Beschwerde gegeben sind. Zum anderen ist zu berücksichtigen, daß der Kunde durch die Beschwerde auf eine Entschädigung bzw. Abhilfe hofft. Dieses gilt in Abhängigkeit von der Länge der Gesamtleistung (aber auch der einzelnen Erstellungsepisode) um so mehr, als für den Kunden die Möglichkeit besteht, eine Teilleistung noch einmal in Anspruch zu nehmen, und er somit nicht ein weiteres mal mit den Mängeln konfrontiert werden möchte. Anhand der Beschwerden können somit die einzelnen vom Nachfrager wahrgenommenen Teilleistungen identifiziert und voneinander abgegrenzt werden.

Für den Einsatz der Beschwerdeanalyse bei komplexen Dienstleistungen spricht, daß der Anteil der Konsumenten, die sich für eine Beschwerde entscheiden, im Vergleich zu anderen Dienstleistungen relativ hoch ist. Diese Behauptung läßt sich mit dem häufig mit komplexen Dienstleistungen verbundenen wahrgenommenen Risiko bzw. hohen Involvement begründen.

---

[1] Vgl. STAUSS, B. (1989): Beschwerdepolitik als Instrument des Dienstleistungsmarketing, in: Jahrbuch der Absatz- und Verbrauchsforschung, 37. Jg., Nr. 1, S. 48 ff.; STAUSS, B.; HENTSCHEL, B. (1990): Verfahren der Problementdeckung und -analyse im Qualitätsmanagement von Dienstleistungsunternehmen, in: Jahrbuch der Absatz- und Verbrauchsforschung, 36. Jg., Nr. 3, S. 237 ff. sowie BOLFING, C.P. (1989): How Do Customers Express Dissatisfaction and What Can Service Marketers Do about It?, in: Journal of Services Marketing, 3. Jg., Nr. 2, S. 6 ff. und ANDREASEN, A.R.; BEST, A. (1977): Consumers Complain – does Business Correspond, in: Harvard Business Review, 55. Jg., Nr. 4, S. 93 ff.

Die damit zusammenhängende große Bedeutung der Leistung für den Verbraucher führt zu einer größeren Gewichtung der Zufriedenheit mit der Dienstleistung und daher zum Bedürfnis, diese unter Umständen über die Beschwerdeführung zu erlangen.[1]

Nachteilig wirkt sich im Rahmen der Beschwerdeanalyse aus, daß nicht zwingend alle Teilleistungen erfaßt werden, auch wenn diese ebenfalls in das Qualitätsurteil eingehen. Ferner können nur negative Abweichungen von den Erwartungen erfaßt werden. Zudem ist die Zahl der Kunden, die sich direkt beim Anbieter beschweren, trotz allem eher begrenzt, obgleich hierfür insbesondere bei personenorientierten Dienstleistungen angesichts der Interaktionen zwischen Anbieter und Nachfrager ausreichend Gelegenheit besteht. Da jedoch häufig die Ursachen der Unzufriedenheit aufgrund der eigenen Beteiligung an der Dienstleistungserstellung nicht direkt mit dem Anbieter in Verbindung gebracht werden können, wird ein Beschwerdeerfolg als entsprechend unwahrscheinlich betrachtet.[2]

Dieser von den Konsumenten ausgehenden Kommunikationsmethode steht die vom Anbieter iniziierte **Critical Incident Technique** gegenüber. Der von FLANAGAN[3] ganz allgemein zur Beobachtung menschlichen Verhaltens entwickelte Ansatz hat den Zweck, Ereignisse von besonderer Bedeutung systematisch zu erfassen. Im Laufe der Zeit wurde das Verfahren auf unterschiedliche Untersuchungsobjekte – unter anderem auf die Untersuchung von Dienstleistungen und ihrer Qualität – übertragen.[4]

---

[1] Für den Anbieter bietet sich somit die Möglichkeit, die Unzufriedenheit des Kunden direkt bzw. relativ kurzfristig abzubauen, um so einem Anbieterwechsel vorzubeugen und negative Mund-zu-Mund-Kommunikation zu vermeiden. Vgl. CLARK, G.L.; KAMINSKI, P.F.; RINK, D.R. (1992): Consumer Complaints: Advice on How Companies Should Respond Based on an Empirical Study, in: The Journal of Services Marketing, 6. Jg., Nr. 1, S. 47 ff.

[2] Vgl. STAUSS, B. (1989): a.a.O., S. 43 ff. und S. 52 ff. sowie BRANDT, D.R.; REFFETT, K.L. (1989): Focusing on Customer Problems to Improve Service Quality, in: BITNER, M.J.; CROSBY, L.A. (Hrsg.): Designing a Winning Service Strategy, AMA Proceedings, Chicago (IL), S. 92.

[3] Vgl. FLANAGAN, J.C. (1954): The Critical Incident Technique, in: Psychological Bulletin, 51. Jg., Nr. 4, S. 327-358, insbesondere aber S. 335 ff.

[4] Vgl. FLANAGAN, J.C. (1954): a.a.O., S. 346 ff. Hinsichtlich der Anwendung auf Dienstleistungen vgl. insbesondere BITNER, M.J.; BOOMS, B.H.; TETREAULT, M.S. (1990): a.a.O., S. 71 ff.; BITNER, M.J.; NYQUIST, J.D.; BOOMS, B.H. (1985): The Critical Incident as a Technique for Analyzing The Service Encounter, in: BLOCH, T. M.; UPAH, G. D.; ZEITHAML. V. A. (Hrsg.): Services Marketing in a Changing Environment, AMA Proceedings, Chicago (IL), S. 48 ff.; NYQUIST, J.D.; BOOMS, B.H. (1987): Measuring Service Value from the Consumer Perspective, in: SURPRENANT, C.F. (Hrsg.): Add Value to Your Service: the Key to Success, AMA Proceedings, Chicago (IL), S. 13 ff. und NYQUIST, J.D.; BITNER, M.J.; BOOMS, B.H. (1985): Identifying Communication Difficulties in the Service Encounter: A Critical Incident Approach, in: CZEPIEL, J.A.; SOLOMON, M.R.;

Das Verfahren ist so konzipiert, daß die Konsumenten aufgefordert werden, sich an ein bestimmtes Ereignis in Zusammenhang mit der Inanspruchnahme der Dienstleistung zu erinnern. Dieses Ereignis soll dem Interviewer so detailliert beschrieben werden, daß sich dieser ein exaktes Bild von der Situation und den involvierten Personen machen kann. Da sich diese Ereignisse durch ihre subjektive Relevanz für den Verbraucher auszeichnen, ermöglicht die ›Critical Incident Technique‹ die Identifikation der für die Beurteilung der Leistung relevanten Elemente. Im Vergleich zur ›Beschwerdeanalyse‹ werden zwar ebenfalls nicht alle Elemente, sondern nur die wichtigsten erfaßt, dagegen werden jedoch auch wesentliche Ereignisse im positiven Sinne berücksichtigt. Zudem ist es über die Wahl der Stichprobengröße möglich, einen Großteil der kritischen Ereignisse und der damit zusammenhängenden Problemkategorien zu erfassen. FLANAGAN geht davon aus, daß in Abhängigkeit von der Komplexität der zugrundegelegten Fragestellung eine Stichprobe von 50 bis 4.000 kritischen Ereignissen erforderlich sein kann, um sämtliche relevanten Problemkreise zu erfassen.[1] Aufgrund der Konkretheit der Angaben ermöglicht die Auswertung der kritischen Ereignisse die Ermittlung konkreter Schwachstellen einzelner Elemente im Dienstleistungsablauf. Darüber hinaus können über sämtliche Befragungen aggregiert die Teilleistungen einer komplexen Dienstleistung gegeneinander abgegrenzt werden.[2]

Ein Verfahren, welches es hingegen ermöglicht, alle Kundenkontaktsituationen und die mit ihnen für den einzelnen Kunden verbundenen kritischen Ereignisse zu erfassen, stellt die Sequentielle Ereignismethode dar. Diese basiert auf dem Instrument des Blueprinting und stellt somit ein im Gegensatz zur ›Critical Incident Technique‹ gestütztes Analyseverfahren dar.[3]

Ausgangspunkt dieses Verfahrens ist ein Blueprint, welcher sämtliche Elemente der Dienstleistung enthält, die der Kunde im Laufe der Leistungsinanspruchnahme wahrnimmt bzw. mit welchen er konfrontiert wird. Auf

---

SURPRENANT, C.F. (Hrsg.): The Service Encounter, Lexington (MA), S. 197 ff. Letztere verwenden das Verfahren im Hinblick auf die besonderen kommunikativen Anforderungen, denen sich das Dienstleistungspersonal gegenübersieht.

[1] Vgl. FLANAGAN, J.C. (1954): a.a.O., S. 343. Als Faustregel formuliert er, daß zusätzliche kritische Ereignisse erhoben werden sollten, solange weitere 100 kritische Ereignisse mehr als zwei oder drei neue Problemkategorien aufdecken.

[2] Vgl. NYQUIST, J.D.; BOOMS, B.H. (1987): a.a.O., S. 15 sowie BITNER, M.J.; BOOMS, B.H.; TETREAULT, M.S. (1990): a.a.O., S. 74 ff. Zusätzlich werden allgemeine, über die einzelnen Teilleistungen hinausgehende relevante Aufschlüsse gegeben.

[3] Vgl. Kapitel B.1.21 sowie STAUSS, B. (1991a): a.a.O., S. 21 f.; STAUSS, B.; HENTSCHEL, B. (1990): a.a.O., S. 245 ff.

der Basis dieses Blueprints werden die befragten Konsumenten gebeten, die in den einzelnen Situationen gemachten Erfahrungen und Erlebnisse wiederzugeben. Dabei werden nicht nur Situationen berücksichtigt, in welchen der Kunde mit dem Dienstleistungspersonal in Kontakt tritt, sondern auch solche, mit denen der Kunde allein oder zusammen mit anderen Nachfragern konfrontiert wird. Zwar werden auf diese Weise auch Ereignisse erfaßt, die sich durch eine geringe Relevanz für den Kunden auszeichnen. Dieser Nachteil wird jedoch durch den Vorteil einer vollständigen und differenzierten Problemerfassung mehr als kompensiert. Diese in der Literatur häufig als »Augenblicke der Wahrheit«[1] bezeichneten Kundenkontaktsituationen bieten nämlich dem Anbieter konkrete Ansatzpunkte zur Steuerung der Qualität seiner Leistungen.

Zwar ermöglicht das ›Blueprinting‹ an sich bereits eine Identifizierung der einzelnen Dienstleistungselemente. In Verbindung mit der ›Critical Incident Technique‹ ist es jedoch möglich, zum einen die im Hinblick auf die Qualitätsbeurteilung relevanten und kritischen Teile und zum anderen unter Umständen bestehende Zusammenhänge bei der Wahrnehmung dieser Elemente zu identifizieren. Jedoch muß in diesem Zusammenhang berücksichtigt werden, daß das ›Blueprinting‹ häufig sehr detailliert auf Einzelleistungen angewandt wird.[2] In Abhängigkeit von der Komplexität – in diesem Fall also von der Zahl unterschiedlicher Teilleistungen – muß auf einen entsprechenden Differenzierungsgrad bei der Darstellung der einzelnen Leistungen verzichtet werden, um den Kunden bei der Beschreibung der mit den jeweiligen Elementen verbundenen Gegebenheiten nicht zu überfordern.

Auf der Basis der Ergebnisse, die mit dem jeweilig verwendeten Analyseinstrument erzielt werden können, lassen sich somit zum einen die von den Kunden wahrgenommenen Teilleistungen identifizieren und zum anderen die damit verbundenen Qualitätsurteile abfragen.

Auch wenn das Teilleistungsmodell sich ausschließlich auf komplexe Dienstleistungen bezieht, soll es im folgenden ebenfalls einer abschließenden Beurteilung im Hinblick auf die Berücksichtigung der Merkmale komplexer Dienstleistungen unterzogen werden.

---

1 STAUSS, B. (1991b): a.a.O., S. 345. Vgl. auch NORMANN, R. (1987): a.a.O., S. 134.

2 Vgl. z.B. SHOSTACK, G.L. (1987): a.a.O., S. 35 ff. sowie STAUSS, B. (1991b): a.a.O., S. 353. Als Beispiel für einen Blueprint, welcher sich über mehrere Prozeßphasen einer Leistung erstreckt und somit vom Prinzip her auf komplexe Dienstleistungen übertragbar ist, vgl. STAUSS, B. (1991a): a.a.O., S. 25.

3.23 Würdigung im Hinblick auf komplexe Dienstleistungen

Aufgrund der dem Teilleistungsansatz zugrundeliegenden Prämisse ist es unmittelbar einsichtig, daß das Modell die Besonderheiten von Dienstleistungen berücksichtigt, deren Komplexität sich in der Anzahl und Unterschiedlichkeit ihrer Teilleistungen äußert. Demgegenüber ist eine Übertragung auf Dienstleistungen, deren Komplexität durch die übrigen Leistungs- oder Persönlichkeitsmerkmale bestimmt wird, nicht direkt möglich.

Die Ursache hierfür liegt darin begründet, daß der Modellansatz keinen Aufschluß darüber gibt, anhand welcher Qualitätsmerkmale die Teilleistungsqualitäten erfaßt werden. Vielmehr wird verdeutlicht, in welchen Zusammenhängen komplexe Dienstleistungen wahrgenommen werden bzw. welche Wahrnehmungseinheiten in die Qualitätsbeurteilung eingehen. Daher werden Qualitätsmerkmale, welche den Besonderheiten der Multipersonalität, der Individualität oder der Länge einer komplexen Dienstleistung Rechnung tragen, nicht direkt erfaßt. Gleichwohl ist es möglich, teilleistungsspezifische Merkmale abzuleiten, welche das Teilqualitätsurteil bestimmen. Diese können erheblich differenzierter formuliert werden als globale und leistungsübergreifende Qualitätsdimensionen und somit der Länge einer Erstellungsepisode bzw. den Merkmalen der Multipersonalität und Individualität in besonderer Weise Rechnung tragen. Personelle Merkmale der Dienstleistungsnachfrager finden hingegen keinen Eingang in das Modell.

Vor dem Hintergrund dieser Kritik wird deutlich, daß auch das Teilleistungsmodells nicht grundsätzlich geeignet ist, die Qualität komplexer Dienstleistungen zu operationalisieren. Seine Anwendbarkeit beschränkt sich vielmehr auf solche Dienstleistungen, die mindestens durch eine Vielzahl unterschiedlicher Teilleistungen gekennzeichnet sind.

Im folgenden Kapitel soll das Teilleistungsmodell mit dem Modellansatz von ZEITHAML, BERRY und PARASURAMAN einer vergleichenden Betrachtung unterzogen werden. Dabei soll auch auf grundsätzliche Anforderungen an die Operationalisierung der Qualität komplexer Dienstleistungen eingegangen werden.

3.3 Vergleichende Würdigung der empirisch fundierbaren Modelle der Dienstleistungsqualität

Vor dem Hintergrund der mit der Komplexität einer Leistung verbundenen Besonderheiten soll zunächst eine ausführliche Diskussion der Aspekte erfolgen, die allgemein, d.h. unabhängig von bestehenden Modellansätzen, gegen die Verwendung leistungsübergreifender Kriterien im Rahmen der Qualitätsbeurteilung sprechen.[1]

Zunächst ist auf das allgemeine Problem zu verweisen, überhaupt Dimensionen zu finden, die geeignet sind, die Qualität unterschiedlicher Dienstleistungen zu erfassen. Dem scheint zwar der Anspruch auf Allgemeingültigkeit und generelle Anwendbarkeit von ZEITHAML, BERRY und PARASURAMAN zu widersprechen. Die Kritik, die an ihrem Modell geäußert wird, legt jedoch berechtigte Zweifel nahe. Schließlich ist davon auszugehen, daß eine mehr oder weniger große Vielzahl verschiedener Leistungen von unterschiedlichen Personen in unterschiedlicher Reihenfolge in Anspruch genommen wird. Hinzu kommen unterschiedliche Erwartungshaltungen auf seiten der Dienstleistungsnachfrager und der Umstand, daß die Komplexität der Leistung auf der Basis verschiedener Merkmale, z.B. in Abhängigkeit vom wahrgenommenen Risiko oder Involvement, wahrgenommen werden kann und sich somit nicht gleichermaßen auf die Integrationsbereitschaft auswirkt. Vor dem Hintergrund entsprechend differenziert betrachteter Nachfragesituationen erscheint es fraglich, inwieweit sich Qualitätsdimensionen identifizieren lassen, die leistungsübergreifend anwendbar sind.

Ein weiteres Problem ergibt sich daraus, daß sich nicht nur die Nachfrager untereinander hinsichtlich der Inanspruchnahme und Wahrnehmung der gesamten Dienstleistung und der Teilleistungen voneinander unterscheiden. Der einzelne Nachfrager selbst ist vielmehr dadurch gekennzeichnet, daß er bezüglich der einzelnen Teilleistungen, die er in Anspruch nimmt, unterschiedliche Erfahrungen und Erwartungen besitzt, welche sich auf seine jeweilige Integrationsbereitschaft und -fähigkeit auswirken. Daraus folgt unmittelbar, daß die leistungsübergreifenden Kriterien auf verschiedene Art und Weise wahrgenommen und beeinflußt werden, sich also nicht auf einem einheitlichen Niveau befinden. Insofern ist es fraglich, inwieweit es zu einer Aggregation im Rahmen einer Gesamtbewertung des einzelnen Kriteriums kommen darf, welches wiederum in das Gesamtqualitätsurteil einfließt.

Als Beispiel sei die Beurteilung der Hilfsbereitschaft des Personals bei der Inanspruchnahme zweier unterschiedlicher Dienstleistungen angeführt. Im Falle der einen Leistung verfügt der Nachfrager im Gegensatz zur zweiten über ausreichend Erfahrung und ist somit weniger auf die Hilfe des Personals angewiesen. Entsprechend wird er in den beiden Fällen der tatsäch-

---

[1] In diesem Zusammenhang soll auch auf Erkenntnisse hinsichtlich der Beurteilung der Qualität von Sachgütern zurückgegriffen werden, soweit sie sich unter Berücksichtigung der jeweiligen Besonderheiten auf komplexe Dienstleistungen übertragen lassen.

lichen Hilfsbereitschaft unterschiedliches Gewicht beimessen. Fehlende Hilfe wird er im Falle der ersten Leistung weniger negativ beurteilen als bei der zweiten Leistung. Gehen diese beiden Urteile also in ein vorläufiges Gesamturteil hinsichtlich der Hilfsbereitschaft des Dienstleistungsanbieters ein, so kann keine abschließende Aussage über das tatsächliche Niveau dieser Größe unter Berücksichtigung der Persönlichkeit des jeweiligen Nachfragers gemacht werden. Somit erhält der Leistungsanbieter keinen konkreten Anhaltspunkt hinsichtlich der Mängel in seinem Angebot.

Die mit Dienstleistungen allgemein und mit komplexen Dienstleistungen aufgrund ihrer Vielfalt und Unterschiedlichkeit verstärkt verbundene Informationsarmut erschwert zudem die Identifikation gemeinsamer Eigenschaften, aus denen sich wiederum Kriterien zur Beurteilung der Gesamtqualität ableiten lassen. Dieser Aspekt ist insbesondere vor dem Hintergrund zu betrachten, daß der Konsument die Teilleistungen nicht parallel, sondern aufeinanderfolgend mit unter Umständen bestehenden zeitlichen Interdependenzen, aber auch Pausen in Anspruch nimmt. Eine Beurteilung der Qualität der Gesamtleistung am Ende der letzten Teilleistung unter Verwendung einheitlicher, hoch aggregierter Kriterien ist somit im Vergleich zu einer Einzelleistung nicht ohne weiteres möglich. Sowohl hinsichtlich seines allgemeinen Erinnerungsvermögens als auch bezüglich seiner Fähigkeit, die einzelnen Episoden nachträglich voneinander zu trennen, würde dieses zu hohe Anforderungen an die Gedächtnisleistung des Kunden stellen.

Dieser Zusammenhang kann verdeutlicht werden, wenn man den Informationsverarbeitungsprozeß betrachtet. Dieser ist dadurch gekennzeichnet, daß Reize im Ultrakurzzeitspeicher aufgenommen werden. Nach einer Reizauswahl, welche in Abhängigkeit von ihrem Aktivierungspotential erfolgt, werden die Reize im Kurzzeitspeicher unter Berücksichtigung von Erfahrungen weiterverarbeitet. Anschließend werden die Informationen entweder gelöscht, verbleiben im Kurzzeitspeicher oder gehen nach inneren Wiederholungen in den Langzeitspeicher, das eigentliche Gedächtnis, über.[1] In Abhängigkeit von der Länge des gesamten Dienstleistungserstellungsprozesses kann es somit erforderlich sein, daß die einzelnen zu Informationen verarbeiteten Reize im Gedächtnis gespeichert werden müssen, um eine Beurteilung der Gesamtqualität am Ende zu ermöglichen, da die

---

[1] Zur allgemeinen Darstellung des Informationsverarbeitungsprozesses und zum folgenden vgl. LINDSAY, P.H.; NORMAN, D.A. (1981): Einführung in die Psychologie: Informationsaufnahme und -verarbeitung beim Menschen, Berlin; LOFTUS, E.F.; LOFTUS, G.R. (1980): On the Performance of Stored Information in the Human Brain, in: American Psychologist, 35. Jg., Nr. 5, S. 410 ff. sowie ROSENSTIEL, L.V.; NEUMANN, P. (1982): Einführung in die Markt- und Werbepsychologie, Darmstadt, S. 96 ff.

Speicherzeit im Kurzzeitgedächtnis mit nur wenigen Sekunden hierfür nicht ausreicht.

Da die Speicherkapazität des Gedächtnisses als unbegrenzt bezeichnet wird, wäre die Speicherung sämtlicher Informationen theoretisch denkbar. Auch wenn man unterstellt, daß es sich um eine High-Involvement-Leistung handelt, scheint die Aufnahme sämtlicher Informationen in den Langzeitspeicher jedoch der Bedeutung, die den einzelnen Reizen und der Situation für den Verbraucher zukommt, nicht zu entsprechen. Zwar kann man in diesem Fall davon ausgehen, daß mehrere Reize das Aktivierungspotential besitzen, um in den Kurzzeitspeicher zu gelangen und dort mit Hilfe bereits gesammelter Informationen verarbeitet zu werden, und daß das Ergebnis des Beurteilungsprozesses (unter Umständen mit Zwischenergebnissen) anschließend in den Langzeitspeicher eingeht. Demgegenüber ist es jedoch fraglich, ob genügend Reize ein ausreichendes Aktivierungsniveau besitzen, um am Ende der Inanspruchnahme der Gesamtleistung zu einem umfassenden und der Komplexität entsprechenden Qualitätsurteil verarbeitet werden zu können.[1]

Werden bereits im Verlauf der einzelnen Teilleistungen Qualitätsurteile auf der Basis übergreifender Beurteilungskriterien gefällt, so hat das unter Umständen zur Folge, daß diese nachträglich angepaßt werden müssen, da sich bspw. die Bedeutung oder Gewichtung der Kriterien geändert hat bzw. neue herangezogen werden.[2] Die Urteilsanpassung stellt dabei ähnliche Anforderungen an die Gedächtnisleistung wie eine abschließend durchgeführte Bewertung.

Die Bewertung einer komplexen, sich aus mehreren, zum Teil unterschiedlichen Teilleistungen zusammensetzenden Dienstleistung auf der Basis hochaggregierter Qualitätsdimensionen ist in diesem Zusammenhang auch insofern kritisch zu betrachten, als sie erhöhte Anforderungen an das Beurteilungs- und Abstraktionsvermögen des Konsumenten stellt. Dieser Aspekt orientiert sich insbesondere an der Kritik, die gegenüber Scoring- oder multiattributiven Einstellungsmodellen geäußert wird.[3] In diesem Zusammenhang wird insbesondere auf die Probleme verwiesen, mit denen

---

1 Zum Zusammenhang zwischen Aktivierungspotential und Gedächtnisleistung vgl. KROEBER-RIEL, W. (1992): a.a.O., S. 83 ff. sowie SCHARF, A. (1991): Konkurrierende Produkte aus Konsumentensicht, Diss., Frankfurt, S. 92.

2 Vgl. hierzu die Ausführungen zur ›Länge der Dienstleistungserstellung‹ als Kennzeichen komplexer Dienstleistungen in Kapitel B.1.2.

3 Vgl. bspw. ADAM, D. (1994): Investitionscontrolling, München, S. 77 ff.; SCHIERENBECK, H. (1993): Allgemeine Betriebswirtschaftslehre, 11. Aufl., München, S. 151 ff. sowie HENTSCHEL, B. (1992): a.a.O., S. 142 ff.

der Anwender – in diesem Fall der Kunde – konfrontiert wird, wenn es darum geht, die relevanten Produkt- bzw. Dienstleistungseigenschaften gegeneinander abzuwägen und zu gewichten. Dieses betrifft besonders die Notwendigkeit, daß die Beurteilungsabstände zwischen den einzelnen Kriterien gleich groß sein müssen, um vergleichbar zu sein und um zu einem Gesamturteil aggregiert werden zu können.

Hiergegen läßt sich zwar einwenden, daß diese Probleme – bspw. neben dem Problem der Kompensation negativer Urteile durch positive – auch bei der Beurteilung der einzelnen Leistungen im Rahmen eines Teilleistungsmodelles auftreten werden. Dem kann jedoch entgegengehalten werden, daß diese weit weniger ausgeprägt sein werden, da sich die Einzelurteile auf einem weitaus geringeren Abstraktionsniveau befinden. Daraus folgt, daß die zu beurteilenden Merkmale für den Konsumenten leichter zu erfassen und nachzuvollziehen sind, zumal diese in einer engeren Beziehung zu den zu beurteilenden Leistungen stehen können. Als Konsequenz der Intangibilität und der Integration des externen Faktors in den Erstellungsprozeß läßt sich zudem vermuten, daß die einzelnen konkret erlebten Leistungen nicht erst in abstrakte Beurteilungsdimensionen transformiert, sondern direkt im Gedächtnis gespeichert werden und so in die Qualitätsbeurteilung einfließen.[1]

Als weiterer wesentlicher Kritikpunkt ist der Informationsverlust zu nennen, welcher mit einer Gesamtqualitätserfassung anhand übergeordneter Kriterien unweigerlich verbunden ist. Ansatzweise wurde dieses bereits in Zusammenhang mit anderen Aspekten, vor allem am Beispiel der Hilfsbereitschaft des Personals, angedeutet. So können aufgetretene Mängel aufgrund der Aggregation der Qualitätsurteile über mehrere Leistungen nicht mehr einzelnen Leistungen oder ausführenden Personen zugeordnet werden. Dadurch entfallen dem Dienstleistungsmanagement wertvolle Ansatzpunkte zur Steuerung und Verbesserung der Qualität. Zudem besteht die Gefahr, daß ein zu hoher Abstraktionsgrad der Qualitätsdimensionen den Besonderheiten komplexer Dienstleistungen nicht gerecht werden kann. Dies ist vor allem in dem Fall negativ zu bewerten, in dem sich der Konsument durch ein hohes Involvement auszeichnet, da der damit verbundene hohe Aktivierungsgrad und die erhöhte Aufnahme- und Verarbeitungsbereitschaft als Basis für differenzierte Qualitätsurteile gewertet werden können. Ein Meßverfahren, welches sich wie das SERVQUAL-Modell an übergeordneten Dimensionen orientiert, wäre entsprechend

---

1 Vgl. HENTSCHEL, B. (1992): a.a.O., S. 151.

nicht geeignet, diese differenzierten Qualitätsurteile ausreichend abzu-
fragen.[1]

Eine leistungsunabhängige Beurteilung einer komplexen Dienstleistung
könnte zudem externen Einflußgrößen, denen ein Konsument im Rahmen
der Inanspruchnahme ausgesetzt sein kann, nicht gerecht werden. Diese
würden vielmehr unberücksichtigt in das Gesamturteil einfließen und
dieses in seinem Ergebnis entsprechend verzerren. Zu denken ist hier vor
allem an Einflüsse durch die Kontakte mit anderen Nachfragern, welche
Auswirkungen auf die Wahrnehmung einzelner Dienstleistungsbestand-
teile haben können. In diesem Zusammenhang ist auch zu berücksichtigen,
daß der Austausch zwischen den Konsumenten hinsichtlich der einzelnen
Teilleistungen eher in der Form von Erzählungen über das selbst Erlebte erfolgen wird, da sich diese leicht kommunizieren und nachvollziehen lassen und zudem durch einen direkten Bezug zur Realität und einen hohen
Unterhaltungswert auszeichnen. Eine teilleistungsbezogene Qualitätsbeurteilung entspricht somit der an Episoden orientierten Kommunikation.

Diese Überlegungen scheinen insgesamt für die Anwendung des Teilleistungsmodells zu sprechen. Dafür spricht auch die Vermutung von
HENTSCHEL, wonach bei komplexen Dienstleistungen eine a priori Unterteilung der Gesamtleistung in Teilleistungen sinnvoll ist, damit die inhaltliche Struktur der Gesamtleistung nicht durch funktionale Strukturen
überlagert wird.[2]

Greift man neben dieser allgemeinen Betrachtung noch einmal zurück auf
die Würdigung des Modells von ZEITHAML, BERRY und PARASURAMAN im
Hinblick auf komplexe Dienstleistungen, so stellt sich die Frage, warum
dieses im folgenden weiter behandelt werden soll.

Ursache hierfür ist zum einen die besondere Bedeutung dieses Ansatzes,
welche durch seine starke Beachtung in der Literatur ebenfalls hervorgeho-
ben wird. Nimmt man bspw. die Untersuchung von BAUMGARTEN und
HENSEL, so kommt man zu dem Ergebnis, daß die mit SERVQUAL abgefragten zehn Qualitätsdimensionen auf Krankenhausleistungen – als geeig-

---

1 OBEROI und HALES haben aus diesem Grund die Untersuchung der Qualität von Konferenz-
hotels nicht auf der Basis des SERVQUAL-Instrumentariums durchgeführt. Als Ergebnis
konnten sie dennoch eine gewisse Übereinstimmung der identifizierten Leistungs- bzw.
Qualitätsmerkmale mit den ursprünglichen zehn Qualitätsdimensionen von ZEITHAML,
BERRY und PARASURAMAN feststellen, vgl. OBEROI, U.; HALES, C. (1990): Assessing the
Quality of the Conference Hotel Service Product: Towards an Empirically Based Model,
in: The Service Industries Journal, o.Jg., Nr. 10, S. 706 und S. 715 ff.

2 Vgl. HENTSCHEL, B. (1992): a.a.O., S. 138.

netes Beispiel für komplexe Dienstleistungen – gut anwendbar sind, auch wenn für eine Detailanalyse das ›Blueprinting‹ vorgeschlagen wird.[1]

Zum anderen erfolgt eine weitergehende Auseinandersetzung mit Blick auf das Gap-Modell, welches den Ursprung dieses Modellansatzes und der daraus abgeleiteten Qualitätsdimensionen darstellt. Betrachtet man Abbildung 13, so kann zum einen festgestellt werden, daß Kontakte mit anderen Nachfragern insofern Berücksichtigung finden, als sie die Erwartungen des Kunden beeinflussen. Kontakte mit den Anbietern werden darüber hinaus über die externe, an den Konsumenten gerichtete Kommunikation einbezogen. Durch die Erwartungen werden auch die Persönlichkeitsmerkmale des Konsumenten, welche zur Komplexitätswahrnehmung beitragen, indirekt erfaßt, da sie durch das Involvement und das wahrgenommene Risiko beeinflußt werden. Auch wenn die Anzahl und Heterogenität sowie die Länge der Teilleistungen nicht in das Modell eingeordnet werden können, soweit sie nicht ebenfalls die Erwartungen der Verbraucher beeinflussen, werden vom Grundgedanken her die Besonderheiten komplexer Dienstleistungen weitgehend beachtet.

Stellt man darüber hinaus die Beurteilung der beiden Modellansätze einander gegenüber, so wird deutlich, das die Anwendung des jeweiligen Modells in Abhängigkeit von der Art der wahrgenommenen Komplexität zu erfolgen hat.

	ZEITHAML/BERRY/PARASURAMAN	Teilleistungsmodell
Anzahl	O	+
Multipersonalität	+	O
Heterogenität	O	+
Länge	–	O
Individualität	+	O
Wahrgenommenes Risiko	–	–
Involvement	–	–

Abb. 16: Beurteilung der Qualitätsmodelle im Hinblick auf die Berücksichtigung der Besonderheiten komplexer Dienstleistungen (Erklärung wie bei Abb. 12)

Wird die wahrgenommene Komplexität insbesondere durch die Individualität der Leistung oder den Kontakt mit einer Vielzahl verschiedener Personen bestimmt, so scheint das Modell von ZEITHAML, BERRY und PARASURAMAN besser geeignet zu sein, die Qualität entsprechender Dienstleistungen zu erfassen. Demgegenüber können Dienstleistungen, die sich durch eine

---

1 Vgl. BAUMGARTEN, S.A.; HENSEL, J.A. (1987): a.a.O., S. 109.

Zahl unterschiedlicher Teilleistungen auszeichnen, anscheinend durch beide Modelle abgebildet werden. Dabei hat das Teilleistungsmodell den Vorteil, die mit der Anzahl und der Heterogenität verbundenen Besonderheiten direkt zu erfassen. Auf Dienstleistungen, die als Folge der Persönlichkeit des einzelnen Nachfragers als komplex eingestuft werden, können hingegen weder das Modell von ZEITHAML, BERRY und PARASURAMAN noch das Teilleistungsmodell direkt übertragen werden.

Die jeweiligen Schwächen der beiden Modellansätze machen deutlich, daß es sich um zwei unterschiedliche Möglichkeiten handelt, die Qualität komplexer Dienstleistungen zu operationalisieren. Bei Dienstleistungen, die insbesondere aufgrund der Länge ihrer Erstellung oder der Persönlichkeitsmerkmale der Nachfrager als komplex wahrgenommen werden, ist daher der Einsatz von Operationalisierungsansätzen erforderlich, die die jeweiligen Komplexitätsmerkmale explizit berücksichtigen.

Als Ergebnis der Gegenüberstellung des Teilleistungsmodells und des Qualitätsmodells von ZEITHAML, BERRY und PARASURAMAN läßt sich folgende These aufstellen:

Werden Dienstleistungen vom Konsumenten vor allem aufgrund der Zahl und der Unterschiedlichkeit ihrer Teilleistungen als komplex wahrgenommen, so ist das Teilleistungsmodell besser geeignet, die Dimensionen der Qualitätswahrnehmung dieser komplexen Dienstleistungen zu erfassen und zu operationalisieren, als das Qualitätsmodell von ZEITHAML, BERRY und PARASURAMAN.

Eine Überprüfung dieser These durch einen Vergleich der beiden Modelle erscheint nur möglich bzw. sinnvoll zu sein, wenn die der Untersuchung zugrundeliegende Dienstleistung sowohl durch eine hohe Zahl heterogener Teilleistungen als auch durch die Merkmale der Multipersonalität und Individualität gekennzeichnet ist. Daher wurde für die folgende Gegenüberstellung der Modellansätze, welche auf der Grundlage der statistischen Auswertung einer empirischen Erhebung erfolgt, das Dienstleistungsangebot eines Vier-Sterne-Hotels ausgewählt.

C. Empirische Untersuchung der Qualitätsdimensionen komplexer Dienstleistungen am Beispiel eines Vier-Sterne-Hotels

1. Darstellung des Untersuchungsdesigns

Bevor die empirische Beurteilung der dargestellten empirisch fundierbaren Qualitätsmodelle erfolgen kann, ist es zunächst notwendig, die Grundlagen dieser Untersuchung darzulegen. Daher soll zunächst die Dienstleistungsbranche, in welcher der der Auswertung zugrundeliegende Datensatz erhoben worden ist, vorgestellt und dahingehend analysiert werden, inwieweit es sich dabei um eine komplexe Dienstleistung handelt. Ebenso soll eine Erläuterung der Stichprobenbestimmung und -auswahl sowie eine theoretische Beschreibung des angewandten statistischen Auswertungsverfahrens erfolgen.

1.1 Kennzeichnung der Hoteldienstleistung als komplexes Dienstleistungsangebot

Verkürzte Arbeitszeiten und der Wandel zur Freizeitgesellschaft, wachsender Wohlstand und zunehmende Motorisierung, aber auch Bevölkerungswachstum und Verstädterung haben in der Vergangenheit in der Bundesrepublik Deutschland zu einer Zunahme des Fremdenverkehrs im In- und Ausland und zum Ausbau einer Tourismusindustrie beigetragen.[1] Entsprechend kommt der Tourismusbranche allgemein und dem Beherbergungsgewerbe speziell eine wachsende Bedeutung zu.

Wichtig ist, daß auf seiten der Konsumenten auch im Rahmen des Tourismus ein gestiegenes Qualitätsbewußtsein zu verzeichnen ist, welches unter anderem mit dem Gefühl verbunden ist, sich auf Reisen etwas besonderes zu gönnen bzw. der Erwartung, am Urlaubsort nicht schlechter zu wohnen, als zu Hause.[2] Mit Blick auf unausgelastete Kapazitäten und begehrte, für weite Bevölkerungsteile bezahlbare Reiseziele im Ausland sind somit die Anbieter in der Beherbergungsbranche einem zunehmenden Wettbewerbsdruck ausgesetzt. Dafür spricht auf seiten der Konsumenten auch die Entwicklung, anstelle eines Jahresurlaubs mehrere Kurzurlaube zu machen. Dem Wunsch nach Erlebnis statt Erholung muß durch ein vielsei-

---

1 Vgl. FREYER, W. (1991): Tourismus, 3. Aufl., München, S. 30 ff.

2 Vgl. O.V. (1990): a.a.O., S. 200 sowie BUNDESMINISTERIUM FÜR INNERDEUTSCHE BEZIE-HUNGEN (Hrsg.; 1990): Leitfaden für praktische Tourismusarbeit, Bd. 4, Bonn, Anlage 8.38.

tiges Leistungsangebot entsprochen werden.[1] Auf seiten der Anbieter führt das Drängen internationaler Hotelketten auf den deutschen Markt ebenfalls zu einer weiteren Wettbewerbsverschärfung, welche von den Großstädten zunehmend auch auf mittelgroße Städte überzugreifen droht.[2]

Unter dem Begriff **Beherbergungsgewerbe** werden alle Unternehmen und privaten Anbieter zusammengefaßt, die der Unterbringung von Reisenden gegen Entgelt dienen. Darunter fällt neben Hotels im klassischen Sinne (Hotels, Pensionen, Motels etc.) auch die sogenannte Parahotellerie (Appartements, Ferienwohnungen, Camping, Herbergen, Privatzimmervermietung etc.).[3] Im Hinblick auf die Untersuchung komplexer Dienstleistungen soll letztere vernachlässigt werden, da sich ihr Dienstleistungsangebot zum großen Teil auf die Bereitstellung einer Unterkunft beschränkt, d.h. keine weitergehenden Leistungen erbracht werden.[4] Der Blick richtet sich vielmehr auf Hotels, welche sich grundsätzlich durch folgende Merkmale auszeichnen:[5]

- Beherbergungsbetrieb mit angeschlossenem Verpflegungsbetrieb für Gäste und Passanten
- angemessener Standard des Angebots
- mindestens 20 Gästezimmer, welche zum großen Teil mit eigenem Bad/Dusche und WC ausgestattet sind
- Hotelempfang

Aber auch Hotels unterscheiden sich hinsichtlich ihres Leistungsangebot deutlich voneinander, so daß eine Einteilung in verschiedene Kategorien zu ihrer Differenzierung erforderlich erscheint. Als Beispiel sei hier auf die Fünf-Sterne-Hotelklassifizierung der BETRIEBSBERATUNG GASTGEWERBE GMBH verwiesen, welche neben dem reinen Dienstleistungsangebot auch bauliche Aspekte und Ausstattungsmerkmale berücksichtigt.[6]

---

1 Vgl. KASPAR, C. (1991): Die Entwicklung des modernen Tourismus, in: STATISTISCHES BUNDESAMT (Hrsg.): Tourismus in der Gesamtwirtschaft, Bd. 17 der Schriftenreihe Forum der Bundesstatistik, Stuttgart, S. 21 f.

2 Vgl. FREYER, W. (1991): a.a.O., S. 136 f.

3 Vgl. FREYER, W. (1991): a.a.O., S. 133.

4 Vgl. hierzu auch HAMER, E.; RIEDEL, B. (1990): Gastronomiemarketing, Bd. 21 der Schriftenreihe des Mittelstandsinstituts, Landsberg a.L., S. 75 ff.

5 Vgl. BUNDESMINISTERIUM FÜR INNERDEUTSCHE BEZIEHUNGEN (Hrsg.; 1990): a.a.O., Anlage 8.37.

6 Vgl. KANIG, W.; KREUZIG, K.H.; RUNGENHAGEN, C. (1992): Betriebsvergleich Hotellerie und Gastronomie Deutschland 1992, hrsg. von der BBG CONSULTING BETRIEBSBERATUNG GASTGEWERBE GMBH, Düsseldorf, S. 79 f. Entgegen der oben genannten Hotel-Defi-

Vergleicht man ein Zwei- mit einem Vier-Sterne-Hotel im Hinblick auf die durch den Hotelgast wahrgenommene Komplexität des Leistungsangebots, so kommt man zu folgenden Ergebnissen:[1]

Involvement und wahrgenommenes Risiko sind bei einem Hotelgast in Abhängigkeit von seinem Aufenthaltsanlaß zu beurteilen. Bei einer Zwischenübernachtung wird bspw. die Komplexität der Leistung – unabhängig davon, ob man sich in einem Economy- oder First-Class-Hotel befindet – eher gering eingestuft werden, da es allein darum geht, Grundbedürfnisse zu decken.[2] Bei Urlaubsreisenden kann hingegen von einem relativ hohen Involvement und damit zusammenhängend von einem hohen wahrgenommenen Risiko ausgegangen werden. Berücksichtigt man darüber hinaus das zur Verfügung stehende Einkommen und die Zeit, so ist davon auszugehen, daß das Involvement und insbesondere das wahrgenommene Risiko um so höher ausfallen werden, je größer der Anteil der Hotelkosten an den gesamten Konsumausgaben eines Haushalts und je geringer die Wahrscheinlichkeit ist, in Abhängigkeit von finanziellen und zeitlichen Restriktionen einen vergleichbaren Hotelaufenthalt wiederholen zu können. Daher können zunächst bezüglich dieser Komplexitätsmerkmale allein ebenfalls keine eindeutigen Unterschiede zwischen den Hotelkategorien festgestellt werden.

Untergliedert man jedoch dieses allgemeine Reise-Involvement in seine Bestandteile Fahrt, Hotelaufenthalt und Freizeitgestaltung, so werden die Unterschiede hinsichtlich der Komplexitätswahrnehmung bei der jeweiligen Hotelkategorie deutlich, da dem Vier-Sterne-Hotel – neben der reinen Hotelleistung im Sinne von Übernachtung und Frühstück – ein großer Teil der Freizeitgestaltung zufällt. Daher ist die Komplexität eines Vier-Sterne-Hotels höher zu bewerten. Die Ursache hierfür ist darin zu sehen, daß sich die Erwartungen des Hotelgastes zwar an dem gewählten Angebot orientie-

---

nition werden hier bereits Betriebe ohne eigene Restauration als Ein-Sterne-Hotel kategorisiert. International hat sich jedoch bislang kein einheitliches Klassifikationsschema durchsetzen können, so daß ein Hotel anhand seiner Klassifizierung nicht eindeutig beschrieben werden kann, vgl. FREYER, W. (1991): a.a.O., S. 132 f.

1 Zur Hoteldienstleistung als komplexes Leistungsangebot und den damit verbundenen Besonderheiten hinsichtlich der Leistungswahrnehmung vgl. TEARE, R. (1988): Generating consumer theory for the hospitality industry: An integrated approach to the treatment of practical and theoretical issues, in: JOHNSTON, R. (Hrsg.): The Management of Service Operations, OMA Proceedings, Berlin, S. 272.

2 Vgl. SENIOR, M.; AKEHURST, G. (1991): a.a.O., S. 94.

ren werden, jedoch aufgrund der Vielfalt des Leistungsangebots in mehrfacher Hinsicht enttäuscht werden können.[1]

An dieser Stelle wird jedoch deutlich, daß Komplexitätsunterschiede zwischen den Hotelkategorien insbesondere aus der Größe und Heterogenität des Leistungsumfangs resultieren. Während bspw. im Zwei-Sterne-Hotel die Zimmerausstattung nur wenig über das Mindestmaß hinausgeht und sich Zusatzleistungen weitgehend auf einen Weckdienst beschränken, zeichnet sich ein Vier-Sterne-Hotel z.b. durch zusätzliche Fitnessangebote, Gesellschaftsräume oder besondere Zimmerausstattung aus. Die Zahl der möglichen Kontaktpunkte zwischen dem Anbieter und dem Dienstleistungsnachfrager liegt demnach bedeutend höher.[2]

Damit verbunden ist die Zahl der Mitarbeiter, die an dem Nachfrager Leistungen verrichten. Diese hängt zwar auch mit der Größe des Hotels und seiner Kapazität zusammen, so daß der Gast durchaus auch in einem Zwei-Sterne-Hotel mit vielen Mitarbeitern in Kontakt kommen kann. Aufgrund des begrenzten und homogenen Leistungsumfangs wird er jedoch die Komplexität weniger stark empfinden.[3] Die Kapazität eines Hotels beeinflußt ferner die Kontaktmöglichkeiten mit anderen Nachfragern. Diese hängen jedoch auch mit dem Leistungsangebot des Anbieters zusammen, welches unter Umständen sogar von mehreren Nachfragern parallel genutzt wird. Anlaß hierfür ist die Überlegung, daß die Kontaktwahrscheinlichkeit vor, während oder nach der Inanspruchnahme gegenüber selbst organisierter Freizeitgestaltung zunimmt, da in diesem Fall zum einen gemeinsame Gesprächsstoffe bestehen und zum anderen die Ursachen für Zufriedenheit oder Unzufriedenheit dem Anbieter zugerechnet werden können.

Die Länge der Erstellungsepisode ist hingegen unabhängig von der gewählten Hotelkategorie. Sie orientiert sich vielmehr an der Länge des Aufent-

---

[1] So werden sich die Erwartungen eines Zwei-Sterne-Hotelgastes vornehmlich auf den Zustand bzw. die Sauberkeit und Lage seines Zimmers sowie die Zubereitung seiner Mahlzeiten konzentrieren, während er sich für die weitere Gestaltung seines Aufenthaltes eigenverantwortlich fühlen wird. Demgegenüber erstrecken sich bspw. die Erwartungen eines Vier-Sterne-Hotelgastes auch auf Leistungen, die zur Gestaltung seines Tagesablaufes und der Abende nachgefragt werden können. Als Extrembeispiel kann eine Club-Urlaubsreise herangezogen werden.

[2] Vgl. auch TEARE, R. (1988): a.a.O., S. 272. Dabei ist jedoch der Aufenthaltsanlaß des Gastes zu berücksichtigen, da davon ausgegangen werden kann, daß Anzahl und Art der Kontakte zwischen Urlaubs- und Geschäftsreisenden unterschiedlich ausgeprägt sind.

[3] Betrachtet man darüber hinaus die größten Hotels in Deutschland und die Zahl ihrer Mitarbeiter, so kann festgestellt werden, daß diese überwiegend in höhere Kategorien einzuordnen sind. Vgl. FREYER, W. (1991): a.a.O., S. 135. Multipersonalität kann also auch bei Vier-Sterne-Hotels nicht nur in Zusammenhang mit dem Leistungsumfang, sondern auch mit der Größe des Hotels gesehen werden.

halts und hat somit keine Auswirkungen auf die unterschiedlich wahrgenommene Komplexität der Leistung.

Dagegen kommt der Individualität der angebotenen Leistung eine besondere Bedeutung zu. In diesem Zusammenhang soll unterstellt werden, daß die Individualität der Leistung mit zunehmender Angebotsvielfalt bzw. wachsendem Leistungsniveau in einem Vier-Sterne-Hotel höher eingeschätzt wird als bei einem Zwei-Sterne-Hotel. Zwar muß berücksichtigt werden, daß der Konsument bei der Wahl eines Vier-Sterne-Hotels einen bestimmten Grad an individueller Betreuung voraussetzt. Dennoch wird er im Vergleich zu dem Besucher eines Zwei-Sterne-Hotels, welcher ein weitgehend standardisiertes Leistungsangebot erwartet, die Komplexität der Hotelleistung entsprechend höher wahrnehmen.

Faßt man die Ergebnisse dieses Vergleichs zusammen, so kommt man zu den in Abbildung 17 dargestellten Profilen, welche die Unterschiede zwischen den Hotelkategorien hinsichtlich der wahrgenommenen Komplexität verdeutlichen. Vergleicht man diese Darstellung mit Abbildung 5, so wird deutlich, daß die Skaleneinteilung nicht absolut zu verstehen ist, sondern allein die relativen Unterschiede zwischen den zu vergleichenden Leistungen verdeutlichen soll.

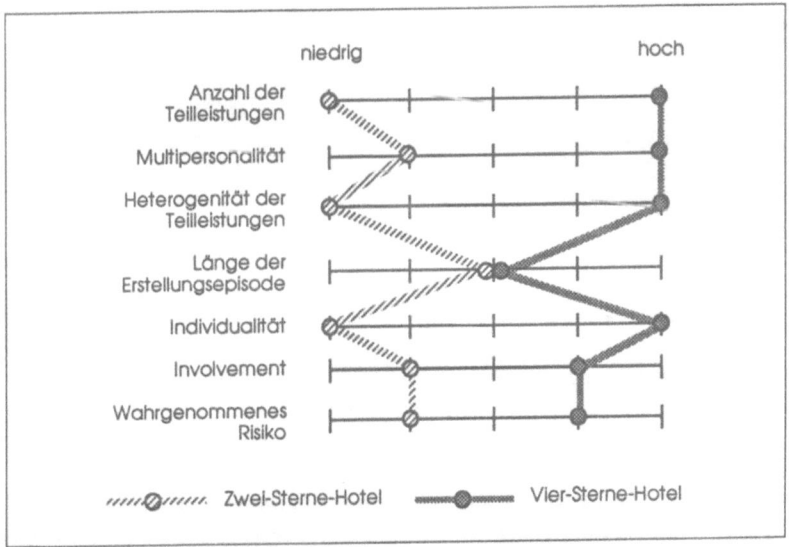

Abb. 17: Komplexitätsprofile für ein Zwei- und ein Vier-Sterne-Hotel

Insgesamt zeigt sich, daß das Leistungsangebot eines Vier-Sterne-Hotels bei den für den Vergleich der Modellansätze relevanten Determinanten eine hohe Ausprägung der wahrgenommenen Komplexität aufweist. Daher scheint eine Datenerhebung in einem Vier-Sterne-Hotel als Grundlage für die Überprüfung der in Kapitel B.3.3 aufgestellten These bezüglich der Operationalisierung von Dimensionen der Qualitätswahrnehmung bei komplexen Dienstleistungen, die sich insbesondere durch die Zahl und Unterschiedlichkeit ihrer Teilleistungen auszeichnen, geeignet zu sein.

1.2 Wahl der Stichprobe und des statistischen Auswertungsverfahrens

Als Grundlage der folgenden statistischen Untersuchungen zur Analyse der dargestellten Modellansätze dient die mündliche Befragung von 160 Hotelgästen eines Vier-Sterne-Hotels in Mecklenburg-Vorpommern, welche im Sommer 1993 durchgeführt worden ist. Der Fragebogen wurde nach Absprachen mit der Hotelleitung erstellt und leicht modifiziert nach einigen Testinterviews für geeignet befunden.[1]

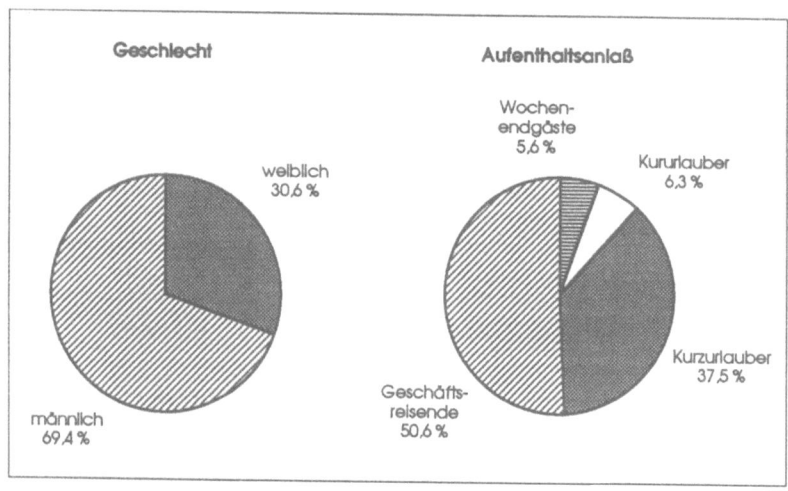

Abb. 18: Zusammensetzung der Stichprobe

Die Zusammensetzung der Stichprobe kann der Abbildung 18 entnommen werden. Unter den Befragten befanden sich 43,1 % Wochenend- und Kurzurlaubsreisende und ca. 6 % Kururlauber. Der Rest waren Geschäftsreisende. Die Wahl dieser Verteilung, welche gerade im Hinblick auf die Urlaubsmonate, in denen die Interviews durchgeführt wurden, seltsam erscheinen mag, orientiert sich an der im Jahresverlauf durchschnittlichen Gästestruktur des Hotels, in welchem die Befragung durchgeführt wurde.

---

[1] Der vollständige Fragebogen befindet sich im Anhang II. Anhand der Fragen 9, 11, 12, 15, 17, 20, 22 und 25 kann die Vielfalt des Leistungsangebotes des Hotels bemessen werden.

Diese resultiert nicht zuletzt aus der besonderen Situation, in welcher sich Hotels in den Neuen Bundesländern in den vergangenen Jahren befanden. In diesem Zusammenhang muß auch der geringe Anteil der Frauen mit nur 30 % der Befragten gesehen werden. Die Auswahl der interviewten Gäste erfolgte nach dem Zufallsprinzip, allerdings unter Berücksichtigung der angestrebten Quotenbildung.

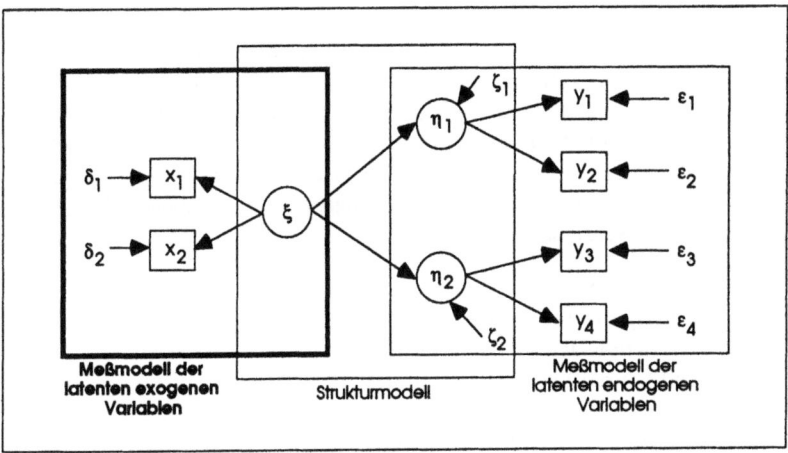

Abb. 19: Pfaddiagramm für ein vollständiges LISREL-Modell[1]
Quelle: BACKHAUS, K. ET AL. (1994): a.a.O., S. 350.

Um zu überprüfen, inwieweit die in Kapitel B.3 dargestellten Modelle geeignet sind, die Dimensionen der Qualitätswahrnehmung komplexer Dienstleistungen abzubilden, soll das ›Meßmodell der latenten exogenen Variablen‹ (konfirmatorische Faktorenanalyse) im Rahmen des LISREL-Ansatzes der Kausalanalyse (LInear Structural RELations System) angewandt werden. Ziel eines vollständigen LISREL-Modells, dessen Aufbau Abbildung 19 zu entnehmen ist, ist die Bestimmung kausaler Beziehungen zwischen latenten, nicht beobachtbaren Variablen, welche allenfalls durch beobachtbare Indikatoren beschrieben werden können. Auf eine übergreifende Erläuterung des vollständigen LISREL-Modells soll an dieser Stelle verzichtet werden, da im Rahmen der empirischen Auswertung allein die konfirmatorische Faktorenanalyse herangezogen werden soll.[2] Grund für

---

1 Das Strukturmodell entspricht dem regressionsanalytischen Denkansatz, wobei Eta die abhängigen und Ksi die unabhängigen Variablen darstellen. Die Meßmodelle haben hingegen faktoranalytischen Charakter.

2 Zur ausführlichen Beschreibung der Kausalanalyse allgemein bzw. des LISREL-Ansatzes und seiner Teilmodelle im speziellen vgl. HOMBURG, C. (1989): Exploratorische Ansätze der Kausalanalyse als Instrument der Marketingplanung, Diss., Frankfurt, S. 143-199; JÖRESKOG, K.G.; SÖRBOM, D. (1989): LISREL 7. A Guide to the Program and Applications,

diese Beschränkung ist die Absicht, die Modelle dahingehend miteinander zu vergleichen, inwieweit sie geeignet sind, Wahrnehmungszusammenhänge des Nachfragers im Rahmen der Inanspruchnahme komplexer Dienstleistungen abzubilden.

Ausgangspunkt der **konfirmatorischen Faktorenanalyse**[1] ist die Annahme einer oder mehrerer nicht beobachtbarer (latenter) Größen (Ksi), die hinter mehreren direkt beobachtbaren Variablen (x) stehen. Im Gegensatz zur explorativen Faktorenanalyse, welche diese hypothetischen Konstrukte erst zu ermitteln sucht, bestehen bei Anwendung der konfirmatorischen Faktorenanalyse bereits genaue, theoriegeleitete Vorstellungen hinsichtlich dieser Konstrukte und ihrer Beziehungen zu den Variablen. Die empirische Analyse besteht daher allein aus der Überprüfung dieser Beziehungen. Der grundsätzliche Aufbau der konfirmatorischen Faktorenanalyse läßt sich folgendermaßen beschreiben:[2]

(1) Hypothesenbildung
(2) Erstellung des Pfaddiagramms
(3) Spezifikation der Modellstruktur
(4) Identifikation der Modellstruktur
(5) Parameterschätzungen
(6) Beurteilung der Schätzergebnisse

Im ersten Schritt werden Hypothesen gebildet hinsichtlich der Beziehung zwischen einem hypothetischen Konstrukt und beobachtbaren Variablen. Dabei ist es möglich, a priori Beziehungen zwischen den Indikatoren und den latenten Größen bzw. den latenten Größen untereinander festzulegen, welche im Rahmen der Parameterschätzung berücksichtigt werden. Das

---

2. Aufl., Chicago (IL); BACKHAUS, K. ET AL. (1994): Multivariate Analysemethoden, 7. Aufl., Berlin, S. 323-432; BAGOZZI, R.P. (1981): Evaluating Structural Equation Models with Unobservable Variables and Measurement Error: A Comment, in: Journal of Marketing Research, 18. Jg., Nr. 8, S. 375 ff. Als weiteres Kausalmodell ist das Computerprogramm EQS denkbar, welches sich allerdings in der Praxis noch nicht durchgesetzt hat. Vgl. HOMBURG, C.; SÜTTERLIN, S. (1990): Kausalmodelle in der Marketingforschung, in: Marketing ZFP, 12. Jg., Nr. 3, S. 181 ff.

1 Vgl. zu den folgenden Ausführungen BACKHAUS, K. ET AL. (1994): a.a.O., S. 409 ff.; JÖRESKOG, K.G.; SÖRBOM, D. (1989): a.a.O., S. 75-104 sowie HILDEBRANDT, L. (1983): Konfirmatorische Analysen von Modellen des Konsumentenverhaltens, Diss., Vertriebswirtschaftliche Abhandlungen, hrsg. von ENGELHARDT, W.H.; HAMMANN, P., Heft 24, Berlin, S. 24 ff. Zu den Prüfkriterien vgl. insb. BALDERJAHN, I. (1986): Das umweltbewußte Konsumentenverhalten, Diss., Berlin, S. 88 ff.

2 Vgl. BACKHAUS, K. ET AL. (1994): a.a.O., S. 362.

Programm LISREL stellt hierfür drei Arten der Parameterfestlegung zur Verfügung:[1]

- Feste Parameter   Parameter, denen a priori ein fester Wert zugeordnet wird (z.B. 0, wenn kein Zusammenhang unterstellt wird)
- Begrenzte Parameter   Parameter, die zwar im Modell geschätzt werden sollen, deren Wert jedoch mit dem eines oder mehrerer anderer Werte genau übereinstimmen soll
- Freie Parameter   Parameter, deren Wert unbekannt ist und daher vom Modell geschätzt werden soll

Durch die Restringierung bzw. Fixierung einzelner Pfade wird somit die Zahl der zu schätzenden Parameter verringert. Nach Übertragung dieser Hypothesen in ein Pfaddiagramm, welches die graphische Darstellung dieser Zusammenhänge wiedergibt, wird das Modell für die zu schätzenden Parameter spezifiziert, d.h. in ein mathematisches Gleichungssystem überführt. Ziel hierbei ist, die modelltheoretische Korrelationsmatrix der empirischen möglichst nahe anzupassen.[2] Auf der Basis des spezifizierten Modells werden anschließend die Modellparameter geschätzt und hinsichtlich ihrer Güte beurteilt.

Notwendige Bedingung für eine eindeutige Schätzung der Beziehungsstrukturen ist die Lösbarkeit des Modells. Als Indikator hierfür kann die Anzahl der Freiheitsgrade des Chi-Quadrat-Tests herangezogen werden, welche der Differenz zwischen der Zahl der Gleichungen und der Zahl der zu schätzenden Parameter entspricht. Ein Modell ist daher nur dann lösbar, wenn die Zahl der Freiheitsgrade größer bzw. gleich null ist. Dabei wird die Anzahl der Gleichungen durch die Zahl der nicht doppelten Elemente der Korrelationsmatrix bestimmt. Die Zahl der zu schätzenden Parameter hängt von den modellspezifischen Restriktionen ab und ist somit gleich der Zahl der unbekannten Parameter.[3]

Weitere Voraussetzung für die Identifizierbarkeit des Modells ist die lineare Unabhängigkeit der zu schätzenden Gleichungen, d.h. daß die Matrizen –

---

[1] Vgl. PFEIFER, A.; SCHMIDT, P. (1987): LISREL. Die Analyse komplexer Strukturgleichungsmodelle, Stuttgart, S. 31 f.

[2] BALDERJAHN folgend sollen die Begriffe Kovarianz und Korrelation synonym verwendet werden, vgl. BALDERJAHN, I. (1986): a.a.O., S. 78.

[3] Die notwendige Bedingung der Identifikation lautet entsprechend: $t \leq 0{,}5 * q(q+1)$, mit t = Anzahl der zu schätzenden Parameter und q = Anzahl der x-Variablen einer funktional beschriebenen $(q*q)$ - Korrelationsmatrix.

- 104 -

insbesondere die empirische Korrelationsmatrix – positiv definit sein müssen. Hinweise auf entsprechende Modellverletzungen gibt bspw. die Informationsmatrix, welche den Erwartungswert der Matrix der zweiten partiellen Ableitung der Fitfunktion nach den zu schätzenden unabhängigen Parametern darstellt.[1] Eine nicht positiv definite Informationsmatrix spricht für ein mit hoher Wahrscheinlichkeit nicht identifiziertes Kovarianzstrukturmodell. Darüber hinaus ist das Programm LISREL in der Lage, nicht positiv definite Matrizen zu erkennen und entsprechende Warnungen auszusprechen.

Eine Erhöhung der Modellidentifizierbarkeit bzw. -güte ist in einem weiteren Schritt über das Modell-Fitting möglich. Das Programmpaket LISREL stellt hierfür neben den allgemeinen Prüfgrößen und Testkriterien gezielte Informationen darüber zur Verfügung (MODIFICATION INDEX), inwieweit die Freisetzung eines zuvor fixierten Parameters bei Konstanz der übrigen Größen eine Modellverbesserung mit sich bringt. Eine nachträgliche Modellanpassung widerspricht jedoch dem theoriegeleiteten Charakter der konfirmatorischen Faktorenanalyse, die ausschließlich die Zusammenhänge zwischen Indikatoren und latenten Variablen auf der Basis theoriegestützter Überlegungen überprüfen will.[2]

Zur Berechnung der Parameter stehen unterschiedliche iterative und nichtiterative Methoden zur Verfügung. Letztere verwenden nur einen Teil der Informationen der Korrelationsmatrix und sind somit zwar relativ einfach sowie relativ robust gegenüber Fehlspezifikationen, da die Parameter sukzessiv pro Gleichung bestimmt werden. Komplexere Modellstrukturen können daher jedoch weniger gut analysiert werden. Iterative Verfahren berechnen hingegen so lange neue Schätzwerte, bis sich die Funktionswerte nur noch unwesentlich verändern, d.h. die Fitfunktion minimiert ist. In Abhängigkeit von der Zahl der Anpassungsschritte ist allerdings die Stabilität bzw. Zulässigkeit der endgültigen Parameterschätzung zu betrachten.[3]

In den hier durchgeführten Analysen wurde die Methode der ungewichteten kleinsten Quadrate (Unweighted Least-Squares – ULS) verwendet. Diese Fit- bzw. Diskrepanzfunktion liefert konsistente und asymptotisch normal-

[1] Vgl. BALDERJAHN, I. (1986): a.a.O., S. 91.

[2] Vgl. hierzu insb. BACKHAUS, K. ET AL. (1994): a.a.O., S. 335 und S. 423.

[3] Entsprechend lautet die Faustregel, daß ein Modell nur dann als zuverlässig zu betrachten ist, wenn innerhalb von zehn Iterationen sinnvolle Parameterschätzungen erzielt werden können. Das Programmpaket enthält einen entsprechenden Zulässigkeitstest (Admissibility Test), dessen Toleranzwert nach Bedarf verändert werden kann. Vgl. JÖRESKOG, K.G.; SÖRBOM, D. (1989): a.a.O., S. 24.

verteilte Schätzungen und ist unabhängig von der Restriktion der multiva-
riaten Normalverteilung, welche anderen Fitfunktionen zugrundeliegt.
Die Anpassungsgüte des Modells (d.h. Übereinstimmung von empirischer
und modelltheoretischer Kovarianz- bzw. Korrelationsmatrix) kann mit
Hilfe von Teststatistiken, die das Programm bei der Verwendung der ULS-
Schätzmethode zur Verfügung stellt, überprüft werden. Diese können allerdings nur unter der Prämisse der Normalverteilung sinnvoll interpretiert
werden.[1] Die Prüfgrößen, welche sich in Detail- und Globalkriterien unterscheiden lassen, sollen jedoch im Rahmen der Auswertungen konkret am
Beispiel der zu untersuchenden Modellansätze vorgestellt und erläutert
werden. Zuvor gilt es die Indikatoren, welche zur Beschreibung der
Qualitätsdimensionen herangezogen werden sollen, festzulegen.

1.3 Wahl der Qualitätsindikatoren

Bei den latenten exogenen Größen (Ksi) handelt es sich um hypothetische
Konstrukte, die einer direkten Messung nicht zugänglich sind und zu deren
Beschreibung beobachtbare Indikatoren herangezogen werden müssen. Zur
Überprüfung der Qualitätsmodelle sind daher Variable zu bestimmen, die
die exogenen Faktoren bzw. Qualitätsdimensionen in geeigneter Weise abbilden. Zur Überprüfung der in dem Qualitätsmodell von ZEITHAML, BERRY
und PARASURAMAN einerseits und in dem Teilleistungsmodell andererseits
abgeleiteten Qualitätsdimensionen wurden aus dem Fragebogen die folgenden Fragen ausgewählt:

* F06.1   Zufriedenheit mit der Freundlichkeit bei der Reservierung
* F06.2   Zufriedenheit mit der Reibungslosigkeit bei der Reservierung
* F06.3   Zufriedenheit mit der Berücksichtigung von Wünschen bei
          der Reservierung
* F08.1   Zufriedenheit mit der Freundlichkeit beim Empfang
* F08.2   Zufriedenheit mit der Zuvorkommenheit beim Empfang
* F08.3   Zufriedenheit mit den Wartezeiten beim Empfang
* F08.4   Zufriedenheit mit dem äußeren Eindruck des Empfangs-
          personals
* F09.1   Zufriedenheit mit der Lage des Zimmers
* F09.2   Zufriedenheit mit der Ausstattung des Zimmers
* F09.3   Zufriedenheit mit der Ausstattung des Bades
* F09.4   Zufriedenheit mit dem Komfort des Zimmers
* F09.5   Zufriedenheit mit dem Zimmerservice

---

[1] Vgl. FÖRSTER, F. ET AL. (1984): Der LISREL-Ansatz der Kausalanalyse und seine Bedeutung für die Marketing-Forschung, in: ZfB, 54. Jg., Nr. 4, S. 355.

- F09.7   Zufriedenheit mit der Sauberkeit des Zimmers
- F14.1   Zufriedenheit mit der Auswahl des Buffets
- F14.2   Zufriedenheit mit der Qualität der Speisen und Getränke
- F14.3   Zufriedenheit mit der Bedienung am Buffet
- F14.4   Zufriedenheit mit der Atmosphäre beim Frühstück
- F14.5   Zufriedenheit mit den Frühstückszeiten

Um die Ergebnisse der statistischen Auswertung vergleichbar zu machen, ist es erforderlich, daß in beide Analysen jeweils die gleichen Variablen eingehen. Diese Restriktion hat insbesondere für die Auswahl der Indikatoren Konsequenzen: So werden nur solche Fragen herangezogen, die in beiden Modellansätzen gleichermaßen verwendet werden können. Hierfür werden die Indikatoren daraufhin untersucht, inwieweit sie sich sowohl einer der fünf Dimensionen von ZEITHAML, BERRY und PARASURAMAN als auch einer Teilleistung im Rahmen der gesamten Hoteldienstleistung zuordnen lassen. Dies hat zur Folge, daß z.B. Frage 28.4 nach der Zuverlässigkeit des Personals nicht in die Betrachtung einbezogen wird, obwohl sie geeignet ist, als Indikator für den Faktor ›Reliability‹ zu fungieren. Grund hierfür ist die Tatsache, daß diese Frage keiner Teilleistung als Indikator zugeordnet werden kann.

Neben der Berücksichtigung inhaltlicher Aspekte erfolgte die Auswahl aus folgenden Gründen: Zum einen muß die Vielzahl der zur Verfügung stehenden Fragen auf eine überschaubare Anzahl von Indikatoren verringert werden, um so den Umfang der den konfirmatorischen Faktorenanalysen zugrundeliegenden Modelle zu reduzieren und diese somit handhabbar zu machen. Eine zu hohe Anzahl an Indikatoren und daraus abgeleiteter Faktoren beeinträchtigt zum anderen in Abhängigkeit vom Stichprobenumfang die Sicherheit der Parameterschätzungen.

Daher sind Fragen selektiert worden, die zwar unterschiedlich stark, dafür aber hoch signifikant mit dem Qualitätsurteil der Hotelbesucher korreliert sind.[1] Einzige Ausnahme bildet Frage F06.2 hinsichtlich der Reibungslosigkeit der Reservierung des Hotelzimmers. Hier konnte kein signifikanter Zusammenhang mit dem Gesamtqualitätsurteil festgestellt werden. Gleichwohl wird diese Frage in die statistische Auswertung einbezogen, da sie im Vergleich zu den anderen Fragen bzw. Indikatoren am besten zur Beschrei-

---

[1] Das Gesamtqualitätsurteil wird in Frage 2.1 abgefragt, in welcher die Hotelgäste um eine Beurteilung der Qualität des Hotels im Vergleich zu ihnen bekannten und vergleichbaren Hotels gebeten werden. Die Korrelationskoeffizienten zwischen dem Qualitätsurteil und den einzelnen Fragen sind einschließlich des Signifikanzniveaus der Tab. 1 im Anhang I zu entnehmen.

bung der Qualitätsdimension ›Reliability‹ im Rahmen des Modells von ZEITHAML, BERRY und PARASURAMAN herangezogen werden kann.

Bei den Fragen F06.1, F06.2 und F06.3, die sich auf Aspekte der Reservierung beziehen, ist – mit Blick auf die der Analyse zugrundeliegenden Stichprobenverteilung – zu beachten, daß viele der Befragten diese Leistung nicht in Anspruch genommen haben, da sie die Reservierung nicht selbst übernommen, sondern an Dritte (bspw. Reisebüros oder Sekretärinnen) weitergeleitet haben. Als Konsequenz kann sich daraus ergeben, daß einzelne Antworten nicht eigene Erfahrungen wiedergeben, sondern vielmehr auf den Aussagen Außenstehender beruhen.

Neben dem signifikanten Zusammenhang zwischen den einzelnen Indikatoren und dem Qualitätsurteil wurde zum anderen die Zahl der Fälle, welche in die Analyse eingehen, berücksichtigt, um den Stichprobenumfang ausreichend groß zu gestalten.[1] Dies hat zur Folge, daß Fragen wie bspw. die nach der Zufriedenheit mit den Videotext-Informationen (F12.1), die hoch und gleichzeitig signifikant mit Frage 2.1 korrelieren, aufgrund einer zu geringen Zahl an Antworten nicht in die Analyse einbezogen werden.

In den folgenden Abschnitten sollen das Teilleistungsmodell und das Modell von ZEITHAML, BERRY und PARASURAMAN unter Anwendung konfirmatorischer Faktorenanalysen auf der Basis der ausgewählten Qualitätsindikatoren analysiert und beurteilt werden.

2. Überprüfung des Modells von ZEITHAML, BERRY und PARASURAMAN hinsichtlich der Qualität komplexer Dienstleistungen

Im folgenden Abschnitt werden die Schritte (1) bis (4) der allgemeinen Vorgehensweise im Rahmen der konfirmatorischen Faktorenanalyse zusammengefaßt dargestellt. Anschließend sollen die Ergebnisse hinsichtlich ihrer Güte allgemein, d.h. zunächst noch unabhängig von den Ergebnissen der Untersuchung des Teilleistungsmodells, beurteilt werden.

2.1 Beschreibung des zugrundegelegten Meßmodells

Die Auswahl der die fünf Qualitätsdimensionen von ZEITHAML, BERRY und PARASURAMAN beschreibenden Variablen wird durch die mangelnde Über-

---

[1] Zum Stichprobenumfang vgl. BACKHAUS, K. ET AL. (1994): a.a.O., S. 427 und BALDER-JAHN, I. (1986): a.a.O., S. 103 f.

schneidungsfreiheit bzw. Unabhängigkeit dieser Dimensionen erschwert.[1] Dadurch ergibt sich das Problem, die einzelnen Variablen den Qualitätsfaktoren eindeutig zuzuordnen.

Der Faktor **Tangibles** kann im Rahmen der Hoteldienstleistung vor allem durch Merkmale des Zimmers charakterisiert werden. Dessen Lage und Ausstattung sowie die Ausstattung des Bades sind vom Besucher sofort und direkt erfaß- und hinsichtlich ihrer Annehmlichkeit beurteilbar. Entsprechendes gilt für die Sauberkeit des Zimmers. Diese Variable könnte zwar ebenfalls dem Faktor ›Reliability‹ zugeordnet werden, welcher in enger Interpretation mit »performing service right the first time«[2] umschrieben werden kann, darüber hinaus jedoch auch die Fähigkeit umschreibt, die versprochene Leistung zuverlässig und akkurat zu erstellen. Gleichwohl soll sie dem tangiblen Umfeld zugerechnet werden, da sie dessen Eindruck maßgeblich prägt. Im Zusammenhang mit dem Frühstücksbuffet ist es vor allem die Auswahl an Speisen und Getränken, die der Gast als weitgehend materiell empfindet und daher direkt beurteilen kann. Die Atmosphäre läßt sich zwar nicht allein durch die Summe der materiellen Einrichtungsgegenstände und Accesssoires erfassen, sondern wird auch durch Größen beeinflußt, die durch den Dienstleistungsanbieter häufig nicht direkt steuerbar sind, wie bspw. die Lage, Helligkeit, Geräuschpegel oder aber das persönliche Geschmacksempfinden des Hotelgastes. Dennoch wird sie ebenfalls zur Beschreibung des tangiblen Umfelds herangezogen, da dessen Beurteilung nicht zwingend unabhängig von persönlichen oder immateriellen Faktoren erfolgt. Schließlich wird das Umfeld der Hoteldienstleistung durch den äußeren Eindruck des Personals am Empfang beeinflußt.

Die Reibungslosigkeit bei der Reservierung in dem Sinne, daß Buchungen ordnungsgemäß erfolgen und Spezifikationen im Rahmen der Reservierung sofort Berücksichtigung finden, bringt die Zuverlässigkeit eines Hotels bzw. seines Personals am besten zum Ausdruck. Der Faktor **Reliabilität** soll daher zu 100 % durch die Beurteilung dieser Größe gekennzeichnet werden.

Die Qualitätsdimension **Responsiveness** zeichnet sich durch die Bereitschaft aus, den Kunden im Rahmen der Inanspruchnahme der Dienstleistung zu unterstützen und die Leistung schnell und unverzüglich zu erbringen. Im Rahmen der Hoteldienstleistung läßt sich diese Größe daher durch den Zimmerservice umschreiben. Als Beispiele seien hier die Unterstützung bei der Nutzung bestimmter Einrichtungsgegenstände, wie z.B. Fernsehen, Hotelvideo oder Bügelautomat, und die unverzügliche Ausfüh-

---

[1] Vgl. HENTSCHEL, B. (1992): a.a.O., S. 138.

[2] PARASURAMAN, A.; ZEITHAML, V.A., BERRY, L.L. (1986): a.a.O., S. 6.

rung von Aufträgen genannt. Die Beispiele scheinen auch für eine Zuordnung dieser Variablen zum Faktor ›Reliabilität‹ zu sprechen, zumal die Beurteilung des Zimmerservices von der Zuverlässigkeit der Ausführungen
beeinflußt wird. Im Vordergrund soll an dieser Stelle jedoch – unabhängig
von der Fähigkeit – die generelle Bereitschaft stehen, versprochene Leistungen unverzüglich zu erbringen und dem Kunden zu helfen. Daneben kann
die Bedienung beim Frühstücksbuffet hinsichtlich ihrer Hilfsbereitschaft,
z.B. bei der Erläuterung spezieller Speisen, beurteilt werden. In diesem Zusammenhang stehen zwar auch die Freundlichkeit des Personals bzw. die
Bereitschaft, auf Sonderwünsche bei der Zubereitung von Mahlzeiten einzugehen, so daß die Bedienung beim Frühstücksbuffet ebenfalls den Dimensionen ›Assurance‹ oder ›Empathy‹ zugeschrieben werden könnte. Die
Entscheidung gegen den zuletztgenannten Qualitätsfaktor fiel aufgrund der
besonderen Darbietungsform eines Frühstücksbuffets, welche die Bedeutung der Erfüllung von Sonderwünschen aufgrund der naturgemäßen
Reichhaltigkeit des Angebots in einem Vier-Sterne-Hotel niedrig erscheinen läßt. Da die Freundlichkeit des Personals insgesamt gesondert abgefragt worden ist, steht bei der Beurteilung der Bedienung am Buffet die
Hilfsbereitschaft im Vordergrund.[1] Wartezeiten am Empfang können ebenfalls als Indikator für die Einsatzbereitschaft des Anbieters, bspw. in bezug
auf die Anpassung der Personalkapazität an Stoßzeiten oder die Schulung
des Personals, herangezogen werden.

Die Qualitätsdimension **Assurance** steht für die Sicherheit, die der Nachfrager aufgrund der Kompetenz, des Wissens, der Höflichkeit und der Vertrauenswürdigkeit des Anbieters erfährt. Im Zusammenhang mit der Hoteldienstleistung kommt sie zum einen in der Qualität der Speisen und Getränke zum Ausdruck. Dazu zählen neben dem Geschmack und dem
Frischegrad auch die optische Zubereitung und die Größe der Portionen,
welche das Wissen und die Fähigkeiten des Küchenpersonals widerspiegeln. Die Freundlichkeit des Personals – sowohl bei der Reservierung als
auch am Hotelempfang – dient ihrerseits zur Beschreibung dieses Faktors.

Der Qualitätsfaktor **Empathy** bringt schließlich das Einfühlungsvermögen
bzw. Verständnis, welches dem Kunden und seinen Wünschen entgegen-
gebracht wird, zum Ausdruck. Gleichzeitig steht er für die generelle Zugangsmöglichkeit, d.h. die Möglichkeit des Kunden, die Leistung überhaupt
in Anspruch zu nehmen bzw. in Kontakt mit dem Anbieter zu treten. Als
Indikator werden daher zum einen die Öffnungszeiten beim Frühstücks-

---

[1] Siehe Frage 28.1 im Fragebogen. Nach der Freundlichkeit des Personals in Zusammenhang
mit der Reservierung und dem Empfang ist im Hinblick auf ihre Einmaligkeit bzw. Besonderheit im Vergleich zu den im Laufe des Hotelaufenthalts wiederkehrenden und teilweise standardisierten Kundenkontakten gesondert befragt worden.

buffet herangezogen. Diese stehen direkt für die Zugangsmöglichkeit. Gleichzeitig verdeutlichen sie jedoch auch, inwieweit den individuellen Gewohnheiten der Hotelgäste hinsichtlich der Gestaltung ihres Tagesablaufs Rechnung getragen wird. Die persönliche Behandlung des Hotelgastes kann zum anderen an der Berücksichtigung von Wünschen im Rahmen der Reservierung und an der Zuvorkommenheit am Empfang beurteilt werden und unterscheidet sich somit von der Beurteilung der einfachen Freundlichkeit, mit der einem Gast begegnet wird. Auch der Komfort des Zimmers, welcher zunächst wie ein Indikator für das tangible Umfeld der Dienstleistung erscheint, soll der Bereitschaft, auf die individuellen Kundenwünsche einzugehen, zugeordnet werden. Neben besonderen Ausstattungsmerkmalen des Zimmers, die unter Umständen über den Durchschnitt hinausgehen, fallen darunter in einem Vier-Sterne-Hotel bspw. Präsentkörbe, die häufig wiederkehrenden oder besonderen Gästen dargereicht werden.

Auf der Basis dieser Hypothesen hinsichtlich der unterstellten Zusammenhänge zwischen den Qualitätsdimensionen und Indikatoren läßt sich das in Abbildung 20 wiedergegebene Pfaddiagramm erstellen.

Auf eine ausführliche Darstellung der Spezifikation der Modellstruktur, d.h. die Umsetzung des Pfaddiagramms in ein mathematisches Gleichungssystem soll an dieser Stelle verzichtet werden.[1] Hingewiesen werden soll lediglich auf die Tatsache, daß hinsichtlich der Erfassung der Variablen ›Reibungslosigkeit bei der Reservierung‹ Meßfehler ausgeschlossen werden. Dies hat zur Folge, daß der Pfad auf eins und die entsprechende Residualgröße für diesen Indikator auf null fixiert werden. Alle anderen Parameter müssen geschätzt werden, d.h. hinsichtlich der Stärke der Zusammenhänge sollen keine Vorgaben gemacht werden.

Bezogen auf das obige Modell bedeutet dies, daß 44 Parameterschätzungen vorzunehmen sind. Denen stehen 0,5*18*(18+1)=171 Korrelationskoeffizienten bzw. Gleichungen gegenüber, so daß das Modell mit 127 Freiheitsgraden als überidentifiziert und somit als grundsätzlich lösbar zu bezeichnen ist.[2]

---

[1] Zur allgemeinen Vorgehensweise vgl. BACKHAUS, K. ET AL. (1994): a.a.O., S. 370 ff. sowie ANDRES, J. (1992): Einführung in LISREL, in: HILDEBRANDT, L.; RUDINGER, G.; SCHMIDT, P. (Hrsg.): Kausalanalysen in der Umweltforschung, Stuttgart, S. 17 ff.

[2] Die Summe der zu schätzenden Parameter ergibt sich aus den einzelnen, nicht fixierten Beziehungen zwischen den Indikatoren und den latenten Faktoren (17), den Residuen der Indikatoren (17) und den Korrelationen zwischen den latenten Faktoren (10).

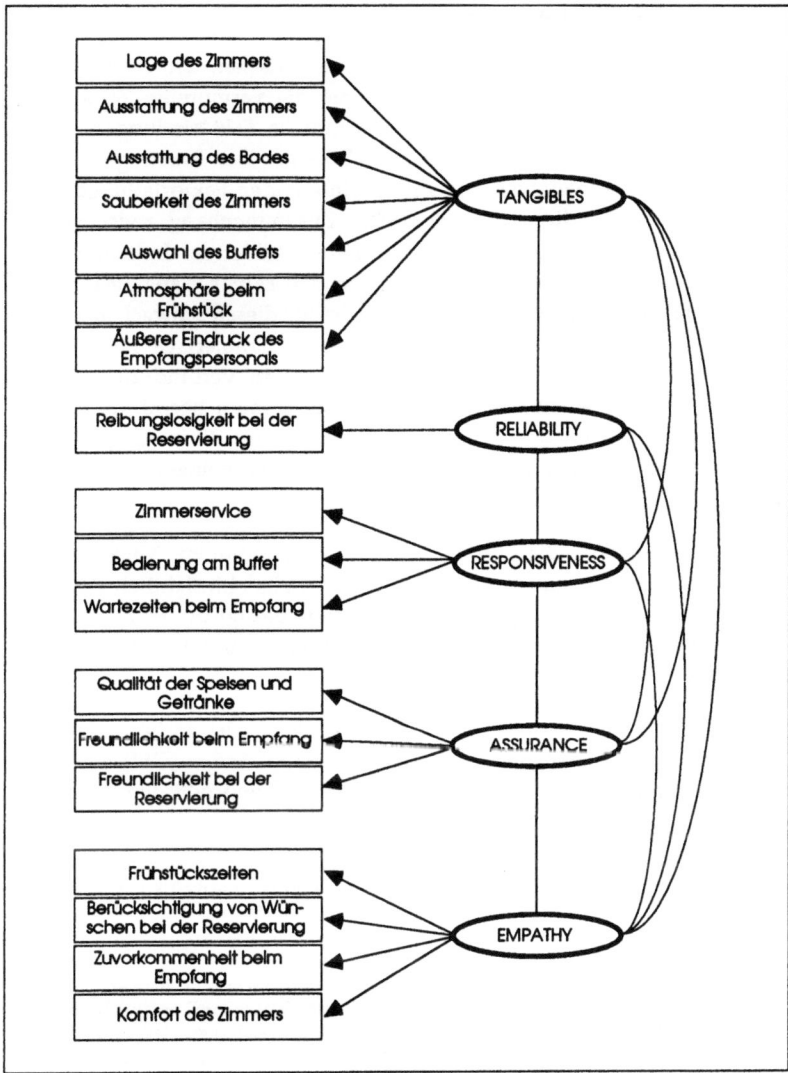

Abb. 20: Pfaddiagramm zur Überprüfung des Modells von ZEITHAML, BERRY und PARASURAMAN

Die Ergebnisse der Parameterschätzung und ihre Beurteilung sind Gegenstand des folgenden Kapitels.

2.2 Auswertung des Meßmodells

Betrachtet man die Korrelationskoeffizienten zwischen den Meßvariablen und den latenten Faktoren, so scheinen sie die vermuteten Zusammenhänge zu belegen.[1] Dafür spricht, daß sämtliche Faktorladungen positiv und mit nur einer Ausnahme größer als 0,5 sind. Der Faustregel[2] für die explorative Faktorenanalyse zur Interpretation der Faktorladungen entsprechend bedeutet dies, daß ein starker Zusammenhang zwischen den Variablen und den Faktoren besteht. Ausnahme bildet der Indikator ›Lage des Zimmers‹ (F09.1), dessen Varianz durch den Faktor ›Tangibles‹ nur zu ca. 18,4 % erklärt werden kann.[3] Eine Ursache für diesen schwachen Zusammenhang kann darin gesehen werden, daß die Zimmerlage vornehmlich mit der Aussicht und der lokalen Atmosphäre in Verbindung gebracht wird, welche von seiten des Hotels nicht bzw. kaum beeinflußt werden können. Zufriedenheit oder Unzufriedenheit mit der Zimmerlage werden somit weniger der Hotelführung zugeschrieben als vielmehr den Verantwortlichen der örtlichen Verwaltung etc.

Betrachtet man jedoch die durch das LISREL-Programm zur Verfügung gestellten Testkriterien zur Beurteilung des Modells[4] hinsichtlich der Güte seiner Gesamtstruktur, der Teilstrukturen sowie bezüglich der Zuverlässigkeit der Parameterschätzungen, so kommt man zu folgenden Schlußfolgerungen:

Zur Beurteilung der Gesamtstruktur des Modells werden insbesondere vier Testkriterien herangezogen.[5] Der **Goodness-of-Fit-Index** (GFI) entspricht dem Bestimmtheitsmaß der Regressionsanalyse[6] und gibt den Anteil der

---

[1] Die standardisierte Lösung der Parameterschätzung ist Tabelle 2 im Anhang I zu entnehmen. Die LAMBDA-X-Matrix entspricht dabei der Faktorladungsmatrix und enthält die Korrelationskoeffizienten zwischen den Indikatoren und den latenten exogenen Faktoren.

[2] Vgl. BACKHAUS, K. ET AL. (1994): a.a.O., S. 228.

[3] Die Varianz einer standardisierten Variblen beträgt 1 und läßt sich in einen erklärten und einen unerklärten Varianzanteil zerlegen. Der erklärte Varianzanteil entspricht der quadrierten Faktorladung. Der unerklärte Varianzanteil oder dem Meßfehler, welcher in der THETA-DELTA-Matrix wiedergegeben wird (vgl. Tabelle 3 im Anhang I).

[4] Zu den folgenden Ausführungen vgl. BACKHAUS, K. ET AL. (1994): a.a.O., S. 395 ff.; BALDERJAHN, I. (1986): a.a.O., S. 101 ff.; FRITZ, W. (1992): Marktorientierte Unternehmensführung und Unternehmenserfolg, Stuttgart, S. 125 ff. Hinsichtlich der Berechnung der einzelnen Testgrößen vgl. JÖRESKOG, K.G.; SÖRBOM, D. (1989): a.a.O., S. 41 ff.

[5] Die einzelnen Teststatistiken sind in Tabelle 4 im Anhang I wiedergegeben.

[6] Das Bestimmtheitsmaß R^2 gibt an, wie gut sich ein Modell (z.B. abgebildet in Form einer Regressionsgeraden) der empirischen Punkteverteilung anpaßt bzw. wieviel Restschwankungen verbleiben. Es ist daher als das Verhältnis der durch das Modell erklärten Streuung zur Gesamtstreuung definiert. Vgl. BACKHAUS, K. ET AL. (1994): a.a.O., S. 21 ff.

insgesamt erklärbaren Kovarianzen an. Der GFI kann Werte zwischen null und eins annehmen, wobei Werte nahe eins für einen guten Modellfit sprechen. Entsprechend kann bei einem GFI von 93,6 % von einer sehr hohen Anpassungsgüte des untersuchten Modells gesprochen werden.

Zu einer entsprechenden Beurteilung des Modells kommt man auch bei Betrachtung des **Adjusted-Goodness-of-Fit-Indexes** (AGFI), dessen Wert im betrachteten Fall eine Höhe von 91,4 % annimmt. Der AGFI ist gleich dem GFI ein Maß für den durch das Modell erklärten Varianzanteil, welches im Gegensatz dazu jedoch zusätzlich die Zahl der Freiheitsgrade berücksichtigt.

Während sich die beiden zuvor genannten Indices mit der Beurteilung des erklärten Varianzanteils befassen, werden anhand der Testgröße **Root-Mean-Square-Residual** (RMR) die durchschnittlichen Residualvarianzen untersucht. Bei dieser dem Standardfehler im Rahmen der Regressions-analyse[1] entsprechenden Größe geht man davon aus, daß die Varianzen der Meßvariablen ungefähr gleich groß sind. Werte unter 0,1 werden positiv be-urteilt, da sie für einen geringen Anteil der nicht erklärten Varianzen und Kovarianzen und somit für eine hohe Anpassungsgüte sprechen. Die Beur-teilung des Modells von ZEITHAML, BERRY und PARASURAMAN fällt diesbe-züglich bei einem Wert des RMR-Indexes von 0,113 im Gegensatz zu der Betrachtung des GFI oder AGFI eher negativ aus, wobei berücksichtigt werden muß, daß es sich bei diesem Schwellenwert allenfalls um eine Faustregel handelt, welche sich jedoch in der allgemeinen Forschungspraxis weitgehend durchgesetzt hat. Vor diesem Hintergrund können die positiv zu beurteilenden Werte des GFI und des AGFI als Folge eines negativen Zu-sammenhangs zwischen Faktorladung und Anpassungsgüte gewertet werden, da schwache Beziehungen zwischen den beobachtbaren und den zu messenden Größen häufig mit einer relativ guten Modellanpassung ein-hergehen.[2]

Zur Überprüfung der Validität[3] des Modells kann der **Chi-Quadrat-Wert** herangezogen werden. Der Chi-Quadrat-Test stellt der Ausgangshypothese, die empirische stimme mit der modelltheoretischen Kovarianz-Matrix

---

1 Der Standardfehler im Rahmen der Regressionsanalyse ist ein Maß für die Standardab-weichung der Residuen in der Grundgesamtheit. Vgl. BACKHAUS, K. ET AL. (1994): a.a.O., S. 39. Da der RMR-Index Unterschiede hinsichtlich der Skalierung der Daten nicht berücksichtigt, eignet er sich allenfalls dazu, die Gesamtanpassungsgüte von Modellen, die auf der Basis derselben Stichprobenerhebung getestet werden, miteinander zu vergleichen. Vgl. JÖRESKOG, K.G.; SÖRBOM, D. (1989): a.a.O., S. 44.

2 Vgl. FÖRSTER, F. ET AL. (1984): a.a.O., S. 362.

3 Die Validität ist der Grad, zu dem die Operationalisierung eines theoretischen Konstrukts dieses Konstrukt tatsächlich mißt. Vgl. HILDEBRANDT, L. (1983): a.a.O., S. 302.

überein, die Alternativhypothese gegenüber, die empirische Kovarianzmatrix entspreche vielmehr einer beliebigen, positiv definiten Matrix. Unter Berücksichtigung der Freiheitsgrade des Modells wird die entsprechende Prüfgröße ermittelt. Diese beträgt im vorliegenden Fall 876,3 bei 127 Freiheitsgraden und einer Irrtumswahrscheinlichkeit von $p = 0$. Da es sich in praktischen Anwendungen durchgesetzt hat, Modelle mit Chi-Quadrat-Werten, die höher liegen als die Zahl der Freiheitsgrade, bzw. deren Irrtumswahrscheinlichkeit unter 10 % liegt, abzulehnen, spricht dieses Testergebnis für eine Verwerfung der Null-Hypothese und somit für eine Ablehnung der Anwendbarkeit des Modells von ZEITHAML, BERRY und PARASURAMAN bei Dienstleistungen, die aufgrund der Zahl und Unterschiedlichkeit ihrer Teilleistungen als komplex wahrgenommen werden. Da diese Prüfgröße jedoch sehr stark auf den Umfang der Stichprobe sowie leichte Verletzungen der Multi-Normalverteilung reagiert, soll an dieser Stelle von einer abschließenden Modellbeurteilung auf der Basis des Chi-Quadrat-Wertes Abstand genommen werden.[1]

Da die genannten Testkriterien keine Anhaltspunkte dafür geben, innerhalb welcher Teilstrukturen eventuelle Mängel zu vermuten sind, ist es notwendig, die Güte der einzelnen Teilstrukturen des Modells zu analysieren. Diese läßt sich unter anderem an den **standardisierten Residuen** ablesen. Die Residuen (FITTED RESIDUALS) ergeben sich als Differenz zwischen der empirischen Korrelationsmatrix und der auf der Basis der Parameterschätzungen errechneten modelltheoretischen Korrelationsmatrix und stellen somit Größen dar, die durch das Modell nicht abgebildet werden können. Hohe Werte zeigen an, daß das Modell die tatsächlichen Zusammenhänge nicht geeignet wiedergibt. Modellanpassungen können daher bezüglich der Beziehungen zwischen Variablen mit hohen Residuen vorgenommen werden, wodurch jedoch dem theoriegestützten Charakter der konfirmatorischen Faktorenanalyse widersprochen wird. Da die Höhe der Residuen durch deren Skalierung beeinflußt wird, werden häufig die standardisierten Residuen (STANDARDIZED RESIDUALS) zur Beurteilung der Teilstrukturen herangezogen.[2] Hohe standardisierte Residuen können als

---

[1] Vgl. JÖRESKOG, K.G.; SÖRBOM, D. (1989): a.a.O., S. 43; HILDEBRANDT, L. (1983): a.a.O., S. 96 ff. Gegen den Chi-Quadrat-Test als strenge Teststatistik spricht auch FRITZ, der zudem weitere Faustregeln der Forschungspraxis hinsichtlich der Interpretation der Testergebnisse anführt. Würde man sich bspw. der Forderung nach einem Verhältnis von Chi-Quadrat-Wert zur Anzahl der Freiheitsgrade von kleiner 10 anschließen, so müßte die Null-Hypothese angenommen werden (876,3 / 127 = 6,9), vgl. FRITZ, W. (1992): a.a.O., S. 125 f.

[2] Obgleich es sich im vorliegenden Fall bei der Eingabematrix um eine Korrelationsmatrix handelt und somit die FITTED RESIDUALS zur Beurteilung der Teilstrukturen geeignet sind, werden an dieser Stelle die STANDARDIZED RESIDUALS herangezogen, da auf

Abweichung von der Normalverteilung interpretiert werden, wobei absolute Werte, die größer 2,58 sind, als hoch erachtet werden.

Zur Erleichterung der Interpretation stellt das Programm den Stemleaf Plot und den Q-Plot bereit. Der **Stemleaf Plot** spiegelt die Häufigkeitsverteilung der Residuen wider und sollte möglichst die Form einer Normalverteilung annehmen. Für das betrachtete Modell besitzt er eine leichte Neigung nach links, welche jedoch nicht ausreicht, an der Normalverteilung der Residuen zu zweifeln.[1] Mit Hilfe des **Q-Plots** kann man zum einen untersuchen, ob die Ausgangsdaten von der zugrundegelegten Multinormalverteilung abweichen. Davon ist insbesondere dann auszugehen, wenn die standardisierten Residuen nicht zum großen Teil auf einer Geraden liegen. Zum anderen kann man an der Steigung der Geraden, auf welcher die standardisierten Residuen liegen, den Gesamt-Fit des Modells ablesen. Ist die Steigung größer als die der Diagonalen des Q-Plots so kann der Modell-Fit positiv beurteilt werden. Bei dem Modell von ZEITHAML, BERRY und PARASURAMAN ist die Steigung hingegen kleiner als eins, so daß von einem eher schlechten Modell-Fit ausgegangen werden muß.[2]

Hinsichtlich der Reliabilität[3] der Schätzungen können zum einen die **Standardfehler der Schätzung** herangezogen werden. Diese geben zum Ausdruck, inwieweit die auf der Basis einer Stichprobe errechneten Werte wahrscheinlich streuen würden, wenn eine andere Stichprobe aus der Grundgesamtheit zur Überprüfung der unterstellten Zusammenhänge herangezogen würde. Hohe Standardfehler können daher als Indiz für unzuverlässige Parameterschätzungen gewertet werden. Im vorliegenden Fall liegen alle Standardfehler mit einer Ausnahme unter 0,1, so daß – mit Berücksichtigung der Besonderheiten, die sich aufgrund der Analyse einer

---

ihrer Basis der Q-PLOT erstellt wird. Die STANDARDIZED RESIDUALS sowie der Q-PLOT sind im Anhang I in den Tabellen 5 und 7 wiedergegeben.

1 Vgl. Tabelle 6 im Anhang I.

2 Zur Beurteilung der Teilstrukturen können auch die durch das Programm berechneten Modifikationsindices herangezogen werden. Diese geben an, wie sich der Chi-Quadrat-Wert verbessert, wenn zuvor fixierte bzw. restringierte Parameter freigesetzt werden, während die übrigen geschätzten Parameter auf ihren berechneten Wert festgelegt werden. Die Nicht-Spezifizierung der Beziehung zwischen einzelnen Indikatoren und latenten Größen wird dabei als Fixierung dieser Beziehung auf 0 aufgefaßt. Hohe Index-Werte sprechen gegen das Modell bzw. die Plausibilität der unterstellten Beziehungen zwischen den Parametern. Da es jedoch keine Schwellenwerte gibt, die für die Annahme oder Ablehnung eines Modells sprechen, soll hier auf eine Wiedergabe der Modifikationswerte verzichtet werden. Vgl. BACKHAUS, K. ET AL. (1994): a.a.O., S. 421 und JÖRESKOG, K.G.; SÖRBOM, D. (1989): a.a.O., S. 45.

3 Die Reliabilität gibt den Grad an, zu dem eine Messung frei von Meßfehlern ist, d.h. unabhängige, aber vergleichbare Messungen des gleichen Zusammenhangs übereinstimmen. Vgl. HILDEBRANDT, L. (1983): a.a.O., S. 301.

Korrelationsmatrix als Ausgangsmatrix ergeben – auf relativ sichere Schätzungen geschlossen werden kann.[1] Eine andere Möglichkeit der Beurteilung stellt in diesem Zusammenhang die Analyse der **T-Werte** dar, welche die Relation von Parameterschätzung und Standardfehler wiedergeben. Unter Zugrundelegung eines 5-prozentigen Signifikanzniveaus müssen die T-Werte größer als 1,96 sein, damit von Parameterschätzungen, die signifikant von null abweichen, ausgegangen werden kann. Eine Betrachtung der T-Werte für das hier zu bestätigende Modell nach ZEITHAML, BERRY und PARASURAMAN führt zu einer ebenfalls positiven Bewertung der Parameterschätzung und ihrer Signifikanz.[2]

Zum anderen geben die **multiplen Korrelationskoeffizienten** Aufschluß über die Zuverlässigkeit der Schätzung. Diese entsprechen den quadrierten Faktorladungen bzw. dem erklärten Varianzanteil einer Variablen und verdeutlichen somit, inwieweit die Messung frei von zufälligen Meßfehlern ist bzw. wie gut die jeweiligen Meßvariablen zur Messung der latenten Faktoren geeignet sind. Aufgrund der Standardisierung der Variablen zeugen Werte nahe eins für eine hohe Reliabilität. Im betrachteten Fall liegen der Großteil der multiplen Korrelationskoeffizienten unter 0,5, was auf eine eher unzuverlässige Parameterschätzung hindeutet.[3] Ausnahme stellt die Variable F06.2 mit einem Wert von eins dar. Die Ursache hierfür liegt jedoch in der Vorab-Fixierung dieses Parameters, wodurch Meßfehler von vornherein ausgeschlossen worden sind.

Der **Determinationskoeffizient** (TOTAL COEFFICIENT OF DETERMINATION FOR X-VARIABLES) spiegelt demgegenüber wider, inwieweit alle Indikatoren zusammen zur Messung der latenten Faktoren geeignet sind. Im Rahmen der Parameterschätzung ist jedoch eine entsprechende Größe nicht berechnet worden. Da diese Maßzahl nicht nur die zur Berechnung der latenten Faktoren zur Verfügung stehenden Varianzen und Kovarianzen, sondern darüber hinaus auch die Kovarianzen zwischen den Indikatoren unterschiedlicher hypothetischer Konstrukte berücksichtigt, liegt die Ur-

---

[1] Vgl. hierzu die Tabellen 8 und 9 im Anhang I.

[2] Vgl. Tabellen 10 und 11 im Anhang I. Zur Interpretation der T-Werte vgl. JÖRESKOG, K.G.; SÖRBOM, D. (1989): a.a.O., S. 41 sowie PFEIFER, A.; SCHMIDT, P. (1987): a.a.O., S. 35. BACKHAUS ET AL. empfehlen die Analyse der T-Werte auch im Hinblick auf die Beurteilung der Teilstrukturen. Parameter, deren Wert signifikant von 0 abweicht, leisten danach einen wichtigen Beitrag zur Bildung der Modellstruktur, vgl. BACKHAUS, K. ET AL. (1994): a.a.O., S. 408. Zur Kritik am T-Test vgl. HILDEBRANDT, L. (1983): a.a.O., S. 94.

[3] Vgl. Tabelle 4 im Anhang I. Zu beachten ist, daß die Reliabilität der einzelnen Indikatoren vom Stichprobenumfang abhängt und somit eine Bewertung derselben nicht auf der Basis fester Grenzwerte erfolgen kann. Vgl. BALDERJAHN, I. (1986): a.a.O., S. 117.

sache für ihr Fehlen in der Fixierung der Residualgröße des Indikators F06.2 auf null.[1]

Letztlich müssen die Parameterschätzungen unabhängig von den aufgeführten Testgrößen vor allen Dingen **Plausibilitätsüberlegungen** standhalten. Neben dem Problem, daß die Daten zur Identifizierung des Modells nicht ausreichen, kann der Grund für nicht plausible Werte auch darin liegen, daß die zu schätzenden Gleichungen nicht linear unabhängig voneinander sind, so daß die zur Schätzung erforderlichen Matrizeninversionen nicht vorgenommen werden können. Bezogen auf das untersuchte Modell liefert das Programm zwei Hinweise hinsichtlich nicht positiv definiter Matrizen. Bei der THETA-DELTA-Matrix liegt die Ursache hierfür in der Fixierung eines Elementes auf null (mit der Folge, daß eine Spalte der Matrix nur aus Nullen besteht). In bezug auf die PHI-Matrix ist dieser Hinweis ebenfalls auf die Fixierung der Elemente der Diagonalen auf eins zurückzuführen. In beiden Fällen bleiben diese Warnungen daher ohne Auswirkungen auf die Parameterschätzungen. Demgegenüber widersprechen die Werte der PHI-Matrix, welche zum Teil größer als eins sind, den Plausibilitätsannahmen, da diese als Korrelationskoeffizienten zwischen den latenten exogenen Faktoren zu interpretieren sind, diese jedoch auf Werte zwischen minus und plus eins beschränkt sind. In diesem Fall ist daher von einem falsch aufgestellten Modell auszugehen, mit der sich daraus ergebenden Konsequenz, daß die formulierten Modellhypothesen zu verwerfen sind.[2]

3. Überprüfung des Teilleistungsmodells hinsichtlich der Qualität komplexer Dienstleistungen

3.1 Beschreibung des zugrundegelegten Meßmodells

Die Aufteilung der Indikatorvariablen auf Teilleistungen der gesamten Hoteldienstleistung ist leicht und eindeutig nachvollziehbar.

Als latente exogene Größen, die es zu erklären gilt, können die Faktoren Zimmer, Reservierung, Empfang und Frühstücksbuffet identifiziert werden. In Anbetracht der Leistungsvielfalt eines Vier-Sterne-Hotels sind zwar weitere Teilleistungen, z.B. aus dem Bereich des Sport- und Freizeitangebotes, denkbar. Diese sollen jedoch aus den in Zusammenhang mit der Indikatorauswahl genannten Gründen nicht näher betrachtet werden.

---

1 Vgl. BALDERJAHN, I. (1986): a.a.O., S. 119.

2 Vgl. HILDEBRANDT, L. (1983): a.a.O., S. 106 und S. 115 ff.; BACKHAUS, K. ET AL. (1994): a.a.O., S. 380 und S. 395; JÖRESKOG, K.G.; SÖRBOM, D. (1989): a.a.O., S. 94 sowie PFEIFER, A.; SCHMIDT, P. (1987): a.a.O., S. 118.

Die zur Beschreibung der latenten exogenen Faktoren herangezogenen Größen sollen daher folgendermaßen ausgewählt werden:

Der Faktor **Zimmer** wird zum einen durch die Lage desselben beeinflußt. Darunter sollen sowohl die Aussicht in Zusammenhang mit der örtlichen Umgebung als auch die Lage innerhalb des Hotels (bspw. in der Nähe von Fahrstühlen oder Räumen des Raumpflegepersonals) verstanden werden. Zum anderen sind es Ausstattungsmerkmale des Zimmers und des Bades, die – in Verbindung mit dem Komfort und der Sauberkeit – den Faktor maßgeblich bestimmen. Die Beurteilung des Zimmerservices schlägt sich ebenfalls auf die Wahrnehmung des Zimmers nieder. Zwar könnte dieser Indikator insofern einer – an dieser Stelle nicht betrachteten – allgemeinen Größe ›Personal‹ zugeordnet werden, als davon ausgegangen werden kann, daß die Zufriedenheit mit der Freundlichkeit und Zuverlässigkeit des Zimmerservices dem gesamten Hotelpersonal zugerechnet wird. Aufgrund der Vielseitigkeit des Leistungsangebotes und der damit zumeist einhergehenden Zuordnung des verantwortlichen Personals zu den einzelnen Leistungen liegt es jedoch nahe, den Zimmerservice der Teilleistung Zimmer zuzuweisen. Dieses gilt insbesondere dann, wenn unter Zimmerservice nicht nur auf Wunsch des Gastes durchgeführte Sonderleistungen (z.B. Frühstück auf dem Zimmer oder Botendienste), sondern auch täglich wiederkehrende Leistungen (z.B. Versorgung mit Handtüchern und frischer Bettwäsche) verstanden werden.

Der Faktor **Reservierung** stellt eine Größe besonderer Art dar, da es sich hierbei um eine dem eigentlichen Hotelaufenthalt vorgelagerte Leistung handelt, welche nicht durch direkte persönliche, sondern vielmehr durch telephonische oder schriftliche Kontakte gekennzeichnet ist.[1] Ihrer Beschreibung dient zum einen die allgemeine Freundlichkeit, mit welcher dem Gast begegnet wird. Diese äußert sich bspw. im Ausdruck sowie in der Stimme. Zum anderen ist sie durch die Reibungslosigkeit gekennzeichnet, welche gleichzeitig auch mit der Berücksichtigung besonderer Wünsche z.B. hinsichtlich der Zimmerausstattung verbunden ist.

Der **Empfang** stellt eine weitere Teilleistung des Hotels dar, unter welcher nicht nur Dienste zusammengefaßt werden, die bei der Ankunft des Hotelgastes verrichtet werden, sondern auch solche, die im Laufe des Aufenthaltes anfallen. Die Wahrnehmung des Empfangs wird vor allem durch das äußere Erscheinungsbild des Personals und seine Freundlichkeit geprägt. Darüber hinaus spielt die Zuvorkommenheit im Sinne von Hilfsbereit-

---

[1] Eine Ausnahme stellt die Zimmerreservierung im direkten Anschluß an einen Hotelaufenthalt dar.

schaft und Entgegenkommen eine entscheidende Rolle bei seiner Beurteilung. Direkt damit verbunden sind die Wartezeiten, mit denen der Gast an
der Rezeption konfrontiert wird. Je nachdem, ob sie als Folge mangelnder
Anpassung der Personalkapazität an Stoßzeiten oder als Konsequenz besonders intensiver und persönlicher Bemühungen um den einzelnen Kunden
gewertet werden, beeinflussen sie die Einschätzung dieser Teilleistung.

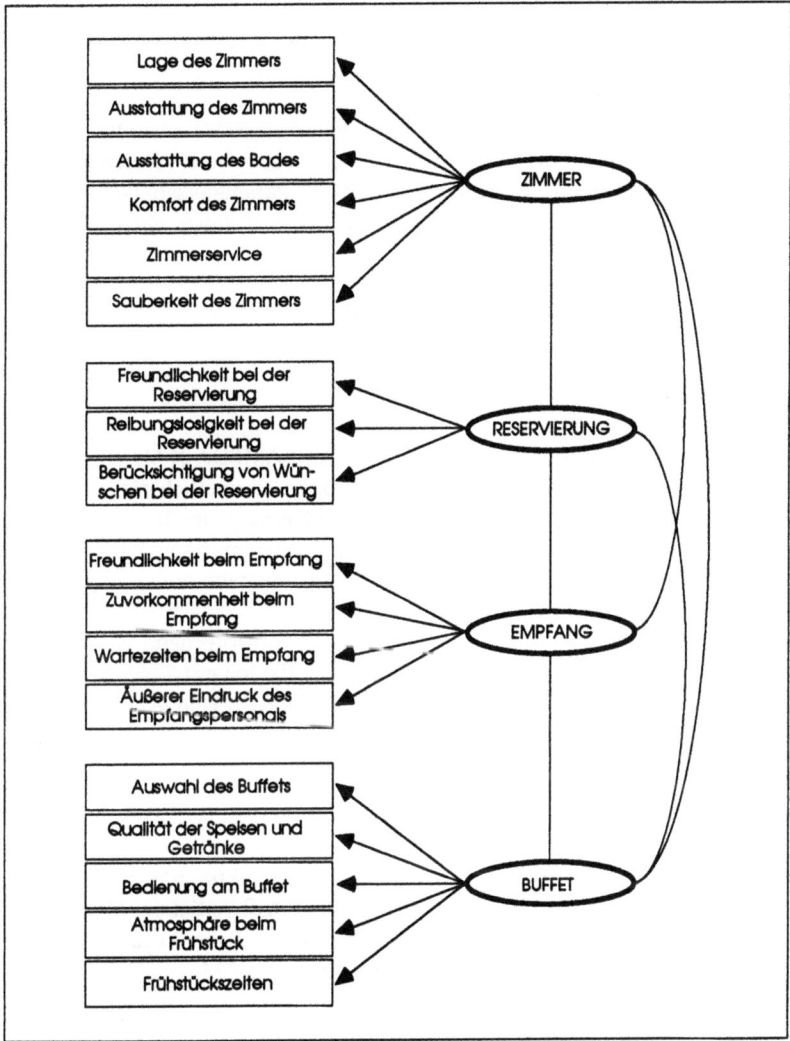

Abb. 21: Pfaddiagramm zur Überprüfung des Teilleistungsmodells

Das **Frühstücksbuffet** als weitere Teilleistung der Hoteldienstleistung wird zum einen über die Vielseitigkeit und die Qualität der dargebotenen Speisen und Getränke wahrgenommen. Zum anderen wirken auch das Personal und die Art seiner Bedienung sowie das gesamte Erscheinungsbild der Räumlichkeiten und die Darbietung der Speisen auf die Qualität. Die Öffnungszeiten, welche den Gast hinsichtlich der Gestaltung seines Tagesablaufs beeinflussen, dienen ebenfalls zur Beschreibung des Faktors Buffet.

Faßt man diese Modellspezifikationen zusammen, so ergibt sich das in Abbildung 21 wiedergegebene Pfaddiagramm.

Da im Gegensatz zu der Analyse des Modells von ZEITHAML, BERRY und PARASURAMAN auf eine Fixierung einzelner Parameter verzichtet wird, sind für das vorliegende Teilleistungsmodell 42 Parameterschätzungen vorzunehmen. Mit 129 Freiheitsgraden ist das Modell daher ebenfalls überidentifiziert und somit lösbar.

Im folgenden Kapitel werden die Lösungen des Modells dargestellt und anhand der zur Verfügung stehenden Testkriterien bewertet.

3.2 Auswertung des Meßmodells

Die geschätzten Faktorladungen, welche in der LAMBDA-X-Matrix wiedergegeben werden, unterstreichen mit Werten über 0,6 deutlich die unterstellten Zusammenhänge. Einzige Ausnahme stellt erneut der Indikator ›Lage des Zimmers‹ (F09.1) dar. Die im Verhältnis zu den anderen Variablen geringere Faktorladung bestätigt somit die im Zusammenhang mit dem Modell von ZEITHAML, BERRY und PARASURAMAN gemachten Vermutungen hinsichtlich der Bewertung der Zimmerlage. Entsprechend ist der hohe Anteil der nicht erklärten Varianz für diesen Indikator mit 72,55 % vorwiegend auf Faktoren zurückzuführen, die nicht im direkten Aktionsbereich der Hotelführung liegen.[1]

Eine Betrachtung der Gütekriterien, die für dieses Modell berechnet wurden, führt zu der im folgenden wiedergegebenen Modellbeurteilung:

Die Globalkriterien zur Beurteilung der Gesamtstruktur des Meßmodells sprechen weitgehend für die Annahme des Modells.[2] So hat der **Goodness-of-Fit-Index** einen Wert von 98,1 % gegenüber 97,5 % beim **Adjusted-Goodness-of-Fit-Index**. Der **Root-Mean-Square-Residual-Index** beläuft sich auf 0,061 und liegt somit unterhalb des kritischen Schwellenwertes von 10 %.

---

[1] Vgl. Tabellen 12 und 13 im Anhang I.
[2] Vgl. Tabelle 14 im Anhang I.

Allein der **Chi-Quadrat-Wert** in Höhe von 375,35 scheint mit Blick auf die 129 Freiheitsgrade gegen das Modell zu sprechen. Aufgrund der bereits aufgeführten Kritik an dieser Testgröße und ihren unterschiedlichen Interpretationsansätzen soll allerdings von einer abschließenden Entscheidung hinsichtlich der Annahme oder Ablehnung des Modells auf der Basis des Chi-Quadrat-Wertes abgesehen werden.

Auch an den Teilstrukturen können keine wesentlichen Mängel festgestellt werden. So liegen die Beträge aller **standardisierten Residuen** unterhalb des kritischen Schwellenwertes von 2,58. Zudem läßt der **Stemleaf Plot** auf die erforderliche Normalverteilung der Residuen schließen. Auf der Basis des **Q-Plots** kann auch bei den Ausgangsdaten auf eine Normalverteilung geschlossen werden, da die standardisierten Residuen sich weitgehend auf einer Geraden befinden. Die Steigung dieser Geraden führt ebenfalls zu einer positiven Beurteilung des Modellfits.[1]

Die Werte der **Standardfehler der Schätzung,** welche zur Beurteilung der Zuverlässigkeit der Parameterschätzungen herangezogen werden können, liegen mit einer Ausnahme unter 0,09, so daß von einer insgesamt hohen Reliabilität gesprochen werden kann. Dafür spricht auch die Analyse der **T-Werte,** welche sämtlich über dem auf der Basis des 5-prozentigen Signifikanzniveaus ermittelten Grenzwert von 1,96 liegen.[2]

Die **multiplen Korrelationskoeffizienten** deuten mit Werten, die zu 80 % größer als 0,5 sind, zum einen ebenfalls auf relativ zuverlässige Parameterschätzungen hin. Zum anderen bestätigen sie die unterstellte Eignung des einzelnen Parameters, die latenten Faktoren zu messen. Der Indikator F09.1 stellt eine besondere Ausnahme dar. Die Ursache hierfür kann jedoch in Zusammenhang mit den Erläuterungen der geschätzten Faktorladungen gesehen werden und führt somit nicht zu einer negativen Bewertung der Ergebnisse.[3]

Der **Determinationskoeffizient** läßt hingegen mit einem Wert von 99,9 % darauf schließen, daß die zur Beschreibung der latenten Faktoren herangezogenen Variablen gemeinsam grundsätzlich sehr gut zur Erfassung derselben geeignet sind. Insgesamt kann demnach auf sehr zuverlässige Parameterschätzungen geschlossen werden.

---

[1] Vgl. zu diesen Testkriterien die Ergebnisse der Auswertung, welche in den Tabellen 15, 16 und 17 im Anhang I wiedergegeben sind.

[2] Vgl. die im Anhang I in den Tabellen 18 bis 21 wiedergegebenen Standardfehler bzw. T-Werte zur Beurteilung der Teilstrukturen.

[3] Vgl. auch zum Determinationskoeffizienten Tabelle 14 im Anhang I.

Unterzieht man die Ergebnisse der Auswertung zusätzlich einer abschließenden **Plausibilitätsbetrachtung,** so kommt man gleichfalls zu dem Ergebnis, die dem Modell zugrundeliegenden Hypothesen anzunehmen. Zwar
ist den Schätzungen der PHI-Matrix[1] zu entnehmen, daß die latenten exogenen Faktoren nicht unabhängig voneinander, sondern vielmehr positiv
miteinander korreliert sind. Im Gegensatz zur explorativen Faktorenanalyse, welche die Orthogonalität der Faktoren fordert bzw. zugrundelegt,
widersprechen derartige Zusammenhänge den Annahmen der konfirmatorischen Faktorenanalyse nicht. Als Ergebnis der Spezifizierung einzelner
Pfade und der daraus resultierenden Null-Ladungen werden sie vielmehr
als zulässig erachtet.[2]

Im folgenden Abschnitt sollen die Ergebnisse der Modellbeurteilungen kurz
zusammengefaßt und zum Vergleich einander gegenübergestellt werden.

4. Vergleich der empirischen Untersuchungsergebnisse

Betrachtet man die beiden Modelle dahingehend, inwieweit sie den einzelnen Testkriterien zur Beurteilung der Ergebnisse gerecht werden, so kommt
man zu der in Abbildung 22 dargestellten Gegenüberstellung.

Danach scheint das Teilleistungsmodell dem Ansatz von ZEITHAML, BERRY
und PARASURAMAN überlegen zu sein, da es aufgrund sämtlicher Testkriterien positiv zu bewerten ist. Auch im Vergleich zu Parametern, die für eine
Annahme des Modells von ZEITHAML, BERRY und PARASURAMAN sprechen, fallen die entsprechenden Werte für das Teilleistungsmodell besser
aus. Aber auch wenn die Plausibilitätsüberlegungen ebenfalls gegen eine
Übertragbarkeit des Qualitätsmodells von ZEITHAML, BERRY und PARASU-
RAMAN auf komplexe Dienstleistungen sprechen, so ist von einer grundsätzlichen Ablehnung des Modells Abstand zu nehmen.

Zum einen muß die Beurteilung der Modelle auf der Basis einzelner Indices oder Tests insofern kritisch vorgenommen werden, als diese Testgrößen
häufig nicht unabhängig vom Umfang der Stichprobe sind oder anderen
Einflußgrößen unterliegen. Dies gilt insbesondere mit Blick auf die zugrundeliegende Befragung. Nicht nur der Stichprobenumfang, sondern auch der
historische Kontext, in dessen Rahmen die Befragung durchgeführt wurde,
sprechen für Kontrolluntersuchungen. Ohne entsprechende Zusatzerhe-

---

[1] Vgl. Tabelle 12 im Anhang I.

[2] Vgl. BACKHAUS, K. ET AL. (1994): a.a.O., S. 410.

bungen und -auswertungen – unter Umständen an anderen Standorten –
sollte daher eine eindeutige Ablehnung des Modells nicht erfolgen.

Zum anderen ist zu berücksichtigen, daß sich komplexe Dienstleistungen –
entgegen der zugrundegelegten Prämisse – nicht zwingend allein aufgrund
der Vielzahl und Unterschiedlichkeit ihrer Teilleistungen von einfach
strukturierten Dienstleistungen unterscheiden müssen. Daher ist eine Befürwortung des Teilleistungsmodells bzw. die Ablehnung des Ansatzes von
ZEITHAML, BERRY und PARASURAMAN mit Blick auf diese Restriktion zu
relativieren und kann somit allenfalls für Dienstleistungen gelten, die sich
vornehmlich durch die Zahl und Vielfalt ihrer Teilleistungen auszeichnen.

Testkriterien	Modell von ZEITHAML, BERRY, PARASURAMAN		Teilleistungsmodell	
GFI	0,936	+	0,981	+
AGFI	0,914	+	0,975	+
RMR	0,113	–	0,061	+
(Chi-Quadrat)[1]	876,3	(–)	375,35	(–)
Standardisierte Residuen	+		+	
Stemleaf Plot	+		+	
Q-Plot	–		+	
Standardfehler	+		+	
T-Werte	+		+	
Multiple Korrelationskoeffizienten	–		+	
Determinationskoeffizient	k.A.		0,999	+
Plausibilitätsbetrachtungen	–		+	

Abb. 22: Empirische Ergebnisse der Modellbeurteilungen im Vergleich
(Erklärung: '+' = Annahme des Modells; '–' = Ablehnung des Modells; 'k.A.' = keine
Angabe, da diese Testgröße nicht berechnet wurde)

Unter Berücksichtigung dieser Zusammenhänge kommt man zu folgen-
dem abschließenden Ergebnis: Für Dienstleistungen, die von den Nachfragern aufgrund der Zahl und Unterschiedlichkeit ihrer Teilleistungen als
komplex wahrgenommen werden, ist das Teilleistungsmodell besser
geeignet, die Dimensionen der Qualitätswahrnehmung zu erfassen, als das
Qualitätsmodell von ZEITHAML, BERRY und PARASURAMAN.

---

[1] Das Ergebnis des Chi-Quadrat-Tests soll aus den oben genannten Gründen nicht zu der
abschließenden Beurteilung des einzelnen Modells herangezogen werden.

D. Schlußbetrachtungen

Die allgemeinen Entwicklungen im tertiären Sektor, welche insbesondere durch einen sich verschärfenden Wettbewerb gekennzeichnet sind, haben deutlich gemacht, daß die Verfolgung einer geeigneten Wettbewerbsstrategie dringend erforderlich ist. Ausgehend von den Besonderheiten, durch die Dienstleistungen gekennzeichnet sind, ist dabei der Schwerpunkt auf die Qualitätsorientierung als eine der Grunddimensionen wettbewerbsorientierter Unternehmensstrategien gelegt worden.

In diesem Zusammenhang ist jedoch deutlich geworden, daß die Qualitätsbestimmung, welche aus Sicht der Verbraucher vorzunehmen ist, bei Dienstleistungen erheblich schwieriger durchzuführen ist als im Sachgüterbereich. Ursache hierfür ist zum einen das Fehlen objektiver Qualitätsdimensionen, die als Grundlage für das Qualitätsurteil der Konsumenten herangezogen werden können. Zum anderen erschwert auch die Einbeziehung des Kunden oder seiner Objekte in den Erstellungsprozeß die Qualitätsbeurteilung, da Mängel, d.h. negative Abweichungen der tatsächlich erhaltenen von der erwarteten Leistung, nicht dem Anbieter allein zugeschrieben werden können.

Erweist sich bereits die Qualitätsbestimmung für einfache Dienstleistungen als problematisch, so liegt die Vermutung nahe, daß sich das Problem bei komplexen Dienstleistungen noch vielschichtiger gestaltet. Daher wurde untersucht, inwieweit bestehende Ansätze zur Operationalisierung der Qualität, welche den Besonderheiten von Dienstleistungen Rechnung tragen, geeignet sind, auch die Qualität komplexer Dienstleistungen abzubilden.

Hierfür war es erforderlich, zunächst festzulegen, wodurch komplexe Dienstleistungen gekennzeichnet sind, d.h. durch welche Merkmale sie sich von einfach strukturierten Dienstleistungen unterscheiden. Dabei konnte auf system- und käuferverhaltenstheoretische Grundlagen zur Klärung des Komplexitätsbegriffes zurückgegriffen werden.

Übertragen auf eine rein kundenorientierte Betrachtung wurden so Merkmale der Komplexität von Dienstleistungen abgeleitet, welche sich in Leistungs- und Persönlichkeitsmerkmale unterteilen lassen. Dabei ist es keineswegs erforderlich, daß alle Merkmale bzw. mehrere Merkmale kombiniert auf eine Dienstleistung zutreffen, damit diese als komplex eingestuft wird. Die Persönlichkeitsmerkmale verdeutlichen vielmehr, daß die Komplexitätswahrnehmung vollständig unabhängig von den tatsächlichen Leistungsmerkmalen erfolgen kann, sofern der Konsument eine entsprechende Risikowahrnehmung oder ein hohes Involvement mit dem Kauf der

Dienstleistung verbindet. Der Steuerung des Komplexitätsempfindens durch den Dienstleistungsanbieter sind somit Grenzen gesetzt.

Im Anschluß sind zunächst konzeptionelle Ansätze zur Operationalisierung der Qualität von Dienstleistungen dargestellt und mit Blick auf ihre Übertragbarkeit auf komplexe Dienstleistungen beurteilt worden. Dabei konnte festgestellt werden, daß kaum ein Modell die Besonderheiten der Komplexität direkt berücksichtigt. Auch indirekt wird den Komplexitätsmerkmalen nur bedingt Rechnung getragen. Eine eindeutige Übertragbarkeit auf komplexe Dienstleistungen ist daher nicht gewährleistet.

Besonderes Augenmerk wurde deshalb auf das Dienstleistungsqualitätsmodell von ZEITHAML, BERRY und PARASURAMAN gerichtet, in welchem als Ergebnis einer empirischen Untersuchung fünf Dimensionen identifiziert werden, die nach Meinung der Autoren generell zur Operationalisierung der Qualität von Dienstleistungen geeignet sind. Über die grundsätzlich an diesem Modell geäußerte Kritik hinausgehend, wurde es zunächst einer Beurteilung im Hinblick auf die Anwendbarkeit auf komplexe Dienstleistungen unterzogen. Dabei ist jedoch deutlich geworden, daß der Ansatz nicht immer geeignet ist, die Besonderheiten der Komplexität zu berücksichtigen.

Daher wurde ein Ansatz entwickelt, welcher sich insbesondere dazu eignet, die Dimensionen der Qualitätswahrnehmung komplexer Dienstleistungen abzubilden. Voraussetzung für die Gültigkeit dieses Teilleistungsmodells ist jedoch, daß die Dienstleistungen durch eine hohe Zahl und Heterogenität ihrer Teilleistungen gekennzeichnet sind. Auf der Basis dieser Einschränkung kann festgehalten werden, daß derartige komplexe Dienstleistungen nicht in ihrer Einheit erfaßt und beurteilt werden. Vielmehr werden die Teilleistungen einzeln wahrgenommen und gehen als eigenständige Dimensionen in die Qualitätsbeurteilung ein.

Trotz dieses speziell für komplexe Dienstleistungen entwickelten Modells ist der Ansatz von ZEITHAML, BERRY und PARASURAMAN neben der auf sachlogischen Überlegungen basierenden Beurteilung einer empirischen Analyse unterzogen worden. Grund hierfür war vor allem der von den Autoren erhobene Anspruch auf Allgemeingültigkeit, d.h. die Möglichkeit der Anwendung des Modells auf jede Dienstleistungsart. Aber auch die mangelnde Übertragbarkeit des Teilleistungsmodells auf jegliche Art komplexer Dienstleistungen ist zum Anlaß genommen worden, die beiden Modellansätze im Rahmen einer empirischen Überprüfung gegenüberzustellen und zu beurteilen.

Hierfür konnte auf eine Befragung zurückgegriffen werden, welche unter den Gästen eines Vier-Sterne-Hotels durchgeführt worden ist. Auf der Basis dieser Erhebung wurden zur empirischen Auswertung der Modelle zwei konfirmatorische Faktorenanalysen berechnet. Die durch das LISREL-Programm zur Verfügung gestellten Testkriterien legen dabei eine Annahme des Teilleistungsmodells nahe, während hinsichtlich des Qualitätsmodells von ZEITHAML, BERRY und PARASURAMAN eine Ablehnung zu empfehlen ist.

Diese scheinbar eindeutig zu interpretierenden Ergebnisse sind jedoch zum einen vor dem Hintergrund der ausgewählten Stichprobe – sowohl im Hinblick auf den Umfang als auch den situativen Kontext, in welchem sich ein Vier-Sterne-Hotel in Mecklenburg-Vorpommern befindet – zu relativieren. Zum anderen ist die dem Teilleistungsmodell zugrundeliegende Prämisse in die Auswertung der Ergebnisse einzubeziehen. Danach kann nicht von einer generellen Eignung des Teilleistungsmodells bei nicht einfach strukturierten Dienstleistungen ausgegangen werden. Die Beurteilung der Ansätze im Hinblick auf komplexe Dienstleistungen hat vielmehr gezeigt, daß das Modell von ZEITHAML, BERRY und PARASURAMAN insbesondere geeignet ist, die Qualitätsdimensionen solcher Dienstleistungen abzubilden, die sich für den Kunden durch ihre Individualität oder den Kontakt zu einer Vielzahl unterschiedlicher Personen auszeichnen. Die Anwendung des Teilleistungsmodells ist hingegen vorwiegend für Dienstleistungen zu empfehlen, die sich aus einer hohen Zahl heterogener Einzelleistungen zusammensetzen.

Ob und in welcher Richtung und Stärke die einzelnen Leistungen allerdings das Gesamtqualitätsurteil beeinflussen und wie die Teilqualitätsurteile zu einem Gesamturteil verdichtet werden, kann aus dem Ansatz nicht abgeleitet werden. Darüber hinaus können auch keine Aussagen darüber getroffen werden, anhand welcher Qualitätsdimensionen die Teilleistungen beurteilt werden.

Dennoch hat sich gezeigt, daß das Teilleistungsmodell als Grundlage für die Messung der Qualität komplexer Dienstleistungen besser geeignet ist als das Modell von ZEITHAML, BERRY und PARASURAMAN. Durch die Betrachtung einzelner Teilleistungen ist es nämlich möglich, konkrete und teilleistungsspezifische Qualitätsmerkmale zu erfassen. Zum einen können diese im Gegensatz zu globalen und leistungsübergreifenden Qualitätsdimensionen im Rahmen der Qualitätssteuerung explizit berücksichtigt und in Qualitätsvorgaben umgesetzt werden. Zum anderen wird dadurch die Ermittlung von Qualitätsmängeln vereinfacht.

Darüber hinaus ergeben sich aus der empirischen Analyse weitere Konsequenzen für das **Management komplexer Dienstleistungen**, welche sich insbesondere auf die Implementierung der Qualitätsorientierung innerhalb des Unternehmens beziehen.

Ausgangspunkt der folgenden Ausführungen stellen die Überlegungen zu einer kulturorientierten Qualitätsstrategie dar, welche insbesondere für Dienstleistungen empfohlen wird, die sich durch ihre Individualität und einen hohen Interaktionsgrad zwischen Dienstleistungsanbieter und -nachfrager auszeichnen.[1] Einem kulturorientierten Koordinationskonzept für betriebliche Funktionsbereiche entsprechend, geht der Qualitätsgedanke in das System der Wertvorstellungen ein, durch welche die Unternehmenskultur neben Verhaltensnormen und Denk- bzw. Handlungsweisen beeinflußt wird.[2] Qualität wird somit als ›Shared Value‹ im Dienstleistungsunternehmen übergreifend verankert.

Begründet wird diese innengerichtete Qualitätsstrategie vor allem mit der Verringerung des Koordinationsbedarfs zwischen einzelnen Funktionsbereichen, wodurch die Flexibilität, auf komplexe und dynamische Markterfordernisse zu reagieren, erhöht wird. Dabei wird die wachsende gegenseitige Abhängigkeit der Funktionsbereiche, welche bspw. eine Folge der Individualität und Interaktivität bei der Leistungserstellung darstellt, als Ursache für einen entsprechenden Koordinationsbedarf betrachtet.

Eine Umsetzung des übergreifenden Qualitätsgedankens in der Organisation des Dienstleistungsunternehmens kann zum einen durch die Einrichtung einer zentralen Qualitätsabteilung oder zum anderen durch die Einrichtung funktionsübergreifender Qualitätsteams erfolgen.[3] Probleme bei einer entsprechend kulturorientierten Koordination der Unternehmensbereiche ergeben sich jedoch aus der mangelnden kurz- bis mittelfristigen Beeinflußbarkeit von Unternehmenskulturen. Dadurch sind einer flexiblen Reaktion auf sich verändernde Konsumentenbedürfnisse und andere Kontextfaktoren enge Grenzen gesetzt. Eine Anpassung des im Unternehmen verankerten Wertesystems ist daher mit einem hohen Zeitaufwand und

---

[1] Vgl. MEFFERT, H. (1993): a.a.O., S. 30 ff.; BIRKELBACH, R. (1993): a.a.O., S. 114 f.

[2] Vgl. auch zum folgenden MEFFERT, H. (1989): Klassische Funktionenlehre und marktorientierte Führung – Integrationsperspektiven aus der Sicht des Marketing, in: ADAM, D. ET AL. (Hrsg.): Integration und Flexibilität, Wiesbaden, S. 390 f. Zum Begriff der Unternehmenskultur vgl. MEFFERT, H.; HAFNER, K. (1987): Unternehmenskultur und marktorientierte Unternehmensführung – Bestandsaufnahme und Wirkungsanalyse, Arbeitspapier Nr. 35 der Wissenschaftlichen Gesellschaft für Marketing und Unternehmensführung e.V., hrsg. von MEFFERT, H.; WAGNER, H., Münster, S. 4 und die dort angegebene Literatur.

[3] Vgl. ZINK, J. (1992): a.a.O., S. 23 ff.

hohen Kosten verbunden. Im Extremfall kann eine starke Unternehmenskultur Anpassungsprozesse auch vollständig behindern und wird somit
dysfunktional.

Die Ergebnisse der empirischen Analyse bezüglich der Dimensionen der
Qualitätswahrnehmung sprechen zwar nicht gegen eine Verankerung des
Qualitätsgedankens als gemeinsamen Wert in der Unternehmenskultur.
Gegen eine zentrale Planung und Steuerung der Dienstleistungsqualität,
welche sich im Sinne einer kulturorientierten Koordination über das
gesamte Unternehmen erstrecken, lassen sich jedoch Bedenken äußern.

Für komplexe Dienstleistungen, die durch die Vielfalt ihrer Teilleistungen
gekennzeichnet sind, ist festgestellt worden, daß diese von den Konsumenten nicht in ihrer Gesamtheit, sondern in ihren Teilleistungen wahrgenommen werden. Als Konsequenz ergibt sich daraus, daß die Teilleistungen einzeln beurteilt werden, wobei die Teilleistungsurteile in das Gesamtqualitätsurteil eingehen. Eine leistungsübergreifende Qualitätssteuerung
würde den Möglichkeiten, die sich aus diesem Zusammenhang für das
Management der Dienstleistungsqualität ergeben, aus folgenden Gründen
entgegenstehen:

Eine zentrale leistungsübergreifende Qualitätssteuerung kann erfolgen,
indem entweder unternehmensweit gültige Vorgaben hinsichtlich der Ausgestaltung der Dienstleistungsqualität formuliert werden oder für die einzelnen Leistungseinheiten differenzierte Qualitätsinhalte ermittelt werden.

Die erst genannte Vorgehensweise vernachlässigt die Existenz teilleistungs-
spezifischer Qualitätsmerkmale. Daher besteht die Gefahr, daß in den einzelnen Leistungsbereichen Qualitätsstandards erfüllt werden müssen, die
nicht mit den Erfordernissen der einzelnen Leistung bzw. den Erwartungen
der Konsumenten übereinstimmen. Die Folge kann zum einen die Ver-
nachlässigung relevanter Qualitätsmerkmale sein, so daß den Ansprüchen
der Dienstleistungsnachfrager nicht genüge getan wird. Zum anderen kann
es zu einer Überbetonung weniger oder nicht relevanter Qualitätseigen-
schaften kommen, welche sich nicht in entsprechendem Ausmaß auf die
Zufriedenheit bzw. Preisbereitschaft der Konsumenten auswirken. In beiden Fällen entstehen Qualitätskosten, die im ersten Fall mit der Beseitigung
von eventuellen Qualitätsmängeln und im zweiten Fall durch die Durchführung nicht erforderlicher qualitätserhöhender Maßnahmen auftreten.

Durch die Planung und Steuerung differenzierter, d.h. auf die einzelnen
Teilleistungen abgestimmter Qualitätsinhalte können zwar entsprechende
Qualitätskosten vermieden werden. Erfolgen die Ermittlung relevanter
Qualitätsmerkmale und ihre Umsetzung in Zielvorgaben jedoch zentral

durch die Unternehmensleitung, so ist dies mit erhöhten Informations-
und Koordinationskosten (Qualitätskosten im weiteren Sinne) verbunden.

Daher erscheint es sinnvoll, die Qualität der einzelnen Teilleistungen
dezentral zu steuern, um so sowohl die Dienstleistungsqualität als auch die
Qualitätskosten zu optimieren, indem eine Konzentration auf die jeweils
qualitätsrelevanten Aspekte erfolgt.

Über die Auswirkungen auf die Praxis hinaus ergeben sich aus dem Teilleistungsmodell auch Implikationen für die **weitere wissenschaftliche
Forschung:**

• Anhand des Teilleistungsmodells konnte verdeutlicht werden, daß
  Konsumenten eine Dienstleistung, die sie aufgrund der Anzahl und
  Unterschiedlichkeit ihrer Teilleistungen als komplex empfinden, nicht
  als Einheit wahrnehmen. Die Teilleistungen werden vielmehr einzeln
  erfaßt und im Rahmen der episodischen Informationsverarbeitung im
  Gedächtnis gespeichert. Dagegen können keine Aussagen hinsichtlich
  des Zusammenhangs zwischen den einzelnen Teilleistungen und der
  Gesamtqualität getroffen werden. Ein Ansatz für die weitere Forschung
  besteht somit darin, die Stärke und die Richtung des Einflusses der einzelnen Teilleistungen bzw. Teilqualitäten auf das Gesamtqualitätsurteil
  zu ermitteln.

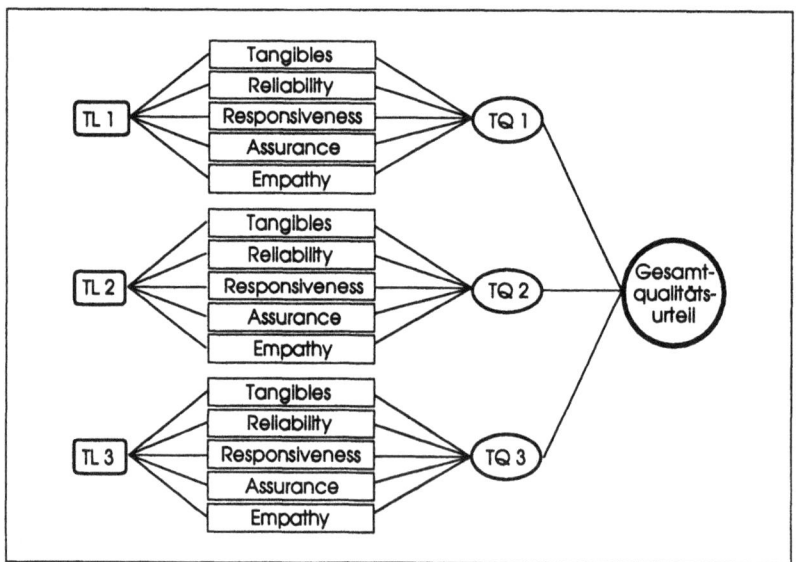

Abb. 23: Integriertes Qualitätsmodell für komplexe Dienstleistungen

• Da im Rahmen des Teilleistungsmodells hinsichtlich der Dimensionen, die zur Beurteilung der Teilleistungen herangezogen werden, keine Aussagen gemacht werden können, besteht die Möglichkeit, das Teilleistungsmodell mit dem Qualitätsmodell von ZEITHAML, BERRY und PARASURAMAN zu verknüpfen. Insbesondere vor dem Hintergrund, daß eine Anwendung des Ansatzes von ZEITHAML, BERRY und PARASURAMAN nicht grundsätzlich abgelehnt werden sollte, besteht daher ein Forschungsfeld in der Überprüfung eines integrativen Modells. Abbildung 23 gibt einen entsprechenden Ansatz wieder, welcher für weitere Untersuchungen herangezogen werden kann.

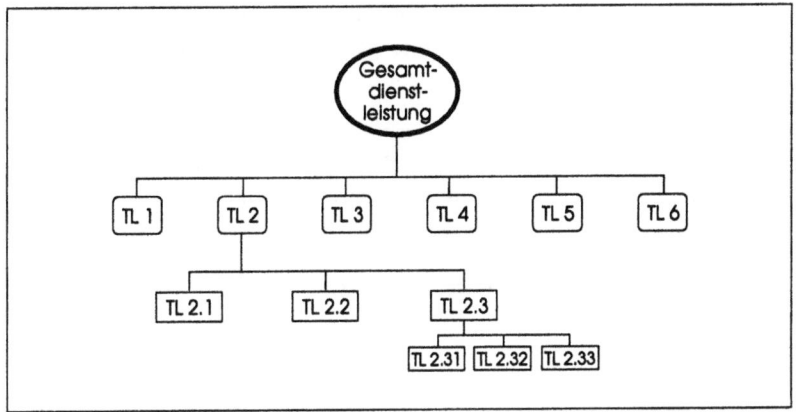

Abb. 24: Aggregationsniveaus für die Unterteilung einer Dienstleistung in Teilleistungen

• Ein weiteres Forschungsgebiet eröffnet sich ferner hinsichtlich der Abgrenzung der Teilleistungen. Zwar sind bereits einige Verfahren zur Identifikation einzelner Leistungen vorgestellt worden. Dagegen wurden noch keine Aussagen darüber gemacht, auf welchem Aggregationsniveau eine entsprechende Differenzierung stattfinden soll. Diese Abgrenzungsproblematik soll an einem Beispiel verdeutlicht werden (vgl. auch Abb. 24). Geht man wie in der vorliegenden Untersuchung von einer komplexen Hoteldienstleistung aus, so lassen sich die Teilleistungen auf dem hier verwendeten Niveau bestimmen und z.B. in die Zimmer-, Empfangs-, Buffet- oder Restaurantleistung unterteilen. Betrachtet man jedoch die einzelne Teilleistung, so wird deutlich, daß sich diese ebenfalls in einzelne Leistungsabschnitte untergliedern läßt. So kann man bspw. einen Restaurantbesuch aufteilen in die Tischreservierung, die Ankunft einschließlich Begrüßung, die Wahl des Tisches, die Bestellung, das Warten auf das Essen, die Mahlzeit, die Bezahlung sowie das Verlassen des Restaurants. Darüber hinaus kann eine weitere

Differenzierung der Teilleistungen möglich und sinnvoll sein. Daher ist im Rahmen des Managements von Dienstleistungen zu entscheiden, auf welchem Aggregationsniveau die Teilleistungen abgegrenzt werden sollen, damit die Dienstleistungsqualität effektiv gesteuert werden kann.

• Zusätzlich entsteht Forschungsbedarf hinsichtlich der Ableitung weiterer Dimensionen, die zur Beschreibung komplexer Dienstleistungen herangezogen werden können. Diese können ebenfalls weitgehend allgemein aus der Systemtheorie oder der Käuferverhaltensforschung abgeleitet werden. Darüber hinaus ist eine Orientierung an konkreten Merkmalen einzelner Dienstleistungen denkbar, soweit sich diese nicht auf die allgemeinen oder bereits genannten Komplexitätsmerkmale zurückführen lassen.

• Mit Blick auf weitere Komplexitätsmerkmale und die Tatsache, daß das Teilleistungsmodell nicht alle Merkmale der Komplexität – insbesondere die Persönlichkeitsmerkmale – berücksichtigt, entsteht schließlich der Bedarf, im Rahmen der weiteren Forschung Qualitätsmodelle zu entwickeln, die diesen Merkmalen der Komplexität von Dienstleistungen in besonderer Weise Rechnung tragen.

Insgesamt zeigt sich, daß eine gezielte Auseinandersetzung mit komplexen Dienstleistungen sinnvoll und notwendig erscheint. Grund hierfür sind die Besonderheiten, durch die sich komplexe von einfach strukturierten Dienstleistungen unterscheiden und die sich auf die Messung und Steuerung der Dienstleistungsqualität auswirken. Dabei stellt das im Rahmen dieser Arbeit entwickelte Teilleistungsmodell einen Ansatz zur Operationalisierung der Qualität komplexer Dienstleistungen dar, welches sich jedoch nur auf Dienstleistungen anwenden läßt, die von den Konsumenten wegen der Zahl und Unterschiedlichkeit ihrer Teilleistungen als komplex wahrgenommen werden. Die Problematik, die mit der Operationalisierung, Messung und Steuerung der Qualität komplexer Dienstleistungen verbunden ist, ist somit keineswegs abschließend behandelt worden. Die Anregungen für weitere Forschungen verdeutlichen vielmehr, daß bezüglich einer wissenschaftlichen Auseinandersetzung mit den Besonderheiten der Qualität komplexer Dienstleistungen noch zusätzlicher Bedarf besteht.

Anhang I

Verzeichnis von Anhang I

	F02.1
F01.1	0,2139**
F01.2	0,2863**
F01.3	0,0981
F01.4	0,2927*
F01.5	0,5374**
F01.6	0,3291**
F01.7	0,1801*
F02.1	1,0000
F02.2	0,4100**
F06.1	0,3936**
F06.2	0,1296
F06.3	0,3819**
F06.4	0,1389
F06.5	0,2488
F07.1	0,1778*
F07.2	0,4631**

	F02.1
F07.3	0,2156*
F07.4	0,1936*
F08.1	0,2525**
F08.2	0,2528**
F08.3	0,2291**
F08.4	0,3915**
F09.1	0,3699**
F09.2	0,4676**
F09.3	0,4254**
F09.4	0,4781**
F09.5	0,4318**
F09.6	0,2375*
F09.7	0,3236**
F09.8	0,2563**
F09.9	0,3477**
F09.10	0,5404**

	F02.1
F10	0,5342**
F11.1	0,2246*
F11.2	0,3135**
F12.1	0,4948**
F12.2	0,3728
F14.1	0,2977**
F14.2	0,4261**
F14.3	0,4116**
F14.4	0,3651**
F14.5	0,4385**
F17.1	0,4819**
F17.2	0,0000
F17.3	0,5303
F17.4	0,3180
F17.5	0,3706
F17.6	0,5000

	F02.1
F20.1	-0,1261
F20.2	0,2936*
F20.3	0,5750**
F20.4	0,2471
F20.5	
F20.6	
F25.1	0,1531
F25.2	0,0941
F25.3	0,4099**
F25.4	0,3129*
F28.1	0,3852**
F28.2	0,5117**
F28.3	0,4202**
F28.4	0,4538**
F28.5	0,3993**
F28.6	0,3702**

Tab. 1: Pearson Korrelationskoeffizienten
* - 95 % – Signifikanzniveau
** - 99 % – Signifikanzniveau

LAMBDA X

	TANG	RELIA	RESPON	ASSUR	EMPAT
F09.1	0,4920	0	0	0	0
F09.2	0,6314	0	0	0	0
F09.3	0,6311	0	0	0	0
F09.4	0	0	0	0	0,6474
F09.5	0,5983	0	0	0	0
F09.7	0,6509	0	0	0	0
F14.1	0	0	0,6436	0	0
F14.2	0	0	0	0,6657	0
F14.3	0,5823	0	0	0	0
F14.4	0	0	0,5794	0	0,6085
F14.5	0	0	0	0,6249	0
F06.1	0	1,0000	0	0	0
F06.2	0	0	0	0	0,5401
F06.3	0	0	0	0,6806	0
F08.1	0	0	0	0	0,6398
F08.2	0	0	0	0	0
F08.3	0	0	0,6337	0	0
F08.4	0,7106	0	0	0	0

PHI

	TANG	RELIA	RESPON	ASSUR	EMPAT
TANG	1				
RELIA	0,4407	1			
RESPON	1,0993	0,4747	1		
ASSUR	0,9196	0,5615	0,9324	1,1073	
EMPAT	1,0821	0,5139	1,0974		1

Tab. 2: Parameterschätzung des Modells von ZEITHAML, BERRY und PARASURAMAN mit Hilfe der ULS-Methode nach 29 Iterationen, Teil 1

THETA DELTA

	F09.1	F09.2	F09.3	F09.4	F09.5	F09.7	F14.1	F14.2	F14.3
F09.1	0,8160								
F09.2	0	0,6013							
F09.3	0	0	0,6017						
F09.4	0	0	0	0,5808					
F09.5	0	0	0	0	0,5858				
F09.7	0	0	0	0	0	0,6421			
F14.1	0	0	0	0	0	0	0,5763		
F14.2	0	0	0	0	0	0	0	0,5569	
F14.3	0	0	0	0	0	0	0	0	0,6643
F14.4	0	0	0	0	0	0	0	0	0
F14.5	0	0	0	0	0	0	0	0	0
F06.1	0	0	0	0	0	0	0	0	0
F06.2	0	0	0	0	0	0	0	0	0
F06.3	0	0	0	0	0	0	0	0	0
F08.1	0	0	0	0	0	0	0	0	0
F08.2	0	0	0	0	0	0	0	0	0
F08.3	0	0	0	0	0	0	0	0	0
F08.4	0	0	0	0	0	0	0	0	0

	F14.4	F14.5	F06.1	F06.2	F06.3	F08.1	F08.2	F08.3	F08.4
F14.4	0,6609								
F14.5	0	0,6298							
F06.1	0	0	0,6095						
F06.2	0	0	0	0,0000					
F06.3	0	0	0	0	0,7083				
F08.1	0	0	0	0	0	0,5368			
F08.2	0	0	0	0	0	0	0,5907		
F08.3	0	0	0	0	0	0	0	0,5984	
F08.4	0	0	0	0	0	0	0	0	0,4951

Tab. 3: Parameterschätzung des Modells von ZEITHAML, BERRY und PARASURAMAN mit Hilfe der ULS-Methode nach 29 Iterationen, Teil 2

- 140 -

Squared Multiple Correlations for X-Variables

F09.1	F09.2	F09.3	F09.4	F09.5	F09.7
0,1840	0,3987	0,3983	0,4192	0,4142	0,3579

F14.1	F14.2	F14.3	F14.4	F14.5	F06.1
0,4237	0,4431	0,3357	0,3391	0,3702	0,3905

F06.2	F06.3	F08.1	F08.2	F08.3	F08.4
1,0000	0,2917	0,4632	0,4093	0,4016	0,5049

W_A_R_N_I_N_G: PHI is not positive definite
W_A_R_N_I_N_G: THETA DELTA is not positive definite

CHI-SQUARE WITH 127 DEGREES OF FREEDOM = 876,30 (P = ,000)

GOODNESS OF FIT INDEX = ,936
ADJUSTED GOODNESS OF FIT INDEX = ,914
ROOT MEAN SQUARE RESIDUAL = ,113

Tab. 4: Test der Reliabilität und der Anpassungsgüte
         (ZEITHAML, BERRY, PARASURAMAN)

	F09.1	F09.2	F09.3	F09.4	F09.5	F09.7	F14.1	F14.2	F14.3
F09.1	0								
F09.2	3,0103	0							
F09.3	1,0052	1,6701	0						
F09.4	1,2859	2,5696	1,5326	0					
F09.5	2,9753	1,1569	1,3222	1,6412	0				
F09.7	1,5764	2,1555	1,8076	2,4675	1,9979	0			
F14.1	-1,1002	0,3520	-0,2967	-0,2809	-1,3364	-0,3341	0		
F14.2	-0,3666	0,6229	0,2781	-0,2640	-0,7268	-0,4179	2,7410	0	
F14.3	0,4321	-0,6412	-1,3240	-1,3986	-0,0933	-0,6580	0,7327	1,8152	0
F14.4	-0,5041	-1,0029	0,1715	-0,6291	-0,3803	-2,4222	0,7962	1,0623	1,7030
F14.5	0,3150	1,2678	0,3087	0,6387	-0,7774	-0,2233	1,8830	1,6230	0,4893
F06.1	-1,4746	-0,4160	0,3601	-1,0856	-1,3093	-1,1473	-0,7600	0,1591	-1,4470
F06.2	-1,7718	-0,9909	0,5858	-1,5925	0,0736	-0,1652	-0,3541	-2,2362	-1,5514
F06.3	-0,9242	-1,2647	-0,3564	0,8059	-0,8844	0,0123	-1,5395	-0,1152	-0,8112
F08.1	-2,1357	-2,0696	-1,4430	-1,3613	-1,1762	-0,7023	0,4821	-1,0672	0,9680
F08.2	-2,3408	-2,3115	-1,3004	-1,2280	-1,4379	-1,7948	0,3917	-0,6987	0,7515
F08.3	-1,2275	-2,4724	-1,4620	-1,1081	-0,6003	-1,3656	0,1543	-0,3148	0,7709
F08.4	0,3066	-0,6082	-1,9618	-0,4783	0,0334	-0,7242	-1,7572	-0,6341	-0,0002

	F14.4	F14.5	F06.1	F06.2	F06.3	F08.1	F08.2	F08.3	F08.4
F14.4	0								
F14.5	2,2075	0							
F06.1	-0,6405	-2,1745	0						
F06.2	0,0198	-1,6536	3,3906	0					
F06.3	-2,4365	-0,2212	3,4246	3,3357	0				
F08.1	0,7467	-1,6287	0,9934	-0,9008	-0,4856	0			
F08.2	0,2881	-0,4702	-0,0162	0,4027	0,6963	4,1593	0		
F08.3	0,3964	-0,9133	-0,0885	1,3339	1,3295	2,2296	2,9412	0	
F08.4	-0,0019	-0,6741	1,7998	1,8392	0,2167	2,1087	0,6993	0,7029	0

Tab. 5: Standardisierte Residuen (ZEITHAML, BERRY, PARASURAMAN)

SUMMARY STATISTICS FOR STANDARDIZED RESIDUALS

```
SMALLEST STANDARDIZED RESIDUAL  =  -2.472
MEDIAN STANDARDIZED RESIDUAL    =    .000
LARGEST STANDARDIZED RESIDUAL   =   4.159
```

STEMLEAF PLOT

```
-2  I 5
-2  I 443322110
-1  I 888766666555
-1  I 44444433333222111110
-0  I 999988877777666666555
-0  I 444444333332221110000000000000000000000000
 0  I 1222233333444444
 0  I 5566667777778888
 1  I 00012333333
 1  I 566677888889
 2  I 01222
 2  I 5679
 3  I 00344
 3  I
 4  I 2
```

Tab. 6: Zusammenfassende Statistik und STEMLEAF PLOT der standardisierten
Residuen (ZEITHAML, BERRY, PARASURAMAN)

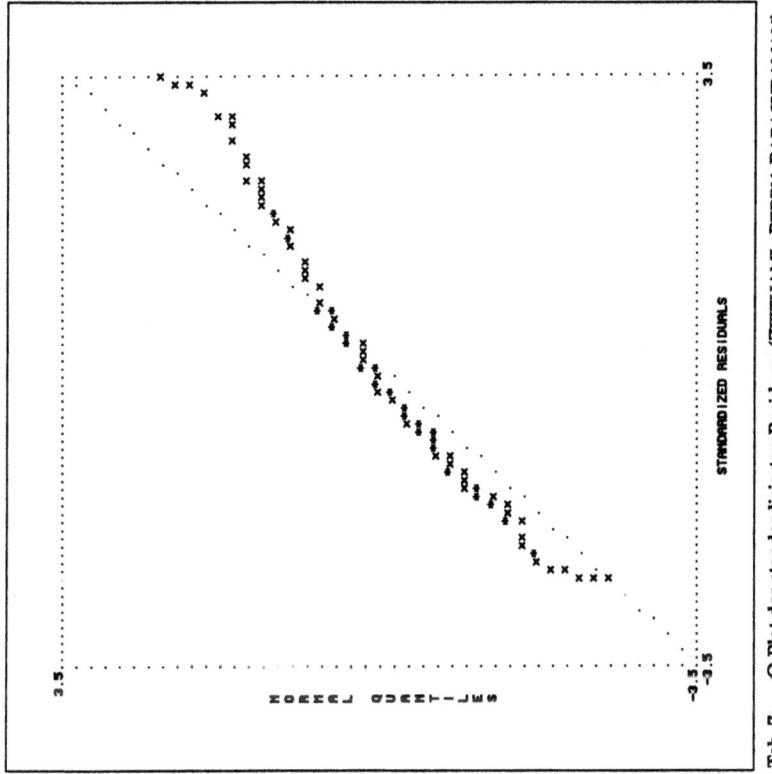

Tab. 7: Q-Plot der standardisierten Residuen (ZEITHAML, BERRY, PARASURAMAN)

LAMBDA X

	TANG	RELIA	RESPON	ASSUR	EMPAT
F09.1	0,0676	0	0	0	0
F09.2	0,0726	0	0	0	0
F09.3	0,0698	0	0	0	0
F09.4	0	0	0	0	0,0747
F09.5	0,0726	0	0	0	0
F09.7	0,0658	0	0	0	0
F14.1	0	0	0,0823	0	0
F14.2	0	0	0	0,0785	0
F14.3	0,0606	0	0	0	0
F14.4	0	0	0,0813	0	0
F14.5	0	0	0	0	0,0740
F06.1	0	0	0	0,0843	0
F06.2	0	0	0	0	0,0797
F06.3	0	0	0	0,0724	0
F08.1	0	0	0	0	0,0776
F08.2	0	0	0,0765	0	0
F08.3	0	0,0000	0	0	0
F08.4	0,0613	0	0	0	0

PHI

	TANG	RELIA	RESPON	ASSUR	EMPAT
TANG	0				
RELIA	0,0813	0			
RESPON	0,0504	0,0906	0		
ASSUR	0,0501	0,0919	0,0584	0	
EMPAT	0,0394	0,0446	0,0581	0,0523	0

Tab. 8: Standardfehler zur Beurteilung der Parameterschätzung, Teil 1 (ZEITHAML, BERRY, PARASURAMAN)

THETA DELTA

	F09.1	F09.2	F09.3	F09.4	F09.5	F09.7	F14.1	F14.2	F14.3
F09.1	0,1017								
F09.2	0	0,0860							
F09.3	0	0	0,0867						
F09.4	0	0	0	0,0676					
F09.5	0	0	0	0	0,0793				
F09.7	0	0	0	0	0	0,0888			
F14.1	0	0	0	0	0	0	0,0814		
F14.2	0	0	0	0	0	0	0	0,0753	
F14.3	0	0	0	0	0	0	0	0	0,0811
F14.4	0	0	0	0	0	0	0	0	0
F14.5	0	0	0	0	0	0	0	0	0
F06.1	0	0	0	0	0	0	0	0	0
F06.2	0	0	0	0	0	0	0	0	0
F06.3	0	0	0	0	0	0	0	0	0
F08.1	0	0	0	0	0	0	0	0	0
F08.2	0	0	0	0	0	0	0	0	0
F08.3	0	0	0	0	0	0	0	0	0
F08.4	0	0	0	0	0	0	0	0	0

	F14.4	F14.5	F06.1	F06.2	F06.3	F08.1	F08.2	F08.3	F08.4
F14.4	0,0840								
F14.5	0	0,0709							
F06.1	0	0	0,0860						
F06.2	0	0	0	0,0000					
F06.3	0	0	0	0	0,0820				
F08.1	0	0	0	0	0	0,0760			
F08.2	0	0	0	0	0	0	0,0724		
F08.3	0	0	0	0	0	0	0	0,0741	
F08.4	0	0	0	0	0	0	0	0	0,0715

Tab. 9:   Standardfehler zur Beurteilung der Parameterschätzung, Teil 2 (ZEITHAML, BERRY, PARASURAMAN)

LAMBDA X	TANG	RELIA	RESPON	ASSUR	EMPAT
F09.1	6,3419	0	0	0	0
F09.2	8,6953	0	0	0	0
F09.3	9,0427	0	0	0	0
F09.4	0	0	7,8161	0	8,6651
F09.5	8,2374	0	0	0	0
F09.7	9,8957	0	0	0	0
F14.1	0	0	7,1293	0	0
F14.2	0	0	0	8,4806	0
F14.3	9,6131	0	0	0	0
F14.4	0	0	0	0	8,2267
F14.5	0	0,0000	0	7,4092	0
F06.1	0	0	0	0	0
F06.2	0	0	0	0	6,7787
F06.3	0	0	0	9,3938	0
F08.1	0	0	0	0	8,2397
F08.2	0	0	8,2870	0	0
F08.3	0	0	0	0	0
F08.4	11,5921	0	0	0	0

PHI	TANG	RELIA	RESPON	ASSUR	EMPAT
TANG	0				
RELIA	5,4179	0			
RESPON	21,7953	5,2404	0		
ASSUR	18,3470	6,1126	15,9702	0	
EMPAT	27,4744	11,5168	18,8879	21,1791	0

Tab. 10: T-Werte zur Beurteilung der Teilstrukturen, Teil 1 (ZEITHAML, BERRY, PARASURAMAN)

THETA DELTA

	F09.1	F09.2	F09.3	F09.4	F09.5	F09.7	F14.1	F14.2	F14.3
F09.1	8,0209								
F09.2	0	6,9882							
F09.3	0	0	6,9367						
F09.4	0	0	0	8,5866					
F09.5	0	0	0	0	7,3890				
F09.7	0	0	0	0	0	7,2266			
F14.1	0	0	0	0	0	0	7,0797		
F14.2	0	0	0	0	0	0	0	7,3944	
F14.3	0	0	0	0	0	0	0	0	8,1906
F14.4	0	0	0	0	0	0	0	0	0
F14.5	0	0	0	0	0	0	0	0	0
F06.1	0	0	0	0	0	0	0	0	0
F06.2	0	0	0	0	0	0	0	0	0
F06.3	0	0	0	0	0	0	0	0	0
F08.1	0	0	0	0	0	0	0	0	0
F08.2	0	0	0	0	0	0	0	0	0
F08.3	0	0	0	0	0	0	0	0	0
F08.4	0	0	0	0	0	0	0	0	0

	F14.4	F14.5	F06.1	F06.2	F06.3	F08.1	F08.2	F08.3	F08.4
F14.4	7,8717								
F14.5	0	8,8886							
F06.1	0	0	7,0867						
F06.2	0	0	0	0,0000					
F06.3	0	0	0	0	8,6378				
F08.1	0	0	0	0	0	7,0657			
F08.2	0	0	0	0	0	0	8,1630		
F08.3	0	0	0	0	0	0	0	8,0786	
F08.4	0	0	0	0	0	0	0	0	6,9219

Tab. 11: T-Werte zur Beurteilung der Teilstrukturen, Teil 2 (ZEITHAML, BERRY, PARASURAMAN)

LAMBDA X

	ZIMMER	BUFFET	RESERVE	EMPFANG
F09.1	0,5239	0	0	0
F09.2	0,7686	0	0	0
F09.3	0,7496	0	0	0
F09.4	0,8248	0	0	0
F09.5	0,7898	0	0	0
F09.7	0,7208	0	0	0
F14.1	0	0,7555	0	0
F14.2	0	0,7482	0	0
F14.3	0	0,6889	0	0
F14.4	0	0,6725	0	0
F14.5	0	0,7472	0	0
F06.1	0	0	0,8633	0
F06.2	0	0	0,6874	0
F06.3	0	0	0,8076	0
F08.1	0	0	0	0,7951
F08.2	0	0	0	0,8163
F08.3	0	0	0	0,7789
F08.4	0	0	0	0,8249

PHI

	ZIMMER	BUFFET	RESERVE	EMPFANG
ZIMMER	1			
BUFFET	0,6597	1		
RESERVE	0,4787	0,4562	1	
EMPFANG	0,5170	0,6987	0,6737	1

Tab. 12: Parameterschätzung des Teilleistungsmodells mit Hilfe der ULS-Methode nach 5 Iterationen, Teil 1

THETA DELTA

	F09.1	F09.2	F09.3	F09.4	F09.5	F09.7	F14.1	F14.2	F14.3
F09.1	0,7255								
F09.2	0	0,4093							
F09.3	0	0	0,4381						
F09.4	0	0	0	0,3196					
F09.5	0	0	0	0	0,3762				
F09.7	0	0	0	0	0	0,4805			
F14.1	0	0	0	0	0	0	0,4292		
F14.2	0	0	0	0	0	0	0	0,4402	
F14.3	0	0	0	0	0	0	0	0	0,5254
F14.4	0	0	0	0	0	0	0	0	0
F14.5	0	0	0	0	0	0	0	0	0
F06.1	0	0	0	0	0	0	0	0	0
F06.2	0	0	0	0	0	0	0	0	0
F06.3	0	0	0	0	0	0	0	0	0
F08.1	0	0	0	0	0	0	0	0	0
F08.2	0	0	0	0	0	0	0	0	0
F08.3	0	0	0	0	0	0	0	0	0
F08.4	0	0	0	0	0	0	0	0	0

	F14.4	F14.5	F06.1	F06.2	F06.3	F08.1	F08.2	F08.3	F08.4
F14.4	0,5477								
F14.5	0	0,4416							
F06.1	0	0	0,2546						
F06.2	0	0	0	0,5275					
F06.3	0	0	0	0	0,3477				
F08.1	0	0	0	0	0	0,3678			
F08.2	0	0	0	0	0	0	0,3336		
F08.3	0	0	0	0	0	0	0	0,3933	
F08.4	0	0	0	0	0	0	0	0	0,3196

Tab. 13: Parameterschätzung des Teilleistungsmodells mit Hilfe der ULS-Methode nach 5 Iterationen, Teil 2

Squared Multiple Correlations for X-Variables

F09.1	F09.2	F09.3	F09.4	F09.5	F09.7
0.2745	0.5907	0.5619	0.6804	0.6238	0.5195

F14.1	F14.2	F14.3	F14.4	F14.5	F06.1
0.5708	0.5598	0.4746	0.4523	0.5584	0.7454

F06.2	F06.3	F08.1	F08.2	F08.3	F08.4
0.4525	0.6523	0.6322	0.6664	0.6067	0.6804

TOTAL COEFFICIENT OF DETERMINATION FOR X-VARIABLES IS ,999

CHI-SQUARE WITH 129 DEGREES OF FREEDOM = 375,35 (P = ,000)

GOODNESS OF FIT INDEX = ,981
ADJUSTED GOODNESS OF FIT INDEX = ,975
ROOT MEAN SQUARE RESIDUAL = ,061

Tab. 14: Test der Reliabilität und der Anpassungsgüte des Modells (Teilleistungsmodell)

	F09.1	F09.2	F09.3	F09.4	F09.5	F09.7	F14.1	F14.2	F14.3
F09.1	0								
F09.2	1,3517	0							
F09.3	-0,4621	-0,3832	0						
F09.4	-0,2902	0,3327	-0,4638	0					
F09.5	1,5884	-0,6450	-0,3332	-0,5598	0				
F09.7	0,0959	0,0719	-0,1052	0,3992	0,2856	0			
F14.1	-0,8839	0,6842	0,1388	0,2385	-0,5845	0,0108	0		
F14.2	-0,3179	0,7085	0,4726	-0,4786	-0,6164	-0,2950	0,7375	0	
F14.3	0,8670	-0,0232	-0,6191	-0,9818	0,0716	-0,0283	-0,4807	-0,0319	0
F14.4	-0,2925	-0,6929	0,5914	-0,1403	0,3445	-2,0094	-0,6714	-0,6452	0,5909
F14.5	0,6127	1,7188	0,8581	0,4380	-0,3137	0,2329	0,2914	0,3357	-0,9672
F06.1	-1,1147	0,1210	1,0023	0,1522	-0,7474	-0,6081	0,1466	1,6324	-0,6676
F06.2	-1,5699	-0,6874	0,9753	-0,8742	0,6312	0,1585	0,2544	-0,6158	-0,8453
F06.3	-0,3385	-0,7914	0,5922	1,1828	0,0122	0,8748	-0,3470	1,3687	0,2636
F08.1	-1,5072	-1,1699	-0,4368	0,3426	-0,2047	0,2253	0,3367	-0,6464	0,7861
F08.2	-1,4500	-1,0474	0,0960	-,4687	-0,0795	-0,5318	0,6234	-0,1903	0,9180
F08.3	-0,1692	-1,0100	0,1344	,2599	0,4610	0,1114	0,6505	-0,4747	0,6779
F08.4	1,3144	0,8145	-0,5019	1,2329	2,0171	0,6664	-1,4517	-0,5917	0,6507

	F14.4	F14.5	F06.1	F06.2	F06.3	F08.1	F08.2	F08.3	F08.4
F14.4	0								
F14.5	0,7707	0							
F06.1	0,1973	-0,7303	0						
F06.2	0,5842	-0,7249	0,4598	0					
F06.3	-1,3655	0,4236	-0,3478	-0,0341	0				
F08.1	0,6363	-1,1488	0,5547	-0,7397	-0,7774	0			
F08.2	0,5207	-0,8922	-0,3815	-0,1844	-0,4633	2,1076	0		
F08.3	0,8720	-0,7304	-1,0479	0,6007	0,7484	-0,2848	0,6855	0	
F08.4	0,3059	-0,2525	0,9404	0,9894	-0,1716	-0,2971	-1,2514	-0,9047	0

Tab. 15: Standardisierte Residuen (Teilleistungsmodell)

SUMMARY STATISTICS FOR STANDARDIZED RESIDUALS

SMALLEST STANDARDIZED RESIDUAL = -2,099
MEDIAN STANDARDIZED RESIDUAL   =   ,000
LARGEST STANDARDIZED RESIDUAL   = 2,108

STEMLEAF PLOT

```
-20  |0
-18  |
-16  |
-14  |7165
-12  |75
-10  |751551
 -8  |8709875
 -6  |985433299975552221
 -4  |98430887776664
 -2  |8855432100099850
 -0  |98774183332000000000000000000
  0  |1177001234556
  2  |03345669913444
  4  |0266792589999
  6  |01234557889145779
  8  |167772489
 10  |08
 12  |3157
 14  |9
 16  |21
 18  |
 20  |21
```

Tab. 16:   Zusammenfassende Statistik und STEMLEAF PLOT der standardisierten
Residuen (Teilleistungsmodell)

- 153 -

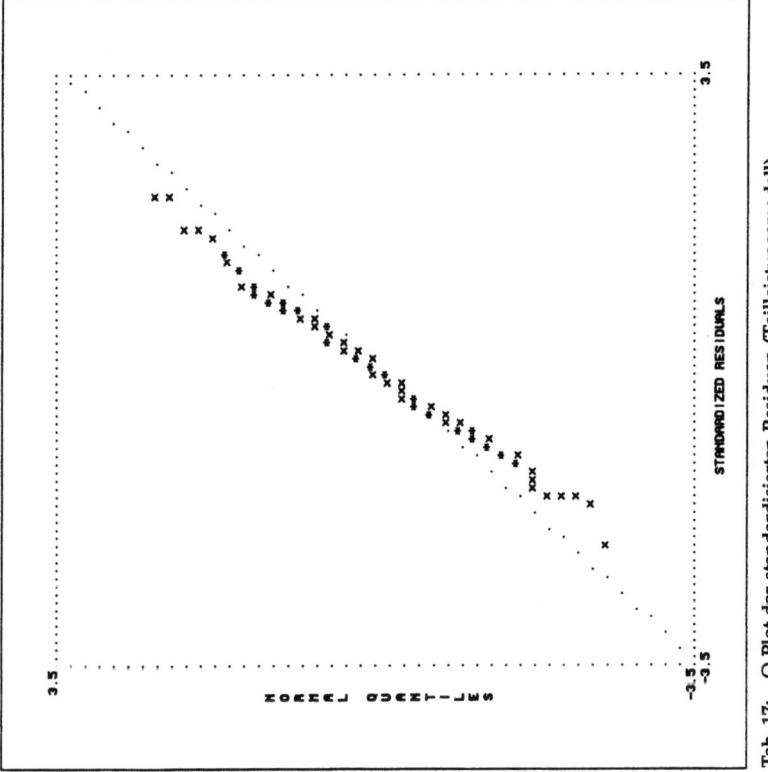

Tab. 17: Q-Plot der standardisierten Residuen (Teilleistungsmodell)

- 154 -

LAMBDA X

	ZIMMER	BUFFET	RESERVE	EMPFANG
F09.1	0,0841	0	0	0
F09.2	0,0746	0	0	0
F09.3	0,0753	0	0	0
F09.4	0,0719	0	0	0
F09.5	0,0734	0	0	0
F09.7	0,0760	0	0	0
F14.1	0	0,0742	0	0
F14.2	0	0,0744	0	0
F14.3	0	0,0770	0	0
F14.4	0	0,0777	0	0
F14.5	0	0,0744	0	0
F06.1	0	0	0,0749	0
F06.2	0	0	0,0828	0
F06.3	0	0	0,0780	0
F08.1	0	0	0	0,0731
F08.2	0	0	0	0,0727
F08.3	0	0	0	0,0735
F08.4	0	0	0	0,0727

PHI

	ZIMMER	BUFFET	RESERVE	EMPFANG
ZIMMER	0			
BUFFET	0,0575	0		
RESERVE	0,0745	0,0778	0	
EMPFANG	0,0691	0,0534	0,0574	0

Tab. 18: Standardfehler zur Beurteilung der Parameterschätzung, Teil 1 (Teilleistungsmodell)

THETA DELTA

	F09.1	F09.2	F09.3	F09.4	F09.5	F09.7	F14.1	F14.2	F14.3
F09.1	0,0936								
F09.2	0	0,0685							
F09.3	0	0	0,0674						
F09.4	0	0	0	0,0589					
F09.5	0	0	0	0	0,0658				
F09.7	0	0	0	0	0	0,0716			
F14.1	0	0	0	0	0	0	0,0687		
F14.2	0	0	0	0	0	0	0	0,0684	
F14.3	0	0	0	0	0	0	0	0	0,0739
F14.4	0	0	0	0	0	0	0	0	0
F14.5	0	0	0	0	0	0	0	0	0
F06.1	0	0	0	0	0	0	0	0	0
F06.2	0	0	0	0	0	0	0	0	0
F06.3	0	0	0	0	0	0	0	0	0
F08.1	0	0	0	0	0	0	0	0	0
F08.2	0	0	0	0	0	0	0	0	0
F08.3	0	0	0	0	0	0	0	0	0
F08.4	0	0	0	0	0	0	0	0	0

	F14.4	F14.5	F06.1	F06.2	F06.3	F08.1	F08.2	F08.3	F08.4
F14.4	0,0761								
F14.5	0	0,0699							
F06.1	0	0	0,0759						
F06.2	0	0	0	0,0858					
F06.3	0	0	0	0	0,0779				
F08.1	0	0	0	0	0	0,0641			
F08.2	0	0	0	0	0	0	0,0632		
F08.3	0	0	0	0	0	0	0	0,0647	
F08.4	0	0	0	0	0	0	0	0	0,0597

Tab. 19: Standardfehler zur Beurteilung der Parameterschätzung, Teil 2 (Teilleistungsmodell)

LAMBDA X

	ZIMMER	BUFFET	RESERVIE	EMPFANG
F09.1	6,2297	0	0	0
F09.2	10,2995	0	0	0
F09.3	9,9562	0	0	0
F09.4	11,4689	0	0	0
F09.5	10,7571	0	0	0
F09.7	9,4837	0	0	0
F14.1	0	10,1756	0	0
F14.2	0	10,0555	0	0
F14.3	0	8,9508	0	0
F14.4	0	8,6585	0	0
F14.5	0	10,0490	0	0
F06.1	0	0	11,5310	0
F06.2	0	0	8,3016	0
F06.3	0	0	10,3518	0
F08.1	0	0	0	10,8815
F08.2	0	0	0	11,2214
F08.3	0	0	0	10,5986
F08.4	0	0	0	11,3521

PHI

	ZIMMER	BUFFET	RESERVIE	EMPFANG
ZIMMER	0			
BUFFET	11,4715	0		
RESERVIE	6,4241	5,8643	0	
EMPFANG	7,4832	13,0910	11,7384	0

Tab. 20: T-Werte zur Beurteilung der Teilstrukturen, Teil 1 (Teilleistungsmodell)

THETA DELTA

	F09.1	F09.2	F09.3	F09.4	F09.5	F09.7	F14.1	F14.2	F14.3
F09.1	7,7525								
F09.2	0	5,9710							
F09.3	0	0	6,4982						
F09.4	0	0	0	5,4283					
F09.5	0	0	0	0	5,7188				
F09.7	0	0	0	0	0	6,7110			
F14.1	0	0	0	0	0	0	6,2498		
F14.2	0	0	0	0	0	0	0	6,4344	
F14.3	0	0	0	0	0	0	0	0	7,1074
F14.4	0	0	0	0	0	0	0	0	0
F14.5	0	0	0	0	0	0	0	0	0
F06.1	0	0	0	0	0	0	0	0	0
F06.2	0	0	0	0	0	0	0	0	0
F06.3	0	0	0	0	0	0	0	0	0
F08.1	0	0	0	0	0	0	0	0	0
F08.2	0	0	0	0	0	0	0	0	0
F08.3	0	0	0	0	0	0	0	0	0
F08.4	0	0	0	0	0	0	0	0	0

	F14.4	F14.5	F06.1	F05.2	F06.3	F08.1	F08.2	F08.3	F08.4
F14.4	7,1989								
F14.5	0	6,3199							
F06.1	0	0	3,3568						
F06.2	0	0	0	6,1481					
F06.3	0	0	0	0	4,4612				
F08.1	0	0	0	0	0	5,7344			
F08.2	0	0	0	0	0	0	5,2789		
F08.3	0	0	0	0	0	0	0	6,0820	
F08.4	0	0	0	0	0	0	0	0	5,3552

Tab. 21: T-Werte zur Beurteilung der Teilstrukturen, Teil 2 (Teilleistungsmodell)

Anhang II

UNIVERSITÄT ROSTOCK
Wirtschafts- und Sozialwissenschaftliche Fakultät

Lehrstuhl für ABWL: Absatzwirtschaft • Prof. Dr. M. Benkenstein
Parkstrasse 6 • 18057 Rostock • Tel.: (0381) 37591 App. 223 / 235

Messung der Dienstleistungsqualität
im Hotel ▓▓▓▓▓▓▓

1. Wie gefällt Ihnen Warnemünde?

	sehr 1	2	3	4	gar nicht 5
1) Allgemeiner Eindruck	o	o	o	o	o
2) Restaurantangebot	o	o	o	o	o
3) Kneipenangebot	o	o	o	o	o
4) Kulturangebot	o	o	o	o	o
5) Freizeitmöglichkeiten	o	o	o	o	o
6) Shopping-Möglichkeiten	o	o	o	o	o
7) Strand	o	o	o	o	o
sonstiges _____	o	o	o	o	o

2. Zu Beginn möchten wir Sie bitten, eine generelle Einschätzung der Qualität des Hotels »XXXXXX« abzugeben.

	sehr gut 1	2	3	4	sehr schlecht 5
1) Wie beurteilen Sie die Qualität des Hotels im Vergleich zu Ihnen bekannten und vergleichbaren Hotels?	o	o	o	o	o
2) Wie beurteilen Sie das Preis-Leistungsverhältnis?	o	o	o	o	o

3. Sind Sie

1) Kururlauber	Ja o	nein o	
2) Kurzurlauber	Ja o	nein o	
3) Wochenendgast	Ja o	nein o	
4) Geschäftsreisender	Ja o	nein o	

4. Sie haben für Ihren Aufenthalt in Warnemünde das Hotel »XXXXXX« gewählt. Was hat Sie dazu bewogen?

   O Stammgast
   O Empfehlung von (Geschäfts-)Freunden
   O Reisebüro
   O Hotelführer
   O Presse
   O Werbung
   O Lage des Hotels
   O Freizeitangebot
   O Kongreß- u. Tagungsort
   O Über eine (Touristik-)Messe
   sonstiges _____

5. Wie haben Sie reserviert?

1) privat	ja O	nein O
2) Sekretärin	ja O	nein O
3) Reisebüro	ja O	nein O
4) Reservierungssystem (SRS, HRS)	ja O	nein O
5) gar nicht	ja O	nein O

6. Wie zufrieden sind Sie mit der Reservierung hinsichtlich

sehr   gar nicht
1 2 3 4 5

1) Freundlichkeit   O O O O O
2) Reibungslosigkeit   O O O O O
3) Berücksichtigung von Wünschen   O O O O O
4) Beratung über Zimmertypen   O O O O O
5) Beratung über Arrangements   O O O O O
sonstiges _____?   O O O O O
O weiß ich nicht

7. Wie würden Sie folgende Fragen beantworten?

sehr gut   sehr schlecht
1 2 3 4 5

1) Wie war das Hotel zu finden?   O O O O O
2) Wie war Ihr Eindruck von der Hotelanlage?   O O O O O
3) Konnten Sie in Hotelnähe parken?   O O O O O
4) Wie beurteilen Sie den Kofferservice?   O O O O O

8. Wie zufrieden waren Sie am Empfang hinsichtlich	sehr 1	2	3	4	gar nicht 5
1) Freundlichkeit	o	o	o	o	o
2) Zuvorkommenheit	o	o	o	o	o
3) Wartezeiten	o	o	o	o	o
4) Äußerer Eindruck des Personals	o	o	o	o	o
sonstiges _____ ?	o	o	o	o	o

9. Wie zufrieden sind Sie mit Ihrem Zimmer?	sehr 1	2	3	4	gar nicht 5
1) Lage	o	o	o	o	o
2) Ausstattung des Zimmers	o	o	o	o	o
3) Ausstattung des Bades	o	o	o	o	o
4) Komfort	o	o	o	o	o
5) Zimmerservice	o	o	o	o	o
6) Minibar	o	o	o	o	o
7) Sauberkeit	o	o	o	o	o
8) Beleuchtung	o	o	o	o	o
9) Gästeinformation	o	o	o	o	o
10) Fühlen Sie sich in Ihrem Zimmer wohl?	o	o	o	o	o
sonstiges _____	o	o	o	o	o

10. Entspricht das Zimmer Ihren Erwartungen?	sehr 1	2	3	4	gar nicht 5
	o	o	o	o	o

11. Wie zufrieden sind Sie mit dem Prospekt- material hinsichtlich	sehr 1	2	3	4	gar nicht 5
1) Erscheinungsbild	o	o	o	o	o
2) Informationsgehalt?	o	o	o	o	o

12. Wie zufrieden sind Sie mit	sehr 1	2	3	4	gar nicht 5
1) den Videotext-Informationen	o	o	o	o	o
2) dem Hotelvideo?	o	o	o	o	o

13. Erwarten Sie weitergehende Informationen?

   O   nein   O   ja   Welche? _____

14. Sind Sie mit dem Frühstücksbuffet zufrieden hinsichtlich	sehr 1	2	3	4	gar nicht 5
1) Auswahl	O	O	O	O	O
2) Qualität der Speisen und Getränke	O	O	O	O	O
3) Bedienung	O	O	O	O	O
4) Atmosphäre	O	O	O	O	O
5) Öffnungszeiten	O	O	O	O	O
sonstiges _____ ?	O	O	O	O	O

15. Im Hotel »XXXXXX« befinden sich unterschiedliche gastronomische Einrichtungen. Welche haben Sie davon genutzt?

   O   **A** – »Seemannskrug«
   O   **B** – Hotelrestaurant »Koralle«
   O   **C** – Lobby-Bar
   O   **D** – Café »Panorama«
   O   **E** – Sky-Bar
   O   **F** – Discothek
   O   **G** – Grillrestaurant
   O   **H** – Eis-Milch-Mokka-Bar

16. Wie zufrieden waren Sie mit **A** hinsichtlich	sehr 1	2	3	4	gar nicht 5
1) Angebotsvielfalt	O	O	O	O	O
2) Auswahl der Getränke	O	O	O	O	O
3) Qualität der Speisen	O	O	O	O	O
3.1) Geschmack	O	O	O	O	O
3.2) Größe der Portionen	O	O	O	O	O
3.3) optischer Eindruck	O	O	O	O	O
3.4) Frischegrad	O	O	O	O	O
3.5) Temperatur	O	O	O	O	O
4) Bedienung	O	O	O	O	O
5) Ambiente	O	O	O	O	O
6) Öffnungszeiten	O	O	O	O	O
7) Preis-Leistungs-Verhältnis	O	O	O	O	O
sonstiges _____ ?	O	O	O	O	O

16. Wie zufrieden waren Sie mit B hinsichtlich	sehr 1	2	3	4	gar nicht 5
1) Angebotsvielfalt	o	o	o	o	o
2) Auswahl der Getränke	o	o	o	o	o
3) Qualität der Speisen	o	o	o	o	o
3.1) Geschmack	o	o	o	o	o
3.2) Größe der Portionen	o	o	o	o	o
3.3) optischer Eindruck	o	o	o	o	o
3.4) Frischegrad	o	o	o	o	o
3.5) Temperatur	o	o	o	o	o
4) Bedienung	o	o	o	o	o
5) Ambiente	o	o	o	o	o
6) Öffnungszeiten	o	o	o	o	o
7) Preis-Leistungs-Verhältnis	o	o	o	o	o
sonstiges _____?	o	o	o	o	o

16. Wie zufrieden waren Sie mit C hinsichtlich	sehr 1	2	3	4	gar nicht 5
1) Angebotsvielfalt	o	o	o	o	o
2) Bedienung	o	o	o	o	o
3) Ambiente	o	o	o	o	o
4) Öffnungszeiten	o	o	o	o	o
5) Preis-Leistungs-Verhältnis	o	o	o	o	o
sonstiges _____?	o	o	o	o	o

16. Wie zufrieden waren Sie mit D hinsichtlich	sehr 1	2	3	4	gar nicht 5
1) Angebotsvielfalt	o	o	o	o	o
2) Qualität der Speisen und Getränke	o	o	o	o	o
3) Bedienung	o	o	o	o	o
4) Ambiente	o	o	o	o	o
5) Öffnungszeiten	o	o	o	o	o
6) Preis-Leistungs-Verhältnis	o	o	o	o	o
sonstiges _____?	o	o	o	o	o

16. Wie zufrieden waren Sie mit **E** hinsichtlich | sehr ... gar nicht
1 2 3 4 5

	1	2	3	4	5
1) Angebotsvielfalt	o	o	o	o	o
2) Bedienung	o	o	o	o	o
3) Ambiente	o	o	o	o	o
4) Öffnungszeiten	o	o	o	o	o
5) Preis-Leistungs-Verhältnis	o	o	o	o	o
sonstiges _____ ?	o	o	o	o	o

16. Wie zufrieden waren Sie mit **F** hinsichtlich | sehr ... gar nicht
1 2 3 4 5

	1	2	3	4	5
1) Angebotsvielfalt	o	o	o	o	o
2) Bedienung	o	o	o	o	o
3) Ambiente	o	o	o	o	o
4) Öffnungszeiten	o	o	o	o	o
5) Preis-Leistungs-Verhältnis	o	o	o	o	o
sonstiges _____ ?	o	o	o	o	o

16. Wie zufrieden waren Sie mit **G** hinsichtlich | sehr ... gar nicht
1 2 3 4 5

	1	2	3	4	5
1) Angebotsvielfalt	o	o	o	o	o
2) Bedienung	o	o	o	o	o
3) Ambiente	o	o	o	o	o
4) Öffnungszeiten	o	o	o	o	o
5) Preis-Leistungs-Verhältnis	o	o	o	o	o
sonstiges _____ ?	o	o	o	o	o

16. Wie zufrieden waren Sie mit **H** hinsichtlich | sehr ... gar nicht
1 2 3 4 5

	1	2	3	4	5
1) Angebotsvielfalt	o	o	o	o	o
2) Bedienung	o	o	o	o	o
3) Ambiente	o	o	o	o	o
4) Öffnungszeiten	o	o	o	o	o
5) Preis-Leistungs-Verhältnis	o	o	o	o	o
sonstiges _____ ?	o	o	o	o	o

17. Welche Angebote des Hotels haben Sie wahrgenommen und wie waren Sie damit zufrieden?

	sehr				gar nicht
	1	2	3	4	5
1) Sport-Angebot	o	o	o	o	o
2) vermittelte Freizeitangebote	o	o	o	o	o
3) Gesundheitsangebot	o	o	o	o	o
4) Tanz	o	o	o	o	o
5) Casino	o	o	o	o	o
6) XXXXXX Club	o	o	o	o	o
sonstiges _____	o	o	o	o	o

18. Wie schätzen Sie das Angebot des Hotels »XXXXXX« ein?

	sehr				gar nicht
	1	2	3	4	5
1) vielseitig/ abwechslungsreich	o	o	o	o	o
2) ansprechend / interessant	o	o	o	o	o
3) informativ	o	o	o	o	o
sonstiges _____	o	o	o	o	o

19. Aus welchen Gründen haben Sie bestimmte Angebote nicht wahrgenommen?

o   kein Interesse
o   keine Zeit
o   keine Informationen
sonstiges _____

20. Im Hotel »XXXXXX« befinden sich Möglichkeiten zu sportlicher Betätigung. Welche haben Sie in Anspruch genommen und wie zufrieden sind Sie mit diesen?

	sehr				gar nicht
	1	2	3	4	5
1) Fitness-Raum	o	o	o	o	o
2) Hotelpool	o	o	o	o	o
3) Sauna	o	o	o	o	o
4) Meeresbrandungsbad	o	o	o	o	o
5) Tennis	o	o	o	o	o
6) Kegelbahn	o	o	o	o	o
sonstiges _____	o	o	o	o	o

21. Welche sportlichen Einrichtungen vermissen Sie im Hotel »XXXXXX«?

O keine

O _____

O _____

22. Ende des Jahres eröffnet im Hotel »XXXXXX« der »Wellness-Club«. Würden Sie eine entsprechende Einrichtung

	sehr 1	2	3	4	gar nicht 5
1) begrüßen	O	O	O	O	O
2) nutzen	O	O	O	O	O

23. Würden Sie deshalb im Hotel »XXXXXX« Urlaub machen?

O ja   O nein

24. Haben Sie die Einkaufsmöglichkeiten im Hotel genutzt?

O ja   O nein

25. Wie zufrieden sind Sie mit der Einkaufsmöglichkeit hinsichtlich

	sehr 1	2	3	4	gar nicht 5
1) Atmosphäre	O	O	O	O	O
2) Freundlichkeit	O	O	O	O	O
3) Sortiment	O	O	O	O	O
4) Beratung	O	O	O	O	O
sonstiges _____?	O	O	O	O	O

26. Für wie wichtig halten Sie derartige Einkaufsgelegenheiten in einem Hotel?

sehr wichtig 1	2	3	4	gar nicht wichtig 5
O	O	O	O	O

27. Welche Einrichtungen vermissen Sie im Hotel »XXXXXX«?

O keine

O _____

O _____

28. Wie zufrieden sind Sie mit dem Hotelpersonal im Hinblick auf	sehr 1	2	3	4	gar nicht 5
1) Freundlichkeit	o	o	o	o	o
2) Fachlichen Service	o	o	o	o	o
3) Persönliche Betreuung	o	o	o	o	o
4) Zuverlässigkeit (z.B. Weckdienst)	o	o	o	o	o
5) Auftreten / Erscheinungsbild	o	o	o	o	o
6) Bereitschaft, Auskunft zu geben, auf Wünsche einzugehen, zu helfen	o	o	o	o	o
sonstiges _____ ?	o	o	o	o	o

29. Geschlecht: o   weiblich   o   männlich

Alter: o   unter 20   o   41 - 45 Jahre
         o   21 - 25 Jahre   o   46 - 50 Jahre
         o   26 - 30 Jahre   o   51 - 55 Jahre
         o   31 - 35 Jahre   o   56 - 60 Jahre
         o   36 - 40 Jahre   o   61 Jahre und älter

Welche Ausbildung haben Sie?

         o   Mittlere Reife   o   Abitur
         o   Lehre   o   Studium

30. Werden Sie wieder in das Hotel »XXXXXX« kommen?

         o   ja   o   nein

31. Wir bedanken uns sehr herzlich dafür, daß Sie uns unsere Fragen beantwortet haben und möchten Sie bitten, ein abschließendes Urteil bzw. eine Empfehlung an die Geschäftsleitung abzugeben!

   o   _____
       _____
       _____
       _____
       _____
       _____
       _____

LITERATURVERZEICHNIS

ADAM, D. (1994): Investitionscontrolling, München.

AFHELDT, H. (1988): Wohlstand mit Dienstleistungen, in: AFHELDT, H. (Hrsg.): Erfolge mit Dienstleistungen. Initiativen für neue Märkte, Stuttgart, S. 9-30.

ALBACH, H. (1989a): Dienstleistungen in der modernen Industriegesellschaft, in: Perspektiven und Orientierungen, Schriftenreihe des Bundeskanzleramtes, Bd. 8, München.

ALBACH, H. (1989b): Dienstleistungsunternehmen in Deutschland, in: ZfB, 59. Jg., Nr. 4, S. 397-420.

ANDREASEN, A.R.; BEST, A. (1977): Consumers Complain – does Business Correspond, in: Harvard Business Review, 55. Jg., Nr. 4, S. 93-101.

ANDRES, J. (1992): Einführung in LISREL, in: HILDEBRANDT, L.; RUDINGER, G.; SCHMIDT, P. (Hrsg.): Kausalanalysen in der Umweltforschung, Stuttgart, S. 15-50.

ANDRITZKY, K. (1976): Die Operationalisierbarkeit von Theorien zum Konsumentenverhalten, Berlin.

ANG, S.H.; LEONG, S.M. (1989): Search, Interaction, and Evaluation in Customized Versus Standardized Services: a Proposional Inventory, in: BITNER, M.J.; CROSBY, L.A. (Hrsg.): Designing a Winning Service Strategy, AMA Proceedings, Chicago (IL), S. 52-57.

ASSAEL, H. (1992): Consumer Behavior and Marketing Action, 4. Aufl., Boston (MA).

ATTESLANDER, P.; BENDER, C.; CROMM, J.; GRABOW, B.; ZIPP, G. (1991): Methoden der empirischen Sozialforschung, 6. Aufl., Berlin.

BACKHAUS, K.; ERICHSON, B.; PLINKE, W.; WEIBER, R. (1994): Multivariate Analysemethoden, 7. Aufl., Berlin.

BAGOZZI, R.P. (1981): Evaluating Structural Equation Models with Unobservable Variables and Measurement Error: A Comment, in: Journal of Marketing Research, 18. Jg., Nr. 8, S. 375-381.

BALDERJAHN, I. (1986): Das umweltbewußte Konsumentenverhalten, Diss., Berlin.

BAMBERG, G.; COENENBERG, A.G. (1994): Betriebswirtschaftliche Entscheidungslehre, 8. Aufl., München.

BAUER, R.A. (1967): Consumer Behavior as Risk Taking, in: COX, D.F. (Hrsg.): Risk Taking and Information Handling in Consumer Behavior, Boston (MA), S. 23-33.

BAUMGARTEN, S.A.; HENSEL, J.A. (1987): Enhancing the Perceived Quality of Medical Service Delivery Systems, in: SURPRENANT, C.F. (Hrsg.): Add Value to Your Service: the Key to Success, AMA Proceedings, Chicago (IL), S. 105-110.

BECKER, W.S.; WELLINS, R.S. (1990): Customer-Service Perceptions and Reality, in: Training & Development Journal, o.Jg., Nr. 3, S. 49-51.

BEHRENS, G. (1991): Konsumentenverhalten, 2. Aufl., Heidelberg.

BELL, M.L. (1981): A Matrix Approach to the Classification of Marketing Goods and Services, in: DONNELLY, J.H.; GEORGE, W.R. (Hrsg.): Marketing of Services, AMA Proceedings, Chicago (IL), S. 208-212.

BENKENSTEIN, M. (1992): Die Reduktion der Fertigungstiefe als betriebswirtschaftliches Entscheidungsproblem, unveröffentlichte Habilitationsschrift, Münster.

BENKENSTEIN, M. (1993): Dienstleistungsqualität. Ansätze zur Messung und Implikationen für die Steuerung, in: ZfB, 63. Jg., Nr. 11, S. 1095-1116.

BENÖLKEN, H.; GREIPEL, P. (1994): Dienstleistungsmanagement. Service als strategische Erfolgsposition, 2. Aufl., Wiesbaden.

BEREKOVEN, L. (1974): Der Dienstleistungsbetrieb. Wesen – Struktur – Bedeutung, Wiesbaden.

BEREKOVEN, L. (1986): Der Dienstleistungsmarkt – Sachliche Besonderheiten und empirische Befunde, in: Pestel, E. (Hrsg.): Perspektiven der Dienstleistungswirtschaft, Göttingen, S. 24-37.

BERRY, L.L. (1986): Big Ideas in Services Marketing, in: VENKATESAN, M.;
SCHMALENSEE, D.M.; MARSHALL, C. (Hrsg.): Creativity in
Services Marketing: What's New, What Works, What's
Developing, AMA Proceedings, Chicago (IL), S. 6-8.

BERRY, L.L.; BENNETT, D.R.; BROWN, C.W. (1989): Service Quality – A Profit
Strategy for Financial Institutions, Homewood (IL).

BERRY, L.L.; PARASURAMAN, A. (1992): Service-Marketing, Frankfurt.

BERTRAND, K. (1989): In Service, Perception Counts, in: Business Marketing,
o.Jg., April, S. 44-50.

BHARADWAJ, S.G.; VARADARAJAN, P.R.; FAHY, J. (1993): Sustainable Competitive Advantage in Service Industries: A Conceptual
Model and Research Propositions, in: Journal of Marketing,
57. Jg., Nr. 4, S. 83-99.

BIRKELBACH, R. (1993): Qualitätsmanagement in Dienstleistungscentern,
Diss., Schriften zu Marketing und Management, hrsg. von
MEFFERT, H., Bd. 20, Frankfurt.

BITNER, M.J.; BOOMS, B.H.; TETREAULT, M.S. (1990): The Service Encounter:
Diagnosing Favorable and Unfavorable Incidents, in:
Journal of Marketing, 54. Jg., Nr. 1, S. 71-84.

BITNER, M.J.; NYQUIST, J.D.; BOOMS, B.H. (1985): The Critical Incident as a
Technique for Analyzing The Service Encounter, in: BLOCH,
T. M.; UPAH, G. D.; ZEITHAML. V. A. (Hrsg.): Services
Marketing in a Changing Environment, AMA Proceedings,
Chicago (IL), S. 48-51.

BLACKMAN, B. (1983): Research Priorities in Services Marketing: Remember
the Little Guy, in: BERRY, L.I..; SHOSTACK, G.L.; UPAH, G.D.
(Hrsg.): Emerging Perspectives on Services Marketing, AMA
Proceedings, Chicago (IL), S. 111-114.

BLEICKER, U. (1983): Produktbeurteilung der Konsumenten, Würzburg.

BLEUEL, B. (1990): Customer Dissatisfaction and the Zone of Uncertainty, in:
The Journal of Services Marketing, 4. Jg., Nr. 1, S. 49-52.

BOLFING, C.P. (1989): How Do Customers Express Dissatisfaction and What
Can Service Marketers Do about It?, in: Journal of Services
Marketing, 3. Jg., Nr. 2, S. 5-23.

BOLZ, J. (1992): Wettbewerbsorientierte Standardisierung der internationalen Marktbearbeitung, Diss., Darmstadt.

BOUMAN, M.; WIELE, T. VAN DER (1992): Measuring Service Quality in the Car Service Industry: Building and Testing an Instrument, in: IJSIM, 3. Jg., Nr. 4, S. 4-16.

BRANDT, D.R. (1987): A Procedure for Identifying Value-Enhancing Service Components Using Customer Satisfaction Survey Data, in: SURPRENANT, C.F. (Hrsg.): Add Value to Your Service: the Key to Success, AMA Proceedings, Chicago (IL), S. 61-65.

BRANDT, D.R. (1988): How Service Marketers Can Identify Value-Enhancing Service Elements, in: Journal of Services Marketing, 2. Jg., Nr. 3, S. 35-41.

BRANDT, D.R.; REFFETT, K.L. (1989): Focusing on Customer Problems to Improve Service Quality, in: BITNER, M.J.; CROSBY, L.A. (Hrsg.): Designing a Winning Service Strategy, AMA Proceedings, Chicago (IL), S. 92-97.

BRONNER, R. (1992): Komplexität, in: FRESE, E. (Hrsg.): Handwörterbuch der Organisation, Enzyklopädie der Betriebswirtschaftslehre, Bd. 2, 3. Aufl., Stuttgart, Sp. 1121-1130.

BROWN, J.R.; FERN, E.F. (1981): Goods vs. Services Marketing: A Divergent Perspective, in: DONNELLY, J.H.; GEORGE, W.R. (Hrsg.): Marketing of Services, AMA Proceedings, Chicago (IL), S. 205-207.

BROWN, S.W.; SWARTZ, T.A. (1989): A Gap Analysis of Professional Service Quality, in: Journal of Marketing, 53. Jg., Nr. 4, S. 92-98.

BRUHN, M. (1982): Konsumentenzufriedenheit und Beschwerdeverhalten, Diss., Schriften zum Marketing, hrsg. von MEFFERT, H., Bd. 4, Frankfurt.

BÜKER, B. (1991): Qualitätsbeurteilung investiver Dienstleistungen, Diss., Schriften zu Marketing und Management, hrsg. von MEFFERT, H., Bd. 17, Frankfurt.

BUNDESMINISTERIUM FÜR INNERDEUTSCHE BEZIEHUNGEN (Hrsg.; 1990): Leitfaden für praktische Tourismusarbeit, Bd. 4, Bonn.

BUZZELL, R.D.; GALE, B.T. (1987): The PIMS Principles, New York (NY).

CADOTTE, E.R.; WOODRUFF, R.B.; JENKINS, R.L. (1987): Expectations and Norms in Models of Consumer Satisfaction, in: Journal of Marketing Research, 24. Jg., Nr. 8, S. 305-314.

CARMAN, J.M. (1990): Consumer Perceptions of Service Quality: An Assessment of the SERVQUAL Dimensions, in: Journal of Retailing, 66. Jg., Nr. 1, S. 33-55.

CHASE, R.B.; BOWEN, D.E. (1991): Service Quality and the Service Delivery System, in: BROWN, S.W.; GUMMESON, E.; EDVARDSSON, B.; GUSTAVSSON, B. (Hrsg.): Service Quality. Multidisciplinary and Multinational Perspectives, Lexington (MA), S. 157-178.

CINA, C. (1989): Creating an Effective Customer Satisfaction Program, in: The Journal of Services Marketing, 3. Jg., Nr. 1, S. 5-14.

CINA, C. (1990): Five Steps to Service Excellence, in: The Journal of Services Marketing, 4. Jg., Nr. 2, S. 39-47.

CLARK, C. (1960): The Conditions of Economic Progress, 3. Aufl., London.

CLARK, G.L.; KAMINSKI, P.F.; RINK, D.R. (1992): Consumer Complaints: Advice on How Companies Should Respond Based on an Empirical Study, in: The Journal of Services Marketing, 6. Jg., Nr. 1, S. 41-50.

CLOW, K.E.; VORHIES, D.W. (1993): Building a Competition Advantage for Service Firms – Measurement of Consumer Expectations of Service Quality, in: Journal of Services Marketing, 7. Jg., Nr. 1, S. 22-32.

CORSTEN, H. (1986): Zur Diskussion der Dienstleistungsbesonderheiten und ihre ökonomischen Auswirkungen, in: Jahrbuch der Absatz- und Verbrauchsforschung, 32. Jg., Nr. 1, S. 16-41.

CORSTEN, H. (1988a): Betriebswirtschaftslehre der Dienstleistungsunternehmungen, München.

CORSTEN, H. (1988b): Dienstleistungen in produktionstheoretischer Interpretation, in: WISU, 17. Jg., Nr. 2, S. 81-87.

CORSTEN, H.; MEIER, B. (1984): Verbraucherinformation als zentrales Instrument der Verbraucherpolitik unter besonderer Berücksichtigung der Qualitätsbeurteilung, in: Jahrbuch der Absatz- und Verbrauchsforschung, 30. Jg., Nr. 1, S. 1-20.

COX, D.F. (1967): Risk Handling in Consumer Behavior – an Intensive Study of Two Cases, in: COX, D.F. (Hrsg.): Risk Taking and Information Handling in Consumer Behavior, Boston (MA), S. 34-81.

CRAVENS, D.W.; DIELMAN, T.E.; HARRINGTON, C.K. (1985): Using Buyers' Perceptions of Service Quality to Guide Strategy Development, in: LUSCH, R.F. ET AL. (Hrsg.): 1985 AMA Educators' Proceedings, Chicago (IL), S. 297-301.

CRONIN, J.J.; TAYLOR, S.A. (1992): Measuring Service Quality: A Reexamination and Extension, in: Journal of Marketing, 56. Jg., Nr. 3, S. 55-68.

CRONIN, J.J.; TAYLOR, S.A. (1994): SERVPERF Versus SERVQUAL: Reconciling Performance-Based and Perceptions-Minus-Expectations Measurement of Service Quality, in: Journal of Marketing, 58. Jg., Nr. 1, S. 125-131.

CROSBY, L.A.; COWLES, D. (1986): A Role Consensus Model of Satisfaction with Service Interaction Experiences, in: VENKATESAN, M.; SCHMALENSEE, D.M.; MARSHALL, C. (Hrsg.): Creativity in Services Marketing: What's New, What Works, What's Developing, AMA Proceedings, Chicago (IL), S. 40-43.

CROSBY, L.A.; EVANS, K.R.; COWLES, D. (1990): Relationship Quality in Services Selling: An Interpersonal Influence Perspective, in: Journal of Marketing, 54. Jg., Nr. 7, S. 68-81.

CROSBY, P.B. (1986): Qualität bringt Gewinn, Hamburg.

CUNNIGHAM, S.M. (1967): Perceived Risk and Brand Loyalty, in: COX, D.F. (Hrsg.): Risk Taking and Information Handling in Consumer Behavior, Boston (MA), S. 507-523.

CZEPIEL, J.A.; GILMORE, R. (1987): Exploring the Concept of Loyalty in Services, in: CZEPIEL, J.A.; CONGRAM, C.A.; SHANAHAN, J. (Hrsg.): The Service Challenge: Integrating for Competitive Advantage, AMA Proceedings, Chicago (IL), S. 91-94.

DARBY, M.R.; KARNI, E. (1973): Free Competition and the Optimal Amount of Fraud, in: The Journal of Law and Economics, 16. Jg., Nr. 4, S. 67-88.

DAY, E.; CASTLEBERRY, S.B. (1986): Defining and Evaluating Quality: The Consumer's View, in: LUTZ, R.J. (Hrsg.): Advances in Consumer Research, 13. Jg., Provo (UT), S. 94-98.

DEUTSCHE BANK AG (1991): DB Research GmbH, Presse-Information vom 10.7.1991.

DEUTSCHES INSTITUT FÜR NORMUNG (1987): DIN ISO 9004, Qualitätsmanagement und Elemente eines Qualitätssicherungssystems, Leitfaden, Berlin.

DICHTL, E. (1991): Dimensionen der Produktqualität, in: Marketing ZFP, 13. Jg., Nr. 3, S. 149-155.

– 177 –

DONABEDIAN, A. (1980): Explorations in Quality Assessment and Monitoring, Bd. 1: The Definition of Quality and Approaches to Its Assessment, Ann Arbor (MI).

DOUGLAS, S.P.; RHEE, D.K. (1989): Examining Generic Competitive Strategy Types in U.S. and European Markets, in: Journal of International Business Studies, 20. Jg., Nr. 3, S. 437-463.

DREW, J.H.; BOLTON, R.N. (1987): Service Value and Its Measurement: Local Telephone Service, in: SURPRENANT, C.F. (Hrsg.): Add Value to Your Service: the Key to Success, AMA Proceedings, Chicago (IL), S. 49-54.

EICHELBERGER, D. (1991): Zum Einfluß der Qualität auf Kosten und Rentabilität, in: Die Unternehmung, 45. Jg., Nr. 1, S. 32-46.

ENGEL, J.F.; BLACKWELL, R.D.; MINIARD, P.W. (1993): Consumer Behavior, 7. Aufl., Fort Worth (TX).

ENGELHARDT, W.H. (1990): Dienstleistungsorientiertes Marketing – Antwort auf die Herausforderung durch neue Technologien, in: ADAM, D.; BACKHAUS, K.; MEFFERT, H.; WAGNER, H. (Hrsg.): Integration und Flexibilität, Wiesbaden, S. 269-288.

ENGELHARDT, W.H.; KLEINALTENKAMP, M.; RECKENFELDERBÄUMER, M. (1992): Dienstleistungen als Absatzobjekt, Arbeitsbericht Nr. 52 des Instituts für Unternehmensführung und Unternehmensforschung, Bochum.

ENIS, B.M.; ROERING, K.J. (1981): Services Marketing: Different Products, Similar Strategy, in: DONNELLY, J.H.; GEORGE, W.R. (Hrsg.): Marketing of Services, AMA Proceedings, Chicago (IL), S. 1-4.

ENRICK, N.L. (1986): Quality in the Service Industries, in: WALSH, L.; WURSTER, R.; KIMBER, R.J. (Hrsg.): Quality Management Handbook, New York (NY), S. 869-882.

ERNENPUTSCH, M.A. (1986): Theoretische und empirische Untersuchungen zum Beschaffungsprozeß von konsumtiven Dienstleistungen, Diss., Bochum.

FLANAGAN, J.C. (1954): The Critical Incident Technique, in: Psychological Bulletin, 51. Jg., Nr. 4, S. 327-358.

FÖRSTER, F.; FRITZ, W.; SILBERER, G.; RAFFÉE, H. (1984): Der LISREL-Ansatz der Kausalanalyse und seine Bedeutung für die Marketing-Forschung, in: ZfB, 54. Jg., Nr. 4, S. 346-367.

FOURASTIÉ, J. (1969): Die große Hoffnung des 20. Jahrhunderts, 2. Aufl., Köln.

FREYER, W. (1991): Tourismus, 3. Aufl., München.

FRITZ, W. (1992): Marktorientierte Unternehmensführung und Unternehmenserfolg, Stuttgart.

GAGLIANO, K.B.; HATHCOTE, J. (1994): Customer Expectations and Perceptions of Service Quality in Retail Apparel Specialty Stores, in: Journal of Services Marketing, 8. Jg., Nr. 1, S. 60-69.

GALBRAITH, C.; SCHENDEL, D. (1983): An Empirical Analysis of Strategy Types, in: Strategic Management Journal, 4. Jg., Nr. 2, S. 153-173.

GARHAMMER, M. (1988): Die unbezahlte häusliche Dienstleistungsproduktion – ein Beitrag zur Diskussion über Dienstleistungsbesonderheiten, in: Jahrbuch der Absatz- und Verbrauchsforschung, 34. Jg., Nr. 1, S. 61-94.

GARVIN, D.A. (1984): What does »Product Quality« Really Mean?, in: Sloan Management Review, 25. Jg., Nr. 3, S. 25-43.

GARVIN, D.A. (1988): Managing Quality. The Strategic and Competitive Edge, New York (NY).

GEMÜNDEN, H.G. (1985): Perceived risk and information search. A systematic meta-analysis of the empirical evidence, in: International Journal of Research in Marketing, 2. Jg., Nr. 2, S. 79-100.

GEORGE, W.R.; GIBSON, B.E. (1991): Blueprinting. A Tool for Managing Quality in Service, in: BROWN, S.W.; GUMMESON, E.; EDVARDSSON, B.; GUSTAVSSON, B. (Hrsg.): Service Quality. Multidisciplinary and Multinational Perspectives, Lexington (MA), S. 73-91.

GEORGE, W.R.; WEINBERGER, M.G.; KELLY, J.P. (1985): Consumer Risk Perception: Managerial Tools for the Service Encounter, in: CZEPIEL, J.A.; SOLOMON, M.R.; SURPRENANT, C.F. (Hrsg.): The Service Encounter, Lexington (MA), S. 83-100.

GEVA, A.; GOLDMAN, A. (1989): Changes in the Perception of a Service during its Consumption: A Case of Organised Tours, in: European Journal of Marketing, 23. Jg., Nr. 12, S. 44-52.

GIERSCH, H. (1990): Mehr Wettbewerb im freieren EG-Binnenmarkt, in: MEFFERT, H.; KIRCHGEORG, M. (Hrsg.): Marktorientierte Unternehmensführung im europäischen Binnenmarkt, Stuttgart, S. 3-19.

GILLETT, T.F. (1986): New Ways of Understanding Consumer's Service Needs, in: VENKATESAN, M.; SCHMALENSEE, D.M.; MARSHALL, C. (Hrsg.): Creativity in Services Marketing: What's New, What Works, What's Developing, Chicago (IL), S. 31-34.

GREMLER, D.D. (1994): Word-of-Mouth about Service Providers: An Illustration of Theory Development in Marketing, in: PARK, C.W.; SMITH, D.C. (Hrsg.): Marketing Theory and Applications, 1994 AMA Winter Educators' Conference, Chicago (IL), S. 62-70.

GRÖNROOS, C. (1982): Strategic Management and Marketing in the Service Sector, Research Report No. 8 of the Swedish School of Economics and Business Administration, Helsingfors.

GRÖNROOS, C. (1984): A Service Quality Model and its Marketing Implications, in: European Journal of Marketing, 18. Jg., Nr. 4, S. 36-44.

GRÖNROOS, C. (1985): Internal Marketing – Theory and Praxis, in: BLOCH, T.M.; UPAH, G.D.; ZEITHAML. V.A. (Hrsg.): Services Marketing in a Changing Environment, AMA Proceedings, Chicago (IL), S. 41-47.

GRÖNROOS, C. (1990): Service Management and Marketing. Managing the Moments of Truth in Service Competition, Lexington (MA).

GRÖNROOS, C. (1991): Scandinavian Management and the Nordic School of Services – Contributions to Service Management and Quality, in: IJSIM, 2. Jg., Nr. 3, S. 17-25.

GRÜNEWALD, R. (1992): Tertiärisierungsdefizite im Industrieland Bundesrepublik Deutschland, Diss., Sozialökonomische Schriften, hrsg. von RÜRUP, B., Bd. 5, Frankfurt.

GUMMESSON, E. (1991): Service Quality – A Holistic View, in: BROWN, S.W.; GUMMESON, E.; EDVARDSSON, B.; GUSTAVSSON, B. (Hrsg.): Service Quality. Multidisciplinary and Multinational Perspectives, Lexington (MA), S. 3-22.

GUMMESSON, E.; GRÖNROOS, C. (1987): Quality of Services – Lesson from the Products Sector, in: SURPRENANT, C.F. (Hrsg.): Add Value to Your Service: the Key to Success, AMA Proceedings, Chicago (IL), S. 35-39.

GUSEMAN, D.S. (1981): Risk Perception and Risk Reduction in Consumer Services, in: DONNELLY, J.H.; GEORGE, W.R. (Hrsg.): Marketing of Services, AMA Proceedings, Chicago (IL), S. 200-204.

HALLER, S. (1993): Methoden zur Beurteilung von Dienstleistungsqualität, in: ZfbF, 45. Jg., Nr. 1, S. 19-40.

HAMER, E.; RIEDEL, B. (1990): Gastronomiemarketing, Bd. 21 der Schriftenreihe des Mittelstandsinstituts, Landsberg a.l.

HAYNES, R.M.; DUVALL, P.K. (1992): Service Quality Management: A Process-control Approach, in: IJSIM, 3. Jg., Nr. 1, S. 14-24.

HAYWOOD-FARMER, J.; STUART, F.I. (1988): Measuring the quality of professional services, in: JOHNSTON, R. (Hrsg.): The Management of Service Operations, OMA Proceedings, Berlin, S. 207-220.

HEINEN, E. (1976): Grundlagen betriebswirtschaftlicher Entscheidungen, 3. Aufl., Wiesbaden.

HENTSCHEL, B. (1990): Die Messung wahrgenommener Dienstleistungsqualität mit SERVQUAL, in: Marketing ZFP, 12. Jg., Nr. 4, S. 230-240.

HENTSCHEL, B. (1992): Dienstleistungsqualität aus Kundensicht, Diss., Wiesbaden.

HESKETT, J. (1988): Management von Dienstleistungsunternehmen, Wiesbaden.

HILDEBRANDT, L. (1983): Konfirmatorische Analysen von Modellen des Konsumentenverhaltens, Diss., Vertriebswirtschaftliche Abhandlungen, hrsg. von ENGELHARDT, W.H.; HAMMANN, P., Heft 24, Berlin.

HILKE, W. (1984): Dienstleistungs-Marketing aus der Sicht der Wissenschaft, in: MEFFERT, H.; WAGNER, H. (Hrsg.): Dienstleistungsmarketing, Arbeitspapier Nr. 19 der Wissenschaftlichen Gesellschaft für Marketing und Unternehmensführung e.V., Münster, S. 10-37.

HILKE, W. (1989): Grundprobleme und Entwicklungstendenzen des Dienstleistungs-Marketing, in: HILKE, W. (Hrsg.): Dienstleistungs-Marketing, Wiesbaden, S. 5-44.

HOMBURG, C. (1989): Exploratorische Ansätze der Kausalanalyse als Instrument der Marketingplanung, Diss., Frankfurt.

HOMBURG, C.; SÜTTERLIN, S. (1990): Kausalmodelle in der Marketingforschung, in: Marketing ZFP, 12. Jg., Nr. 3, S. 181-192.

HORNE, D.A.; MCDONALD, J.P.; WILLIAMS, D.L. (1986): Consumer Perceptions of Service Dimensions: Implications for Marketing Strategy, in: VENKATESAN, M.; SCHMALENSEE, D.M.; MARSHALL, C. (Hrsg.): Creativity in Services Marketing: What's New, What Works, What's Developing, Chicago (IL), S. 35-39.

INSTITUT DER DEUTSCHEN WIRTSCHAFT (Hrsg.; 1994): Zahlen zur wirtschaftlichen Entwicklung der Bundesrepublik Deutschland, Ausgabe 1994, Köln.

JACOBSON, R.; AAKER, D.A. (1987): The Strategic Role of Product Quality, in: Journal of Marketing, 51. Jg., Nr. 4, S. 31-44.

JÖRESKOG, K.G.; SÖRBOM, D. (1989): LISREL 7. A Guide to the Program and Applications, 2. Aufl., Chicago (IL).

KAHLE, E. (1990): Betriebliche Entscheidungen, 2. Aufl., München.

KANIG, W.; KREUZIG, K.H.; RUNGENHAGEN, C. (1992): Betriebsvergleich Hotellerie und Gastronomie Deutschland 1992, hrsg. von der BBG CONSULTING BETRIEBSBERATUNG GASTGEWERBE GMBH, Düsseldorf.

KASPAR, C. (1991): Die Entwicklung des modernen Tourismus, in: STATISTISCHES BUNDESAMT (Hrsg.): Tourismus in der Gesamtwirtschaft, Bd. 17 der Schriftenreihe Forum der Bundesstatistik, Stuttgart, S. 17-25.

KEISER, T.C. (1988): Strategies for Enhancing Service Quality, in: The Journal of Services Marketing, 2. Jg., Nr. 3, S. 65-70.

KELLEY, S.W.; DONNELLY, J.H.; SKINNER, S.J. (1990): Customer Participation in Service Production and Delivery, in: Journal of Retailing, 66. Jg., Nr. 3, S. 315-335.

KIRSCH, W. (1988): Die Handhabung von Entscheidungsproblemen, 3. Aufl., München.

KNYPHAUSEN, D.Z. (1988): Unternehmungen als evolutionsfähige Systeme, München.

KOEPP, S. (1988): Why is Service so Bad? Pul-eeze! Will Somebody Help Me?, in: LOVELOCK, C. (Hrsg.): Managing Services, Englewood Cliffs (NJ), S. 208-215.

KREPPNER, K. (1975): Zur Problematik des Messens in den Sozialwissenschaften, Stuttgart.

KROEBER-RIEL, W. (1992): Konsumentenverhalten, 5. Aufl., München.

KROMSCHRÖDER, B.; BUCHWIESER, S.; GRÜNDL, H.; HAINDL, A. (1992): Qualität und Qualitätsmanagement in der Versicherungswirtschaft, in: ZfB, 62. Jg., Nr. 1, S. 43-74.

KROTZ, J.; GRATZER, W. (1989): Qualitätsmanagement, in: Thexis, 6. Jg., Nr. 6, S. 18-20.

KUPSCH, P.; HUFSCHMIED, P. (1979): Wahrgenommenes Risiko und Komple-xität der Beurteilungssituation als Determinanten der Qualitätsbeurteilung, in: MEFFERT, H.; STEFFENHAGEN, H.; FRETER, H. (Hrsg.): Konsumentenverhalten und Information, Wiesbaden, S. 225-257.

KUPSCH, P.; HUFSCHMIED, P.; MATHES, H.D.; SCHÖLER, K. (1978): Die Struktur von Qualitätsurteilen und das Informationsverhalten von Konsumenten beim Kauf langlebiger Gebrauchsgüter, Opladen.

KUPSCH, P.; MATHES, H.D. (1977): Determinanten der Qualitätsbeurteilung bei langlebigen Gebrauchsgütern, in: Jahrbuch der Absatz- und Verbrauchsforschung, 23. Jg., S. 233-265.

KÜRZL, A. (1989): Qualität und Qualitäts–Management, Berlin.

KUß, A. (1991): Käuferverhalten, Stuttgart.

LANGEARD, E.; BATESON, J.E.G.; LOVELOCK, C.; EIGLIER, P. (1981): Services Marketing: New Insights from Consumers and Managers, Report No. 81-104 des Marketing Science Institute, Cambridge (MA).

LEHMANN, A. (1989): Marketing-Qualität im Dienstleistungsmanagement – eine neue Perspektive?, in: Thexis, 6. Jg., Nr. 6, S. 46-50.

LEHMANN, A. (1993a): Dienstleistungsmanagement. Strategien und Ansatzpunkte zur Schaffung von Servicequalität, Reihe Entwicklungstendenzen im Management, hrsg. vom INSTITUT FÜR BETRIEBSWIRTSCHAFT, HOCHSCHULE ST. GALLEN FÜR WIRTSCHAFTS-, RECHTS- UND SOZIALWISSENSCHAFTEN, Bd. 9, Stuttgart.

LEHMANN, A. (1993b): Qualitätsstrategien für Dienstleistungen – Bausteine zum Management von Dienstleistungsqualität, in: SEGHEZZI, H.D.; HANSEN, J.R. (Hrsg.): Qualitätsstrategien – Anforderungen an das Management der Zukunft, München, S. 109-128.

LETHINEN, J.R. (1991): Service Quality: Multidisciplinary and Multinational Perspectives, in: BROWN, S.W.; GUMMESON, E.; EDVARDSSON, B.; GUSTAVSSON, B. (Hrsg.): Service Quality. Multidisciplinary and Multinational Perspectives, Lexington (MA), S. 135-142.

LEWIS, R.C.; BOOMS, B.H. (1983): The Marketing Aspects of Service Quality, in: BERRY, L.L.; SHOSTACK, G.L.; UPAH, G.D. (Hrsg.): Emerging Perspectives on Services Marketing, AMA Proceedings, Chicago (IL), S. 99-104.

LINDQUIST, L.J. (1987): Quality and Service Value in the Consumption of Services, in: SURPRENANT, C.F. (Hrsg.): Add Value to Your Service: the Key to Success, AMA Proceedings, Chicago (IL), S. 17-20.

LINDSAY, P.H.; NORMAN, D.A. (1981): Einführung in die Psychologie: Informationsaufnahme und -verarbeitung beim Menschen, Berlin.

LITTLE, A.D. (1992): Management von Spitzenqualität, Wiesbaden.

LIVINGSTON, F.C.; ZEITHAML, V.A.: (1987): Defining, Measuring, and Improving Value in Services: the Case of Cable Television, in: SURPRENANT, C.F. (Hrsg.): Add Value to Your Service: the Key to Success, AMA Proceedings, Chicago (IL), S. 29-34.

LOFTUS, E.F.; LOFTUS, G.R. (1980): On the Performance of Stored Information in the Human Brain, in: American Psychologist, 35. Jg., Nr. 5, S. 409-420.

LOVELOCK, C. (1983): Classifying Services to Gain Strategic Marketing Insights, in: Journal of Marketing, 47. Jg., Nr. 3, S. 9-20.

LOVELOCK, C. (1991): Services Marketing, 2. Aufl., Englewood Cliffs (NJ).

LUHMANN, N. (1975): Soziologische Aufklärung 2, 4. Aufl., Opladen.

LUHMANN, N. (1988): Soziale Systeme, 3. Aufl., Frankfurt.

LYTH, D.M.; JOHNSTON, R. (1988): A Framework for Designing Quality into Service Operations, in: JOHNSTON, R. (Hrsg.): The Management of Service Operations, OMA Proceedings, Berlin, S. 221-230.

MALERI, R. (1991): Grundlagen der Dienstleistungsproduktion, 2. Aufl., Berlin.

MALIK, F. (1992): Strategie des Managements komplexer Systeme, Schriften-reihe Unternehmung und Unternehmungsführung, hrsg. vom INSTITUT FÜR BETRIEBSWIRTSCHAFT AN DER HOCH-SCHULE ST. GALLEN, Bd. 12, 4. Aufl., Bern.

MANGOLD, W.G.; BABAKUS, E. (1991): Service Quality: The Front-Stage vs. the Back-Stage Perspective, in: The Journal of Services Marketing, 5. Jg., Nr. 4, S. 59-70.

MASING, W. (Hrsg.; 1988): Handbuch der Qualitätssicherung, 2. Aufl., München.

MATTSSON, J. (1990): A Service Quality Model Based on an Ideal Value Standard, in: IJSIM, 3. Jg., Nr. 3, S. 18-33.

MEFFERT, H. (1986): Marketing, 7. Aufl., Wiesbaden.

MEFFERT, H. (1988): Strategische Unternehmensführung und Marketing, Wiesbaden.

MEFFERT, H. (1989): Klassische Funktionenlehre und marktorientierte Füh-rung – Integrationsperspektiven aus der Sicht des Marke-ting, in: ADAM, D.; BACKHAUS, K.; MEFFERT, H.; WAGNER, H. (Hrsg.): Integration und Flexibilität, Wiesbaden, S. 373-408.

MEFFERT, H. (1992): Marketingforschung und Käuferverhalten, 2. Aufl., Wiesbaden.

MEFFERT, H. (1993): Marktorientierte Führung von Dienstleistungsunter-nehmen – neuere Entwicklungen in Theorie und Praxis, Arbeitspapier Nr. 78 der Wissenschaftlichen Gesellschaft für Marketing und Unternehmensführung e.V., hrsg. von MEFFERT, H.; WAGNER, H.; BACKHAUS, K., Münster.

MEFFERT, H. (1994): Marketing-Management, Wiesbaden.

MEFFERT, H.; HAFNER, K. (1987): Unternehmenskultur und marktorientierte Unternehmensführung – Bestandsaufnahme und Wirkungsanalyse, Arbeitspapier Nr. 35 der Wissenschaftlichen Gesellschaft für Marketing und Unternehmensführung e.V., hrsg. von MEFFERT, H.; WAGNER, H., Münster.

MEFFERT, H.; MÜLLER, N. (1993): Marktorientierte Unternehmensführung in der Rezession, Arbeitspapier Nr. 81 der Wissenschaft-lichen Gesellschaft für Marketing und Unternehmensfüh-rung e.V., hrsg. von MEFFERT, H.; WAGNER, H.; BACKHAUS, K., Münster.

MENZL, A. (1977): Die Gestaltung komplexer Unternehmensorganisationen, Bern.

MERSHA, T.; ADLAKHA, V. (1992): Attributes of Service Quality: The Consumers' Perspective, in: IJSIM, 3. Jg., Nr. 3, S. 34-45.

MEYER, A. (1984): Marketing für Dienstleistungs-Anbieter, in: HERMANNS, A.; MEYER, A. (Hrsg.): Zukunftsorientiertes Marketing für Theorie und Praxis: Festschrift zum 60. Geburtstag von P.W. MEYER, Berlin, S. 197-216.

MEYER, A. (1987): Die Automatisierung und Veredelung von Dienstleistungen – Auswege aus der dienstleistungsinhärenten Produktivitätsschwäche, in: Jahrbuch der Absatz- und Verbrauchsforschung, 33. Jg., Nr. 1, S. 25-46.

MEYER, A. (1991): Dienstleistungs-Marketing, in: DBW, 51. Jg., Nr. 2, S. 195-209.

MEYER, A. (1992): Dienstleistungsmarketing, Diss., Schwerpunkt Marketing, hrsg. von MEYER, P.W., Bd. 20, 5. Aufl., Augsburg.

MEYER, A.; MATTMÜLLER, R. (1987): Qualität von Dienstleistungen. Entwurf eines praxisorientierten Qualitätsmodells, in: Marketing ZFP, 9. Jg., Nr. 3, S. 187-195.

MEYER, J. (1988): Qualität als strategische Wettbewerbswaffe, in: SIMON, H. (Hrsg.): Wettbewerbsvorteile und Wettbewerbsfähigkeit, Stuttgart, S. 73-88.

MEYER, P.W.; MEYER, A. (1990): Dienstleistungen – Die große Hoffnung für Wirtschaft und Wirtschaftswissenschaften in den neunziger Jahren?, in: Jahrbuch der Absatz- und Verbrauchsforschung, 36. Jg., Nr. 2, S. 124-139.

MEYER, P.W.; TOSTMANN, T. (1978): Dienstleistungsmarketing, in: Jahrbuch der Absatz- und Verbrauchsforschung, 24. Jg., Nr. 4, S. 286-294.

MONROE, K.B.; KRISHNAN, R. (1985): The Effect of Price on Subjective Product Evaluations, in: JACOBY, J.; OLSON, J.C. (Hrsg.): Perceived Quality. How Consumers View Stores and Merchandise, Lexington (MA), S. 209-232.

MORRISON, A.J. (1990): Strategies in Global Industries, New York (NY).

MÜLLER, W.; KLEIN, S. (1993): Grundzüge einer verhaltensorientierten Preistheorie im integrativen Dienstleistungsmarketing, Teil 2: Preisgelenkte Qualitätsbeurteilungsprozesse und Preiswürdigkeitsurteile, in: Jahrbuch der Absatz- und Verbrauchsforschung, 39. Jg., Nr. 4, S. 360-385.

MURRAY, K.B. (1991): A Test of Services Marketing Theory: Consumer Information Acquisition Activities, in: Journal of Marketing, 55. Jg., Nr. 1, S. 10-25.

NELSON, P. (1970): Information and Consumer Behavior, in: Journal of Political Economy, 78. Jg., Nr. 2, S. 311-329.

NELSON, P. (1974): Advertising as Information, in: Journal of Political Economy, 82. Jg., Nr. 4, S. 729-754.

NIESCHLAG, R.; DICHTL, E.; HÖRSCHGEN, H. (1991): Marketing, 16. Aufl., Berlin.

NORMANN, R. (1987): Dienstleistungsunternehmen, Hamburg.

NYQUIST, J.D.; BITNER, M.J.; BOOMS, B.H. (1985): Identifying Communication Difficulties in the Service Encounter: A Critical Incident Approach, in: CZEPIEL, J.A.; SOLOMON, M.R.; SURPRENANT, C.F. (Hrsg.): The Service Encounter, Lexington (MA), S. 195-212.

NYQUIST, J.D.; BOOMS, B.H. (1987): Measuring Service Value from the Consumer Perspective, in: SURPRENANT, C.F. (Hrsg.): Add Value to Your Service: the Key to Success, AMA Proceedings, Chicago (IL), S. 13-16.

O.V. (1990): Dialoge 3: Berichtsband, in: GRUNER + JAHR AG & CO (Hrsg.): Die Stern Bibliothek, Hamburg.

O.V. (1994): Dienstleistungsqualität als Wettbewerbsvorteil, in: Service Management Praxis, 1. Jg., Nr. 1.

OBEROI, U.; HALES, C. (1990): Assessing the Quality of the Conference Hotel Service Product: Towards an Empirically Based Model, in: The Service Industries Journal, o.Jg., Nr. 10, S. 700-721.

OESS, A. (1989): Total Quality Management: die Praxis des Qualitätsmanagements, Wiesbaden.

PANNE, F. (1977): Das Risiko im Kaufentscheidungsprozeß des Konsumenten, Frankfurt.

PARASURAMAN, A. (1987): An Attributional Framework for Assessing the Perceived Value of a Service, in: SURPRENANT, C.F. (Hrsg.): Add Value to Your Service: the Key to Success, AMA Proceedings, Chicago (IL), S. 21-24.

PARASURAMAN, A.; BERRY, L.L.; ZEITHAML, V.A. (1991a): Understanding Customer Expectations of Service, in: Sloan Management Review, 32. Jg., Nr. 1, S. 39-48.

PARASURAMAN, A.; BERRY, L.L.; ZEITHAML, V.A. (1991b): Understanding, Measuring and Improving Service Quality, in: BROWN, S.W.; GUMMESON, E.; EDVARDSSON, B.; GUSTAVSSON, B. (Hrsg.): Service Quality. Multidisciplinary and Multinational Perspectives, Lexington (MA), S. 253-268.

PARASURAMAN, A.; ZEITHAML, V.A.; BERRY, L.L. (1984): A Conceptual Model of Service Quality and Its Implications for Future Research, Working Paper No. 84-106 des Marketing Science Institute, Cambridge (MA).

PARASURAMAN, A.; ZEITHAML, V.A.; BERRY, L.L. (1986): SERVQUAL: A Multiple Item Scale for Measuring Customer Perceptions of Service Quality, Working Paper No. 86-108 des Marketing Science Institute, Cambridge (MA).

PFEIFER, A.; SCHMIDT, P. (1987): LISREL. Die Analyse komplexer Strukturgleichungsmodelle, Stuttgart.

PORTER, M.E. (1985): Competitive Advantage, New York (NY).

PORTER, M.E. (1987): Wettbewerbsstrategie, 4. Aufl., Frankfurt.

PRIEWASSER, E. (1990): Megatrends im Kreditgewerbe, in: Finanzierung, Leasing, Factoring, 37. Jg., Nr. 2, S. 47-51.

REICHHELD, F.F.; SASSER, W.E. (1990): Zero Defections: Quality Comes to Services, in: Harvard Business Review, 68. Jg., Nr. 5, S. 105-111.

RICHARD, M.D.; ALLAWAY, A.W. (1993): Service Quality Attributes and Choice Behavior, in: Journal of Services Marketing, 7. Jg., Nr. 1, S. 59-68.

ROSANDER, A.C. (1985): Applications of Quality Control in the Service Industries, New York (NY).

ROSENBERGER, G. (1981): Die neutrale Verbraucherinformation über die Qualität von Dienstleistungen – einige methodische Probleme, in: Zeitschrift für Verbraucherpolitik, 5. Jg., Nr. 4, S. 326-336.

ROSENSTIEHL, L.V.; NEUMANN, P. (1982): Einführung in die Markt- und Werbepsychologie, Darmstadt.

ROTH, K.; MORRISON, A.J. (1990): An Empirical Analysis of the Integration-Responsiveness Framework in Global Industries, in: Journal of International Business Studies, 21. Jg., Nr. 4, S. 541-564.

RÜEGG, J. (1989): Unternehmensentwicklung im Spannungsfeld von Komplexität und Ethik, Veröffentlichungen der HOCHSCHULE ST. GALLEN FÜR WIRTSCHAFTS-, RECHTS- UND SOZIALWISSENSCHAFTEN, Schriftenreihe Betriebswirtschaft, Bd. 15, Stuttgart.

RYS, M.E.; FREDERICKS, J.O.; LUERY, D.A. (1987): Value = Quality? Are Service Value and Service Quality Synonymous: a Decompositional Approach, in: SURPRENANT, C.F. (Hrsg.): Add Value to Your Service: the Key to Success, AMA Proceedings, Chicago (IL), S. 25-28.

SCHARF, A. (1991): Konkurrierende Produkte aus Konsumentensicht, Diss., Frankfurt.

SCHARRER, E. (1991): Qualität – ein betriebswirtschaftlicher Faktor?, in: ZfB, 61. Jg., Nr. 7, S. 695-720.

SCHIERENBECK, H. (1993): Allgemeine Betriebswirtschaftslehre, 11. Aufl., München.

SCHWENKER, B. (1989): Dienstleistungsunternehmen im Wettbewerb, Diss., Wiesbaden.

SENIOR, M.; AKEHURST, G. (1991): The Development of Budget/Economy Hotels in the United Kingdom, in: BROWN, S.W.; GUMMESON, E.; EDVARDSSON, B.; GUSTAVSSON, B. (Hrsg.): Service Quality. Multidisciplinary and Multinational Perspectives, Lexington (MA), S. 93-107.

SHOSTACK, G.L. (1987): Service Positioning Through Structural Change, in: Journal of Marketing, 51. Jg., Nr. 1, S. 34-43.

SILVESTRO, R.; JOHNSTON, R.; FITZGERALD, L.; VOSS, C. (1990): Quality Measurement in Service Industries, in: IJSIM, 1. Jg., Nr. 2, S. 54-66.

SMITH, L.W.; VAN DOREN, D.C. (1987): The Use of Quality Surrogates in Positioning a Service, in: SURPRENANT, C.F. (Hrsg.): Add Value to Your Service: the Key to Success, AMA Proceedings, Chicago (IL), S. 157-161.

SMITH, R.A.; HOUSTON, M.J. (1983): Skript-based Evaluations of Satisfaction with Services, in: BERRY, L.L.; SHOSTACK, G.L.; UPAH, G.D. (Hrsg.): Emerging Perspectives on Services Marketing, AMA Proceedings, Chicago (IL), S. 59-62.

SNYDER, D.R. (1986): Service Loyalty and Its Measurement: A Preliminary Investigation, in: VENKATESAN, M.; SCHMALENSEE, D.M.; MARSHALL, C. (Hrsg.): Creativity in Services Marketing: What's New, What Works, What's Developing, Chicago (IL), S. 44 -48.

STADLER, M.; SEEGER, F.; RAEITHEL, A. (1975): Psychologie der Wahrnehmung, Grundfragen der Psychologie, hrsg. von KEIL, W.; SADER, M., München.

STAFFELBACH, B. (1988): Strategisches Marketing von Dienstleistungen, in: Marketing ZFP, 10. Jg., Nr. 4, 277-284.

STATISTISCHES BUNDESAMT (Hrsg.; 1980): Systematik der Wirtschaftszweige mit Erläuterungen, Stuttgart, Ausgabe 1979.

STATISTISCHES BUNDESAMT (Hrsg.; 1993): Statistisches Jahrbuch 1993 für die Bundesrepublik Deutschland, Wiesbaden.

STAUDT, E.; HINTERWÄLLER, H. (1982): Von der Qualitätssicherung zur Qualitätspolitik – Konzeption einer integralen unternehmerischen Qualitätspolitik, in: ZfB, 52. Jg., Nr. 11/12, S. 1000-1042.

STAUSS, B. (1989): Beschwerdepolitik als Instrument des Dienstleistungsmarketing, in: Jahrbuch der Absatz- und Verbrauchsforschung, 37. Jg., Nr. 1, S. 41-62.

STAUSS, B. (1991a): Service-Qualität als strategischer Erfolgsfaktor, in: STAUSS, B. (Hrsg.): Erfolg durch Service-Qualität, München, S. 7-35.

STAUSS, B. (1991b): »Augenblicke der Wahrheit« in der Dienstleistungserstellung: Ihre Relevanz und ihre Messung mit Hilfe der Kontaktpunkt-Analyse, in: BRUHN, M.; STAUSS, B. (Hrsg.): Dienstleistungsqualität, Wiesbaden, S. 345-365.

STAUSS, B. (1991c): Augenblicke der Wahrheit, in: Absatzwirtschaft, 34. Jg., Nr. 6, S. 96-105.

STAUSS, B.; HENTSCHEL, B. (1990): Verfahren der Problementdeckung und -analyse im Qualitätsmanagement von Dienstleistungsunternehmen, in: Jahrbuch der Absatz- und Verbrauchsforschung, 36. Jg., Nr. 3, S. 232-259.

STEENKAMP, J.B.E.M. (1989): Product Quality, Assen.

STIFF, R.; GLEASON, S.E. (1981): The Effects of Marketing Activities on the Quality of Professional Services, in: DONNELLY, J.H.; GEORGE, W.R. (Hrsg.): Marketing of Services, AMA Proceedings, Chicago (IL), S. 78-81.

TEARE, R. (1988): Generating consumer theory for the hospitality industry: An integrated approach to the treatment of practical and theoretical issues, in: JOHNSTON, R. (Hrsg.): The Management of Service Operations, OMA Proceedings, Berlin, S. 269-279.

TEAS, R.K. (1993): Expectations, Performance Evaluation, and Consumers' Perceptions of Quality, in: Journal of Marketing, 57. Jg., Nr. 4, S. 18-34.

TENGLER, H.; HENNICKE, M. (1987): Dienstleistungsmärkte in der Bundesrepublik Deutschland, Schriften zur Mittelstandsforschung, hrsg. von ALBACH, H.; HAX, H., Nr. 19, Stuttgart.

TROMMSDORFF, V. (1989): Konsumentenverhalten, Stuttgart.

TULVING, E. (1985): How Many Memory Systems are There?, in: American Psychologist, 40. Jg., Nr. 4, S. 385-398.

TURLEY, L.W. (1990): Strategies for Reducing Perceptions of Quality Risk in Services, in: The Journal of Services Marketing, 4. Jg., Nr. 3, S. 5-11.

VEHLEWALD, H.J.; FLEISCHHAUER, J. (1994): Maul halten, zahlen, in: Der Spiegel, o.Jg., Nr. 26, S. 68-77.

VOGLER-LUDWIG, K. (1987): Dynamik der Dienstleistungsproduktion in der Bundesrepublik Deutschland, in: ifo-schnelldienst, 40. Jg., Nr. 14/15, S. 32-41.

WEBSTER, C. (1991): Influences Upon Consumer Expectations of Services, in: The Journal of Services Marketing, 5. Jg., Nr. 1, S. 5-17.

WEINBERG, P. (1981): Das Entscheidungsverhalten der Konsumenten, Paderborn.

WIMMER, F. (1975): Das Qualitätsurteil des Konsumenten, Diss., Gesellschaftsforschung und Gesellschaftspolitik, hrsg. von SPECHT, K.G., Bd. 2, Frankfurt.

WOLFF, H.; HOFER, P. (1988): Dimensionen der Dienstleistungsgesellschaft, in: AFHELDT, H. (Hrsg.): Erfolge mit Dienstleistungen. Initiativen für neue Märkte, Stuttgart, S. 117-154.

WYCKHOFF, D. (1988): New Tools for Achieving Service Quality, in: LOVE-LOCK, C. (Hrsg.): Managing Services, Englewood Cliffs (NJ), S. 226-239.

ZEITHAML, V.A. (1981): How Consumer Evaluation Processes Differ Between Goods and Services, in: DONNELLY, J.H.; GEORGE, W.R. (Hrsg.): Marketing of Services, AMA Proceedings, Chicago (IL), S. 186-190.

ZEITHAML, V.A. (1988): Consumer Perceptions of Price, Quality and Value: A Means-End Model and Synthesis of Evidence, in: Journal of Marketing, 52. Jg., Nr. 3, S. 2-22.

ZEITHAML, V.A.; BERRY, L.L.; PARASURAMAN, A. (1988): Communication and Control Processes in the Delivery of Service Quality, in: Journal of Marketing, 52. Jg., Nr. 2, S. 35-48.

ZEITHAML, V.A.; PARASURAMAN, A.; BERRY, L.L. (1992): Qualitätsservice, Frankfurt.

ZIMMERMANN, H.J. (1981): Zum Nutzen empirischer Untersuchungen für normative Modelle, in: WITTE, E. (Hrsg.): Der praktische Nutzen empirischer Forschung, Tübingen, S. 271-303.

ZINK, K.J. (1992): Total Quality Management, in: ZINK, K.J. (Hrsg.): Qualität als Managementaufgabe, 2. Aufl., Landsberg a.L., S. 9-46.

Aus unserem Programm

Christoph J. Börner
Öffentlichkeitsarbeit von Banken
Ein Managementkonzept auf der Basis gesellschaftlicher Exponiertheit
1994. XX, 413 Seiten, Broschur DM 118,-/ ÖS 921,-/ SFr 118,-
GABLER EDITION WISSENSCHAFT
ISBN 3-8244-6091-2
Die Frage nach der richtigen Gestaltung der Kommunikation zwischen Banken und der kritischen Öffentlichkeit ist derzeit hochaktuell. Dieses Buch zeigt Strategien und Wege für eine gesellschaftsbezogene Öffentlichkeitsarbeit.

Harry Giesler
Direkt-Marketing bei Banken
Ein Instrument der Qualitätspolitik
1993. XVIII, 256 Seiten, 12 Abb., 4 Tab., Broschur DM 98,-/ ÖS 765,-/ SFr 98,-
ISBN 3-8244-0158-4
Die Erbringung hochwertiger Bank-Dienstleistungen wird hier als primär absatzpolitische Aufgabe aufgefaßt. Dabei trägt Direkt-Marketing in besonderem Maße dazu bei, Bedürfnisse (potentieller) Kunden zu erkennen und zu befriedigen.

Christof Graf
Kulturmarketing
Open Air und Populäre Musik
1995. 374 Seiten, 111 Abb., Broschur DM 118,-/ ÖS 921,-/ SFr 118,-
ISBN 3-8244-0234-3
Anhand von unter üblichen Bedingungen nicht zugänglichem Informationsmaterial und langjährigem Erfahrungswissen beleuchtet der Autor erstmals die in diesem Wirtschaftszweig praktizierten Kulturmarketing-Konzeptionen.

Sabine Haller
Beurteilung von Dienstleistungsqualität
Dynamische Betrachtung des Qualitätsurteils im Weiterbildungsbereich
1995. XIX, 269 Seiten, Broschur DM 98,-/ ÖS 765,-/ SFr 98,-
GABLER EDITION WISSENSCHAFT
"Focus Dienstleistungsmarketing",
schriftführender Herausgeber: Prof. Dr. Michael Kleinaltenkamp
ISBN 3-8244-6110-2
Auf dem Weg in die Dienstleistungsgesellschaft nimmt die Frage nach begründeten Qualitätsurteilen über Dienstleistungen einen zentralen Stellenwert ein. Sabine Haller untersucht, wie subjektive Qualitätsurteile entstehen und gemessen werden können.

Bert Hentschel
Dienstleistungsqualität aus Kundensicht
Vom merkmals- zum ereignisorientierten Ansatz
1992. XXI, 387 Seiten, 92 Abb.,
Broschur DM 118,-/ ÖS 921,-/ SFr 118,-
ISBN 3-8244-0116-9
Die Weiterentwicklung des traditionellen theoretischen Qualitätsverständnisses wird empirisch abgesichert und führt zu konkreten Anregungen für die Praxis.

Lutz Hoffmann
Kauf oder Produktion
Qualitätsvariation als Aktionsparameter privater Haushalte
1995. XIV, 216 Seiten,
Broschur DM 89,-/ ÖS 694,-/ SFr 89,-
GABLER EDITION WISSENSCHAFT
ISBN 3-8244-6103-X
Lutz Hoffmann beschreibt und erklärt theoriegeleitet, unter welchen Bedingungen Entscheidungen über Kauf oder Heimproduktion in der Familienorganisation getroffen werden.

Gaby Kepper
Qualitative Marktforschung
Methoden, Einsatzmöglichkeiten und Beurteilungskriterien
1994. XV, 255 Seiten, 32 Abb.,
Broschur DM 98,-/ ÖS 765,-/ SFr 98,-
ISBN 3-8244-0216-5
Eine in sich geschlossene, konzeptionelle Darstellung qualitativer Marktforschung, die vor allem die Eigenständigkeit des qualitativen Forschungsansatzes herausarbeitet.

Michael Kleinaltenkamp (Hrsg.)
Dienstleistungsmarketing
Konzeptionen und Anwendungen
1995. VIII, 298 Seiten, Broschur DM 98,-/ÖS 765,-/SFr 98,-
GABLER EDITION WISSENSCHAFT
"Focus Dienstleistungsmarketing",
schriftführender Herausgeber: Prof. Dr. Michael Kleinaltenkamp
ISBN 3-8244-6118-8
Die Beiträge zum 3. Dienstleistungsmarketing-Workshop behandeln Grundlagen, die Entwicklung und Qualitätsmessung von Dienstleistungen, Probleme der Kooperationsgestaltung bei der Vermarktung sowie der Preisfindung im Dienstleistungsmarketing.

D∪V Deutscher Universitäts Verlag
GABLER · VIEWEG · WESTDEUTSCHER VERLAG

Michael Peters
Dienstleistungsmarketing in der Praxis
Am Beispiel eines Messeunternehmens
1992. XXII, 361 Seiten, 114 Abb., 9 Tab.,
Broschur DM 118,-/ ÖS 921,-/ SFr 118,-
ISBN 3-8244-0123-1
Der Autor behandelt den gesamten Themenkomplex Messemarketing als Bei-
spiel für Dienstleistungsmarketing unter dem Gesichtspunkt des Benutzerver-
haltens der Teilnehmer an Messen und Ausstellungen, also des Kunden.

Stephen A. Rieker
Bedeutende Kunden
Analyse und Gestaltung von langfristigen Anbieter-Nachfrager-Beziehungen
auf industriellen Märkten
1995. XVIII, 251 Seiten, Broschur DM 98,-/ ÖS 765,-/ SFr 98,-
GABLER EDITION WISSENSCHAFT
ISBN 3-8244-6180-3
Neben Ansätzen zur Messung der Bedeutung eines Kunden für den Anbieter
werden hier Instrumente zur strategischen, funktionalen und organisationalen
Bindung der bedeutenden Kunden (Key Accounts) an den Anbieter darge-
stellt und diskutiert.

Georg Zollner
Kundennähe in Dienstleistungsunternehmen
Empirische Analyse von Banken
1995. XIX, 260 Seiten, Broschur DM 98,-/ ÖS 765,-/ SFr 98,-
GABLER EDITION WISSENSCHAFT
"Focus Dienstleistungsmarketing",
schriftführender Herausgeber: Prof. Dr. Michael Kleinaltenkamp
ISBN 3-8244-6143-9
Am Privatkundengeschäft einer Großbank untersucht diese Arbeit empirisch
die Relevanz von Kundennähe für Dienstleistungsunternehmen. Konkrete
Maßnahmen zur Erhöhung der Kundenbindung werden aufgezeigt.

Die Bücher erhalten Sie in Ihrer Buchhandlung!
Unser Verlagsverzeichnis können Sie anfordern bei:

Deutscher Universitäts-Verlag
Postfach 30 09 44
51338 Leverkusen